Teologia bíblica para o povo de Deus

Teologia bíblica para o povo de Deus

Ensaios em homenagem a Estevan F. Kirschner

Organizado por

BERNARDO CHO

mundocristão

Os textos das referências bíblicas foram extraídos da *Nova Versão Transformadora* (NVT), da Tyndale House Foundation, salvo indicação específica.

CIP-Brasil. Catalogação na publicação
Sindicato Nacional dos Editores de Livros, RJ

T29

Teologia bíblica para o povo de Deus : ensaios em homenagem a Estevan F. Kirschner / organização Bernardo Cho. - 1. ed. - São Paulo : Mundo Cristão, 2025.

ISBN 978-65-5988-415-5

1. Bíblia. A.T. - Teologia. 2. Palavra de Deus (Teologia cristã). I. Cho, Bernardo.

25-96008 CDD: 220.13
CDU: 27-14

Categoria: Teologia
1ª edição: abril de 2025

Edição
Daniel Faria
Guilherme H. Lorenzetti

Revisão
Guilherme H. Lorenzetti

Produção
Felipe Marques

Diagramação
Felipe Marques
Gabrielli Casseta

Colaboração
Ana Luiza Ferreira

Capa
Douglas Lucas

Publicado no Brasil com todos os direitos reservados por:

Editora Mundo Cristão
Rua Antônio Carlos Tacconi, 69
São Paulo, SP, Brasil
CEP 04810-020
Telefone: (11) 2127-4147
www.mundocristao.com.br

Sumário

Introdução

Teologia bíblica na vida e no ministério de Estevan F. Kirschner

---

• DANIEL FARIA •

Formado em Comunicação Social – Jornalismo, pela Universidade Estadual Paulista (UNESP). Gerente editorial da Mundo Cristão. Coordenou o processo editorial da Nova Versão Transformadora (NVT) e foi o editor responsável pela *Bíblia de Estudo NVT*. Vive em São Paulo com sua esposa, Tabatha, e seu filho, Liev.

Em seu influente artigo "O papel normativo das Escrituras", publicado originalmente em 1992 na revista *Vox Scripturae*, o teólogo Estevan F. Kirschner escreve:

> A teologia que encontramos no Novo Testamento é, portanto, dinâmica (ativa), não estática ou abstrata, divorciada de seu contexto existencial. Nossa responsabilidade, como intérpretes e exegetas, por conseguinte, é de articular essa teologia que foi dada numa situação concreta, não no abstrato, para outra situação concreta, aquela que o cristão brasileiro vive hoje. Tal tarefa hermenêutico-teológica não é fácil. Ela exige, prioritariamente, uma grande compreensão do texto bíblico no seu contexto original, a fim de que sua aplicação à realidade atual seja coerente com seu propósito. É essa fusão de "horizontes", da perspectiva do

> escritor bíblico e do intérprete moderno, que orientará a missão e o papel da igreja numa determinada situação.[1]

Essas palavras poderiam muito bem funcionar como uma "descrição de cargo" de todo teólogo comprometido com as Escrituras Sagradas. Ao menos é uma descrição mais que apropriada para definir o legado de seu autor, o personagem que motiva a existência deste *Teologia bíblica para o povo de Deus: Ensaios em homenagem a Estevan F. Kirschner*, organizado por Bernardo Cho e publicado pela Mundo Cristão.

A obra que o leitor tem em mãos é uma *Festschrift*, termo alemão comumente usado para referenciar um livro em homenagem a um acadêmico renomado em sua área de pesquisa, contendo artigos inéditos escritos por colegas ou ex-alunos do homenageado. Assim, *Teologia bíblica para o povo de Deus* reúne dezesseis artigos que não apenas revelam "uma grande compreensão do texto bíblico no seu contexto original", mas que sobretudo põem em prática a responsabilidade de "articular essa teologia que foi dada numa situação concreta, não no abstrato, para outra situação concreta, aquela que o cristão brasileiro vive hoje".

Sou grato a Deus pela possibilidade de colaborar com esta homenagem e editá-la em parceria com meu talentoso colega Guilherme Lorenzetti, além de contar com o precioso patrocínio e a generosidade tamanha de Eduardo D'Almeida, fundamental para a realização deste projeto.[2] Apesar de não ter tido o privilégio de ser aluno do homenageado, pude aprender com ele durante os preciosos anos em que trabalhamos lado

[1] Estevan F. Kirschner, "O papel normativo das Escrituras", *Vox Scripturae*, São Paulo, vol. 2, nº 1, março de 1992, p. 2-13.

[2] Ambos, também, ex-alunos de Estevan.

a lado na tradução da Nova Versão Transformadora (NVT), entre 2010 e 2016, e na edição da *Bíblia de Estudo NVT*, entre 2016 e 2018, além da parceria em vários outros projetos, culminando com a publicação, em 2022, de seu livro *O protagonismo da Bíblia: Reflexões sobre o papel das Escrituras em nossos dias*. E, assim como comprovam os testemunhos de tantos daqueles que tiveram a ventura de cruzar com Estevan em algum momento da vida, também eu fui especialmente abençoado por seu brilhantismo acadêmico, sua generosidade pessoal e sua conduta cristã coerente e exemplar.

Em março de 2025, Estevan Kirschner completa setenta anos de vida. Esta *Festschrift*, portanto, explorará o protagonismo da Bíblia na vida da igreja — assunto ao qual Estevan tem dedicado todo seu ministério. Embora tenha mantido uma postura pública mais do que discreta ao longo dos anos,[3] Estevan tem deixado um legado profundo de amor pelas Escrituras e de serviço ao povo de Deus por meio de sua docência acadêmica, sua atividade editorial e, não menos importante, sua sabedoria pastoral que inescapavelmente permeia todas as suas interações, com quer que seja.[4]

De fato, a discrição de Estevan é tamanha que investir energia para relatar aqui sua biografia, ainda que resumidamente,

[3] Até mesmo descobrir a data exata de nascimento do homenageado para a celebração deste volume exigiu alguma medida de esforços que só posso classificar como "detetivescos".

[4] Eu tinha 22 anos de idade quando me encontrei com Estevan pela primeira vez, numa das reuniões iniciais do Comitê de Tradução da NVT, formado por autênticas sumidades da teologia brasileira. Nunca me tratou com a menor condescendência; pelo contrário, ouvia atentamente minhas opiniões inexperientes a respeito do processo de tradução, por mais esdrúxulas que pudessem ser — e, em muitos casos, certamente o eram.

parecerá — ao menos aos olhos dele — um desperdício de papel. E, no entanto, de um ponto de vista de realizações e contribuições para a edificação da igreja evangélica brasileira, que biografia admirável!

Estevan nasceu na pequena cidade de Estância Velha, a cerca de cinquenta quilômetros de Porto Alegre, no Rio Grande do Sul. Filho de Orlando e Nelsi Kirschner, ambos líderes numa comunidade da Igreja Evangélica de Confissão Luterana no Brasil (IECLB), em Novo Hamburgo, iniciou o exercício pastoral já aos vinte anos de idade, em 1975, como pastor de uma paróquia da IECLB na cidade de Três Coroas (RS), após ter concluído o bacharelado em Teologia no Seminário Bíblico Palavra da Vida em 1975, em Atibaia, São Paulo, e enquanto realizava cursos complementares na Faculdade Luterana de São Leopoldo, no Rio Grande do Sul. Foi em Atibaia que ele conheceu, em 1974, sua primeira e única namorada, a canadense Rachael, com quem se casou em 1976. Ambos se tornariam os orgulhosos pais de três filhos, Isaque, Tamara e Gerson, nascidos respectivamente em 1977, 1979 e 1981.

O longo período de Estevan no Palavra da Vida e em Atibaia (cidade onde reside ainda hoje) foi interrompido por algumas temporadas em Londres, na Inglaterra, para a obtenção do mestrado em Artes em Aspectos de Interpretação Bíblica pela London School of Theology, entre 1984 e 1985, e do doutorado em Teologia pela mesma instituição, entre 1985 e 1988 — tendo R. T. France como supervisor de PhD e Graham Stanton e Ernest Best como examinadores de banca, gigantes da disciplina da Teologia Bíblica. Nesse período, atuou também como pastor da Congregação Luso-Brasileira de Londres, cultivando duas daquelas que seriam suas principais marcas ministeriais: o aperfeiçoamento do estudo da Bíblia por vias acadêmicas formais e a articulação da teologia na vida concreta da igreja. A família também se "ausentou" de Atibaia durante os anos de 1993 a 2003, quando residiram em São Bento do Sul, Santa Catarina, e Estevan trabalhou no Centro de Ensino Teológico (CETEOL, hoje Faculdade Luterana de Teologia), ao mesmo tempo que continuava a docência no Palavra da Vida e no então recém-inaugurado Seminário Teológico Servo de Cristo, em São Paulo.

É a partir da década de 1990 que Estevan inicia seus esforços na terceira principal marca de seu ministério: a atividade editorial num Brasil evangélico que ainda engatinhava na profissionalização de suas casas publicadoras. Digno de menção é seu trabalho como editor da revista *Vox Scripturae*, cujo expediente editorial reunia autores e líderes eclesiásticos em início de carreira que, posteriormente, comporiam o primeiro escalão do universo teológico em toda a América Latina. A *Vox Scripturae* primava por seus artigos multidisciplinares, que iam desde resenhas de livros populares a estudos exegéticos sofisticados, numa tentativa ousada e bem-sucedida de produção literária evangélica legitimamente nacional.

Não há espaço aqui para listar todas as contribuições editoriais de Estevan ao longo das décadas de 1990 e 2000. Artigos, traduções, resenhas, revisões técnicas, notas para Bíblias de estudo, e muito mais, ocuparam boa parte de seu tempo — a outra parte continuava dedicada à docência acadêmica, fosse no Palavra da Vida, na Faculdade Luterana de Teologia ou no então recém-formado Seminário Teológico Servo de Cristo, onde ainda hoje ele atua como concorrido professor, e ao serviço da Palavra, atuando como conferencista e pregador convidado de várias igrejas ao longo dos anos.

Avançando no tempo, é inevitável ressaltar seu crucial papel como tradutor de grego e hebraico para projetos de tradução da Bíblia para o português contemporâneo. Entre 1990 e 2003, Estevan serviu como membro de destaque da Comissão de Tradução da Nova Versão Internacional (NVI), integrada por nomes como Russell Shedd, Luiz Sayão, Carlos Osvaldo Cardoso Pinto, entre outros. Entre 2005 e 2008, foi editor e revisor exegético da tradução do Novo Testamento da Almeida Século 21 (A21). Finalmente, a partir de 2011, foi o líder da Comissão de Tradução do Novo Testamento da Nova Versão Transformadora (NVT), assumindo posteriormente, em 2014, a coordenação geral do projeto, após o falecimento de seu estimado amigo Carlos Osvaldo. Em suma, três das principais traduções da Bíblia disponíveis hoje em língua portuguesa derivam da competência e dedicação de Estevan Kirschner.

Pastor, professor, profissional do texto: por mais díspares que possam parecer os campos de atuação de Estevan, cada um deles é motivado pelo mesmo amor às Escrituras Sagradas e executado com o mesmo senso de responsabilidade para com a missão da igreja de conservar a verdade bíblica num mundo cujos alicerces vão se desmanchando no ar. Com efeito, essa missão perpassa, em todo momento, a vida e o ministério de Estevan. Em suas próprias palavras:

> Num ambiente como esse, como podemos manter nossas convicções, entender a verdade de Deus revelada no texto das Escrituras, que consideramos ser a expressão da Verdade divina, e nos envolver ativamente com ela ao mesmo tempo que somos por ela envolvidos?
>
> Claro, não seria suficiente simplesmente falar a verdade com maior volume do que as outras propostas franqueadas na

sociedade. Como cristãos, não podemos capitular aos padrões sempre fluidos e mutantes em torno do conceito da verdade que a mentalidade vigente procura estabelecer em cada época. Não nos compete, portanto, procurar "ganhar no grito", nem que seja pela nobre causa do evangelho.

Em lugar disso, deveríamos ser "ganhos" pela verdade das Escrituras por aquilo que elas mesmas são. Ou seja, dar espaço para sermos conquistados e persuadidos pela própria Palavra de Deus em seu texto, contexto e narrativa. A partir desse pressuposto, estaríamos mais bem equipados para entender a "grande história" (o enredo) na Bíblia, que tem como propósito a redenção humana e de toda a criação. Num terceiro momento, teríamos algo de relevante para dizer à sociedade na qual estamos inseridos, possibilitando que outros também sejam "ganhos" pela Verdade com uma atitude afirmativa, não beligerante.[5]

Uma "atitude afirmativa, não beligerante" talvez seja um dos elementos responsáveis pela produção tão frutífera de Estevan — e tão desprovida de polêmicas, controvérsias e desafetos, algo infelizmente raro no meio evangélico, sobretudo para quem vem transitando em grupos e movimentos tão distintos ao longo dos últimos cinquenta anos. Não é tarefa fácil, e aqui devo imiscuir-me no texto para dizer que, no convívio pessoal, Estevan é exatamente isso: ainda que nunca se evadindo de afirmar, com todas as letras, aquilo em que acredita — com uma franqueza que às vezes pode soar demasiada para ouvidos habituados a rodeios e tergiversações —, sua postura é sempre serena e pacífica, fazendo rir com os trocadilhos bem-humorados (alguns indefensáveis!) e tratando com a mesma

[5]Estevan F. Kirschner, *O protagonismo da Bíblia: Reflexões sobre o papel das Escrituras em nossos dias* (São Paulo: Mundo Cristão, 2022), p. 7-8.

naturalidade a neo-ortodoxia de Karl Barth e a derrota de seu Internacional para o Corinthians na rodada do Brasileirão no final de semana. A figura proverbial do teólogo "na torre de marfim" não poderia estar mais distante do teólogo "pé no chão" que é Estevan Kirschner.

Faz todo sentido, portanto, que um livro em sua homenagem seja intitulado *Teologia bíblica para o povo de Deus*. Porque é exatamente o que a vida e o ministério do homenageado exortam os teólogos a fazer: atuar para conferir ao Corpo de Cristo — a igreja concreta, formada por pessoas concretas — o dinamismo das Escrituras Sagradas, inspiradas pelo Espírito Santo, para que nós cristãos, e sobretudo nós cristãos evangélicos brasileiros, estejamos aptos para agir, em cada âmbito da vida, com base no papel normativo da Palavra escrita de Deus.

Afinal, o que torna a Bíblia uma autoridade para nossa vida, e não uma mera narrativa de "história antiga"? A resposta é de Estevan: "Toda autoridade pertence a Deus. A própria Bíblia vê a autoridade como totalmente concentrada em Deus (p. ex., Is 40; Mt 28.18). E é somente a partir dessa constatação que podemos afirmar que as Escrituras têm autoridade; isto é, desde que toda autoridade pertence exclusivamente a Deus, então Deus mesmo de alguma maneira conferiu sua autoridade à Bíblia".[6] É essa constatação da autoridade das Escrituras que nos permite sair de uma "retranca apologética"[7] e avançar destemidamente na propagação da Palavra, pois, "se crermos que, de fato, Deus é verdadeiro, e é mentiroso todo homem (Rm 3.4), então é imperativo que apresentemos sua mensagem

[6]Ibid., p. 18.

[7]A expressão, extraída do futebol, é típica de Estevan, e me traz um sorriso ao rosto.

ao homem moderno com a convicção de que é derivada da única fonte verdadeira, autorizada e normativa".[8]

As implicações, então, ficam evidentes:

> A compreensão de que as Escrituras são a revelação de Deus e de sua vontade à humanidade e a verificação de sua autorreivindicação de ser verdadeira e fidedigna, ao apresentar tal revelação, trazem uma implicação inescapável. *As Escrituras são normativas* para a análise da realidade. Sua aplicação, seja qual for o contexto, tem sido historicamente determinada a partir do texto bíblico como o primeiro passo do processo, não o contrário. É claro que o contexto é importante, à medida que orienta o tipo de abordagem, os aspectos prementes e relevantes que devem ser examinados e interpretados. A mensagem, porém, já está de antemão estabelecida e determinada no *contexto bíblico*.[9]

Não se pode atenuar a força daquilo que Estevan advoga aqui. Por sua vez, essa submissão à autoridade bíblica implicará duas atitudes essenciais ao intérprete bíblico:

> 1) *Respeito à voz do escritor bíblico*, sem lhe impor pressuposições ou preconceitos que lhe sejam estranhos. Na prática, isto significa que devemos ler o texto levando em conta a personalidade, cultura, língua, propósito, temas e ênfases específicos do autor humano da passagem que estamos estudando. [...]. É neste campo, o da exegese, que a teologia bíblica opera.
>
> 2) *Respeito à revelação bíblica como um todo*. [...] Nenhum esquema teológico deve ser imposto ao texto, de modo artificial, de forma a encaixar no sistema aquilo que não lhe seja conveniente ou mesmo que lhe seja contrário (como um quebra-cabeças, cujas

[8]Ibid., p. 22.

[9]Ibid., p. 23. Grifos do autor.

> peças são forçadas a se encaixar pelo competidor impaciente). Entretanto, o princípio da harmonia das partes em função do todo deve levar o intérprete a testar suas conclusões em relação a qualquer texto das Escrituras com o todo de seu ensino. Isto ele fará reconhecendo a unidade da revelação bíblica em seus aspectos primordiais: Deus e seus atributos, pecados e suas consequências, graça, encarnação, vida, morte e ressurreição do Filho de Deus, salvação e santidade etc.[10]

A conclusão é óbvia: "É somente com base nisso que a Bíblia pode ser a única regra de fé e prática. Só a partir daí, também, que se pode desejar ver os sinais positivos de uma doutrina bíblica, histórica e sadia da autoridade das Escritura sendo crida e vivida no meio do povo de Deus no Brasil". Pois — convém lembrar que estas palavras de Estevan foram escritas originalmente em 1992, e não em 2025! — "se a liderança evangélica levasse tão a sério a inspiração e autoridade da Bíblia, como comumente se apregoa, estaria mais disposta a ouvir o texto e a pregar o que ele diz, em vez de usá-lo como 'trampolim' para ideias e opiniões próprias. Isto se aplica a áreas tais como o sermão, o aconselhamento, a política, o trabalho social etc.". [11]

Sim, são essas as áreas sobre as quais uma visão coerente e embasada do papel normativo das Escrituras pode atuar, e são também outras tantas — como as muitas disciplinas abordadas e desenvolvidas pelo dezesseis articulistas convidados pelo organizador Bernardo Cho,[12] além dele próprio, para

[10]Ibid., p. 28-9. Grifos do autor.

[11]Ibid., p. 30.

[12]Convém dizer: aluno exemplar e brilhante de Estevan que, sendo já hoje um teólogo do primeiro escalão no cenário internacional, não demorará para merecer sua própria *Festschrift*.

esta *Festschrift*. Cada autor cumpre, a partir do ângulo de seu campo de atuação, a "tese fundamental" que Estevan esboça em seu igualmente indispensável artigo "A sinagoga, a praça e a academia: o evangelho em diálogo com o religioso, o profano e o erudito", de 2010:

> Não é só necessário e possível, como também desejável, que haja um diálogo crítico entre o evangelho de Jesus Cristo e a sociedade, em todos os níveis. Esse diálogo crítico de modo algum invalida, compromete ou diminui a piedade cristã que a Palavra de Deus exprime e requer dos cristãos. Pelo contrário, é até incentivador e motivador da devoção cristã, como se vê na experiência do apóstolo Paulo no livro de Atos. Mas é piedade qualificada como engajada e relevante no mundo.[13]

No artigo em questão, Estevan recorre ao exemplo do apóstolo Paulo no areópago (At 17.16-34) para destacar três maneiras de promover o evangelho no contexto multidisciplinar em que vivemos hoje: 1) pela recuperação da capacidade (cristã) de indignação diante da idolatria reinante no mundo; 2) pelo desenvolvimento da capacidade de entendimento crítico do mundo; e 3) pela implementação de oportunidades de interagir criticamente, a partir do evangelho, com setores da sociedade. E concluí do seguinte modo:

> O evangelho de Jesus Cristo abre possibilidades variadas de diálogo e interação para o cristianismo com o mundo no qual vivemos. O apóstolo Paulo é um excelente modelo para nós hoje. Ele demonstra essas possibilidades tanto no campo religioso como no profano e no erudito. Num mundo carente de ideias e ideais,

[13]Estevan F. Kirschner, "A sinagoga, a praça e a academia: o evangelho em diálogo com o religioso, o profano e o erudito", *Vox Scripturae*, vol. 28, nº 1, 2010.

> eis a nossa oportunidade de apresentar o cristianismo como algo relevante, que responde às questões mais importantes que preocupam as pessoas no mundo. Tudo isso vem envolvido numa mensagem revolucionária e resgatadora, o evangelho de Jesus Cristo. Estamos dispostos e prontos para assumir essa tarefa?

Os articulistas reunidos neste volume poderiam responder com um altissonante "sim!" ao mestre, com carinho — e é exatamente o que fazem ao longo dos próximos dezesseis capítulos.

Este livro se divide em duas partes: a primeira reúne artigos de ordem exegética e hermenêutica que tratam de questões relacionadas ao texto bíblico e suas minúcias; já a segunda metade do livro contém textos com foco pastoral, voltados a ilustrar como a teologia pode (e deve) redundar em serviço à igreja. O capítulo 1, "O Evangelho de João como paradigma para o labor teológico do pastor", escrito por Bernardo Cho, dá o tom da obra ao lembrar que o esmero na reflexão teológica é simplesmente indispensável para o exercício pastoral.

E é a reflexão teológica que pauta os dois capítulos seguintes, escritos por pastores que também são teólogos e acadêmicos: no capítulo 2, "A tríplice função teológica da Babilônia no livro do profeta Jeremias", Anderson Yan mostra as implicações bíblico-teológicas de um tema específico (a Babilônia) não só para o livro de Jeremias, mas para toda a Escritura, enquanto o capítulo 3, "Apolo, Priscila e Áquila em Éfeso", de Isaque Sicsú, aborda a relação paradigmática desses personagens notáveis da igreja primitiva tanto no que diz respeito ao discipulado como à preservação da doutrina bíblica.

Os capítulos seguintes reúnem três dos principais professores de grego neotestamentário do Brasil. No capítulo 4,

"Buscai primeiro o reino de Deus!", Johannes Bergmann recorre à teologia bíblica como o método para esclarecer o que significava a expressão "reino de Deus" para seus ouvintes e leitores originais. No capítulo 5, "O labor da exegese bíblica", Marcos de Almeida propõe que a exegese deve ser a disciplina essencial para todo aquele que busca expor o Texto Sagrado publicamente. E, fechando essa tríade exegética, no capítulo 6, "Os mortos em Cristo e a vinda do Senhor", Carlos Vailatti demonstra como o conhecimento das línguas originais, aliado a uma exegese responsável, pode nos ajudar a compreender passagens complexas (e muitas vezes deturpadas) da Bíblia.

Na sequência, no capítulo 7, "Jesus Cristo: A lente indispensável para a leitura transformadora das Escrituras", Philip Rout mostra como Jesus é o tema central de todo o Antigo Testamento, e o faz sem desconsiderar o contexto histórico-cultural e a intenção proposta pelos autores originais. O encerramento da primeira parte se dá com o capítulo 8, "O protagonismo da Palavra na espiritualidade cristã", em que Tiago Abdalla relembra Estevan ao destacar a centralidade das Escrituras para uma vida cristã verdadeiramente madura.

Uma das principais maneiras pelas quais Estevan serviu e continua servindo à igreja é por seu ministério como docente na formação de novos pastores e líderes. A segunda parte abre com um texto de Eliane Ho, sua ex-aluna e hoje diretora acadêmica do Seminário Teológico Servo de Cristo. O capítulo 9, "A sinfonia da educação teológica", não só mostra que o ensino teológico não pode ser dissociado da vida da igreja, mas também presta uma homenagem à admiração de Estevan pela música de Johann Sebastian Bach. Na sequência, o capítulo 10, "As implicações para a igreja de uma missiologia distante das

Escrituras", de Marcos Amado, amplia o escopo ao resgatar um conceito mais abrangente (e bíblico) da obra missionária para os dias de hoje.

Os próximos três artigos lidam com temas relacionados à igreja, e não à toa são escritos por três pastores experientes no ministério. No capítulo 11, "A bênção dos salmos imprecatórios", Luiz Fernando Arêas mostra como essa porção do Saltério pode ajudar os cristãos a cultivarem uma espiritualidade sadia. No capítulo 12, "Como fazemos a Palavra chegar lá", Valdemar Kroker trata da importância do conceito do "reino de Deus" para o discipulado e como a igreja deve inserir novos discípulos, ou melhor, novos atores, no teodrama divino. Zé Bruno, no capítulo 13, "O florescimento da comunidade em torno do evangelho", mostra que a Palavra de Deus é essencial para a devoção pessoal, bem como para a formação e sustentação das comunidades cristãs.

A teologia diz respeito ao povo de Deus, e esse povo também é formado por toda uma nova geração de cristãos que fortalece nossas igrejas a cada dia. Os capítulos 14 e 15, "Nova geração e comunidade de fé" e "Crianças aprendem", de Ana Lucia Bedicks e Rachel Sousa, respectivamente, tratam dos desafios e da importância de traduzir verdades bíblicas e teologicamente saudáveis a crianças e adolescentes, uma tarefa intrinsecamente ligada ao nosso exemplo como pais, pastores e educadores — como afirma Rachel, "cabe lembrar que nossas crianças aprendem muito mais pelo que fazemos do que pelo que falamos".

E é da importância do exemplo que trata o capítulo 16, "Líderes sempre modelam", em que Ziel Machado usa o entrevero entre os apóstolos Paulo e Pedro, registrado em Gálatas, para mostrar por que é fundamental que pastores tenham uma vida fiel e condizente com aquilo que pregam. Tema mais apropriado para encerrar esta *Festschrift* a Estevan F. Kirschner não poderia haver.

• • •

À guisa de conclusão, recorro a um episódio pessoal que vivi com Estevan alguns anos atrás. Em um renomado congresso de pastores e líderes, apresentamos juntos a então recém-lançada NVT — na época viajávamos pelo Brasil para divulgar o texto em conferências, livrarias, seminários e faculdades teológicas — e, na programação do dia seguinte, Estevan apresentou sozinho uma palestra intitulada "A Bíblia ontem, hoje e para sempre: Como resgatar a simplicidade da milenar Palavra de Deus para os dias atuais". Seu foco foi demonstrar como a simplicidade da Bíblia exige, basicamente, quatro tipos de ruptura:

- Ruptura com a tradição dogmática, que visa "domesticar" e "engessar" a teologia, não apenas restringindo o acesso ao texto sagrado, mas sobretudo impedindo o pleno exercício do "sacerdócio de todos os santos".
- Ruptura com a leitura antropocêntrica, isto é, aquela que perde de vista a centralidade de Cristo como, nas palavras de Lutero, o "ponto matemático das Escrituras Sagradas" e acaba por endossar ideias humanas travestidas de doutrinas e valores cristãos.
- Ruptura com a leitura fragmentada, do tipo "pegue o que quiser", que enxerga a Bíblia tão somente como um manual de referência negligenciando sua leitura contínua e integral.
- Ruptura com a homilética abstrata, sem conexão com a vida real das igrejas e suas necessidades, não levando

> em conta o dinamismo das Escrituras para servir tanto em meio a crises como em meio a celebrações, seja para exortar, seja para encorajar.[14]

Em suma, foi uma exposição brilhante, que concluía exortando-nos a deixarmos que a Bíblia seja o que a Bíblia é, sem insistir em acorrentá-la a ideologias pré-concebidas no inútil afã de instrumentalizá-la para propósitos outros que não os da proclamação evangélica do reino do único e verdadeiro Deus. Talvez não houvesse mensagem mais premente àquela época — e hoje — para um redirecionamento dos rumos da igreja brasileira.

E, no entanto, naquele mesmo horário da palestra de Estevan, numa sala próxima, ocorria, naquele mesmo congresso, uma palestra de uma então celebridade em ascensão do mundo evangélico, uma figura que atuava publicamente na defesa dos "valores cristãos" contra a iniquidade de seus adversários políticos. A concorrência na programação foi uma desvantagem e tanto para Estevan: enquanto sua palestra não reuniu duas dezenas de pessoas, até os corredores do recinto ao lado estavam abarrotados para ouvir com entusiasmo a celebridade que recorria a versículos bíblicos para discursar fervorosamente em favor de sua plataforma política.

O contraste não poderia ser mais gritante: de um lado, um professor e teólogo defendendo pacientemente a alguns gatos pingados uma leitura simples da Bíblia, despida de ornamentos ideológicos; do outro, um orador político inflamado revestindo a Bíblia de ideologia diante de uma multidão alvoroçada.

[14]Extraído das minhas anotações pessoais feitas durante a apresentação, o que pode sinalizar alguma inconfiabilidade quanto à exatidão dos termos usados por Estevan.

Notei em Estevan, após sua palestra, alguma medida de desânimo. Não que tenha durado muito tempo: quem o conhece sabe que rancor e ressentimento não encontram solo fértil em seu espírito gentil, e logo estávamos falando novamente sobre assuntos outros, como os solos de guitarra de Lindsey Buckingham, do Fleetwood Mac, sua banda predileta — ou, se a memória não me trai, sobre alguns conjuntos de rock do judaísmo messiânico.

Ainda assim, a cena simboliza os desafios que Estevan tem enfrentado ao longo de décadas como teólogo comprometido com a Bíblia exercendo seu ministério numa igreja brasileira muitas vezes facilmente seduzida por anseios de "relevância" e "urgência". Todavia, como ele mesmo nos lembra, "a metáfora frequente de 'peregrinos' e 'residentes na terra' (1Pe 1.17; 2.11) para os cristãos não é mera retórica espiritual, mas sim a expressão mais adequada de sua condição antes da restauração de todas as coisas quando Cristo voltar (At 3.19-21)".[15] E, de fato, não é sem obstáculos o caminho de um peregrino. Mas também é uma caminhada com destino certo: "a cidade perfeita, ideal, que se torna a síntese da redenção e do resgate da humanidade em Cristo. E essa é a imagem definitiva e permanente da redenção nas últimas páginas da Bíblia. Enquanto isso não acontece, vivemos na 'cidade dos homens' como cidadãos da Nova Jerusalém, experimentando pela fé a 'santa ambiguidade' de testemunhar a boa notícia de que em Cristo a vida, o mundo e a própria cidade fazem sentido".[16]

[15] Estevan Kirschner, "Da Babilônia à Nova Jerusalém", in: Estevan Kirchner e Bernardo Cho (orgs.), *Missão urbana: Servindo a Cristo na cidade* (São Paulo: Mundo Cristão, 2020), p. 26.
[16] Ibid., p. 27.

PRIMEIRA PARTE:

Teologia bíblica...

1
O Evangelho de João como paradigma para o labor teológico do pastor

· BERNARDO CHO ·

Graduado em Comunicação Social pela Escola Superior de Propaganda e Marketing, MDiv (Estudos Bíblicos e Pastorais) pelo Seminário Teológico Servo de Cristo, mestre em Novo Testamento pelo Regent College, no Canadá, e PhD em Linguagem, Literatura e Teologia do Novo Testamento pela Universidade de Edimburgo, na Escócia. É professor de Novo Testamento e Teologia Bíblica no Servo de Cristo, onde também coordena o DMin. É pastor da Igreja Presbiteriana do Caminho e também serve na coordenação de cuidado aos estudiosos da América Latina e do Caribe da Langham Partnership. É autor de *O enredo da salvação*, *Trabalho, propósito e descanso* e *Recriados pela graça*, publicados pela Mundo Cristão.

"Deus não é conhecido no abstrato."

Craig R. Koester[1]

O pastorado é repleto de urgências. Cuidar do rebanho de Jesus envolve atender a situações inesperadas que acabam por ocupar boa parte da agenda, demandando habilidades multidisciplinares. São ossos do ofício; não há mal nem novidade

[1]Craig R. Koester, *The Word of Life: A Theology of John's Gospel* (Grand Rapids: Eerdmans, 2008), p. 1.

nisso. Tal realidade, porém, traz consigo um perigo muito bem conhecido. Quando questões urgentes se tornam a norma no ministério pastoral, há o risco de se negligenciar a responsabilidade primordial a que o pastor é chamado: alimentar o povo de Deus de modo a equipá-lo para o serviço no reino com destreza e entendimento (Ef 4.11-16; 1Tm 4.6-16; 2Tm 1.6-14; 2.14-15; 3.14-17). Por mais necessário que seja responder às urgências de cada comunidade, nada pode ser mais urgente a um pastor do que ser fiel à tarefa sobremodo essencial de produzir boa teologia, na qual todas as demais atividades pastorais devem estar ancoradas.

Um dos aspectos preponderantes do ministério de Estevan Kirschner, a quem os ensaios deste volume são dedicados, é sua insistência em ensinar aos alunos do Seminário Teológico Servo de Cristo a serem pastores que, antes de tudo, se empenham com esmero na reflexão teológica. Se é verdadeiro o dito popular de que a profissão de professor é a que forma todas as outras, requer afirmar também que as digitais de Estevan estão impressas na vida de muitos pastores — e, de fato, de um incontável número de homens e mulheres que não ostentam esse título — que fazem teologia com integridade nos contextos particulares onde estão inseridos.

Em homenagem a esse rico legado, minha singela contribuição por meio deste ensaio é discorrer sobre o labor teológico do pastor, focando de modo específico a sempre premente questão do método. Como o pastor deve fazer teologia de modo a comunicar o evangelho com relevância e fidelidade no ambiente que o cerca? Pensar sobre isso é de suma importância, pois todo pastor deve fazer afirmações sobre Deus, o ser humano e o mundo — e, portanto, todo pastor está diretamente engajado em fazer teologia, o tempo todo — quer reconheça isso, quer não.[2] E o trajeto que se segue nesse processo é crucial para a qualidade de seu resultado. Partindo do pressuposto de que pastorear é uma atividade que acontece de forma marcante do púlpito — e o que nós, pastores, fazemos no púlpito é, em essência, teologia —, me proponho a explorar a interface entre o ministério pastoral e o labor teológico atentando a um paradigma bíblico que serve de referência para qualquer engajamento nessa tarefa. Esse modelo se encontra no Evangelho de João — mais especificamente, no prólogo e no epílogo da narrativa joanina (Jo 1.1-18; 21.15-19).

A autoria do quarto Evangelho tem sido alvo de controvérsias ao longo de boa parte da pesquisa moderna,[3] mas temos razões suficientes para seguir a tradição de que João foi escrito pelo apóstolo homônimo, um dos filhos de Zebedeu, que pertenceu ao grupo dos doze discípulos mais próximos de Jesus.[4] O que é mais relevante para os propósitos deste ensaio é que João produziu seu relato sobre a vida, morte e ressurreição do Messias

[2]Ibid. Tomando como base a generalização histórica de "teologia" simplesmente como reflexão ou discurso sobre Deus (Clemente de Alexandria, *Protéptico*, 4.53; cf. Platão, *A República*), podemos afirmar que qualquer pessoa, inclusive quem se diz ateísta, de uma forma ou de outra, faz teologia, já que todos vivem a partir de absolutos que informam a história fundamental por trás de sua visão de mundo. Cabe também qualificar que por "pastor" e "teólogo" não me refiro estritamente a pessoas que ocupam cargos eclesiásticos ou posições acadêmicas, mas a todo aquele que participa do cuidado do rebanho de Deus e do testemunho do evangelho.

[3]Uma boa amostra da discussão se encontra em James H. Charlesworth, *The Beloved Disciple: Whose Witness Validates the Gospel of John?* (Valley Forge: Trinity, 1995), p. 127-224.

[4]Ver Craig Blomberg, *Jesus and the Gospels: An Introduction and Survey* (Nashville: Broadman & Holman, 1997), p. 170-4; e, para uma explanação mais exaustiva, D. A. Carson e Douglas J. Moo, *Introdução ao Novo Testamento*, 2ª edição revisada e ampliada (São Paulo: Vida Nova, 2024), p. 292-323.

de Israel, provavelmente enquanto pastoreava algumas igrejas na região da Ásia Menor nos anos derradeiros de seu ministério (conforme parecem atestar os escritos de Eusébio, *História Eclesiástica,* 3.31.1; 3.39.4; 5.20.4-6; 6.14.7).[5] Ou seja, João o pastor — ou "presbítero", para usar a terminologia que ele mesmo utiliza ao falar de si mesmo em suas cartas (2Jo 1.1; 3Jo 1.1)[6] —, contou sua história sobre Jesus para leitores que se encontravam afastados do contexto original em que esses fatos tinham acontecido. É provável, então, que João tenha escrito de Éfeso (a cidade mais importante da Ásia Menor, a quase dois mil quilômetros de Jerusalém), por volta da década de 90 d.C. (aproximadamente vinte anos após a destruição do templo, talvez durante o império de Domiciano), a uma audiência mista, formada por judeus dispersos (confusos com a destruição do templo) e gentios (não tão familiarizados com as categorias determinantes do pensamento judaico).[7] E João fez isso por uma razão simples: dar sua própria contribuição naquilo que os autores dos Evangelhos Sinóticos (Marcos, Mateus e Lucas) já haviam começado a realizar antes dele, transmitindo de forma inteligível a significância teológica da vida, morte e ressurreição de Jesus a um público diferente do imaginado pelos demais Evangelistas.[8]

[5]Mais detalhes e outras referências em Blomberg, *Jesus*, p. 167-70.

[6]Para uma discussão detalhada sobre a complicada relação entre o Evangelho de João e as Epístolas Joaninas, com atenção particular aos debates em torno da autoria desses documentos, ver Robert W. Yarbrough, *1–3 John* (Grand Rapids: Baker Academic, 2008), p. 5–15.

[7]Comparar Ben Witherington III, *John's Wisdom: A Commentary on the Fourth Gospel* (Louisville: Westminster John Knox, 1995), p. 27-9; e Andreas Köstenberger, *A Theology of John's Gospel and Letters: The Word, the Christ, the Son of God* (Grand Rapids: Zondervan Academic, 2009), p. 59–67.

[8]A tese de que o autor do quarto Evangelho tinha amplo conhecimento do Evangelho de Marcos tem ganhado forte tração nos últimos anos, e alguns

A intenção de João, portanto, era que seus leitores, oriundos em sua maioria da Ásia Menor, pudessem conhecer e permanecer firmes na verdade última descrita em seu relato: "Os discípulos viram Jesus fazer muitos outros sinais além dos que se encontram registrados neste livro. Estes, porém, estão registrados para que vocês creiam que Jesus é o Cristo, o Filho de Deus, e para que, crendo nele, tenham vida pelo poder do seu nome" (Jo 20.30-31).[9] Em suma, João escreveu seu Evangelho como um *pastor* que faz *teologia* de modo a comunicar a significância do evento-Jesus a um mundo caracterizado por ideias distintas acerca de Deus e da vida — muito semelhante ao que pastores-teólogos ainda são comissionados a fazer nos dias de hoje.

O que dá especial relevância ao texto de João 1.1-18 — conhecido como o prólogo joanino — para a nossa discussão é que ele ilustra com muita eloquência *como* exatamente o pastor João faz teologia em seu Evangelho. Os prólogos possuem uma função literária vital em textos da Antiguidade, uma vez que informavam de forma sucinta o conteúdo programático do escrito como um todo.[10] Dessa maneira, longe de servir apenas de uma entrada que antecede o prato principal do restante do enredo, o prólogo joanino destaca de antemão as ênfases centrais que serão desenvolvidas a seguir, ao longo de toda a narrativa.

E a primeira dinâmica que importa notar na introdução do quarto Evangelho é que João faz teologia levando em

argumentos construídos sobre essa hipótese podem ser encontrados em Eve-Marie Becker, Helen K. Bond e Catrin H. Williams (orgs.), *John's Transformation of Mark* (Londres: T&T Clark, 2021).

[9]Blomberg, *Jesus*, p. 169.

[10]Para referências, ver Morna D. Hooker, *Beginnings: Keys that Open the Gospels* (Londres: SCM, 1997), p. 8-11, 20-1; e Craig S. Keener, *The Gospel of John: A Commentary*, vol. 1 (Grand Rapids: Baker Academic, 2003), p. 338.

consideração o *contexto* onde ele se encontra. O universo cultural da Ásia Menor no primeiro século e a complicada interação dos judeus da diáspora com o imaginário coletivo da sociedade greco-romana da época são temas complexos e multifacetados, tornando impossível oferecer aqui uma explicação detalhada de todas as implicações daquele contexto sobre nossa leitura de João.[11] Basta saber que um recorte significativo do público para o qual João escreveu possuía uma visão de mundo influenciada por ideias helênicas.[12] Acreditava-se, então, que o mundo era orquestrado por intermédio de um princípio que expressava a mente, as leis da razão ou a lógica de uma realidade transcendente; e a esse princípio os habitantes do mundo mediterrâneo da época de João chamavam de *logos* — que, nas Bíblias em português, é comumente traduzido por "verbo" ou "aquele que é a palavra".[13] Em outras palavras, o *logos* — a "palavra", o "pensamento" ou a "lógica" que ordenava o cosmos — era a "expressão da mente" dessa entidade que ordenava o mundo.[14]

Dentro desse ambiente, João, inspirado pelo Espírito Santo, tinha algo vital a dizer quanto à forma como seus

[11] Ver, p. ex., Victor Tcherikover, *Hellenistic Civilization and the Jews* (Grand Rapids: Baker Academic, 1999), p. 344-77, e John M. G. Barclay, *Jews in the Mediterranean Diaspora: From Alexander to Trajan (323 BCE–117 CE)* (Oakland: University of California Press, 1999).

[12] Para referências, ver Keener, *The Gospel of John*, p. 237-40.

[13] A discussão acerca do pano de fundo preciso do termo *logos* é vasta, já que o uso do termo era bastante variegado. As evidências nos impedem de asseverar com exatidão a definição adotada por João, mas a ausência de qualquer explicação no texto joanino parece indicar um referente suficientemente abrangente a ponto de ser inteligível a uma audiência ampla e diversificada. Ibid., p. 339-63.

[14] Heráclito de Éfeso (séc. 6 a.C.) é relevante aqui. Ver referências em Ibid., p. 341, nota 92.

contemporâneos enxergavam a realidade. Quem de fato sustenta a ordem do universo? E como nós, meros mortais, podemos conhecê-lo? Para esse fim, sabendo que precisaria valer-se de uma linguagem conhecida a um público helenizado, João decide começar esse diálogo usando a expressão grega *logos*: "No princípio, aquele que é a Palavra [*logos*] já existia. A Palavra [*logos*] estava com Deus, e a Palavra [*logos*] era Deus [...] Assim, a Palavra [*logos*] se tornou ser humano, carne e osso, e habitou entre nós" (Jo 1.1,14). E, ao fazer isso, João segue uma longa tradição de acomodação comunicativa que encontramos não somente nas páginas das Escrituras judaicas, como também na própria proclamação apostólica.[15]

O ponto é que João, reconhecendo que a revelação de Deus sempre se acomoda ao contexto específico onde as pessoas se encontram, esforça-se para se fazer inteligível no vernáculo de seus ouvintes. João escreve seu Evangelho como alguém que sabe muito bem que toda teologia deve ser feita na língua nativa e na cultura materna das pessoas a quem são comunicadas as boas-novas de Jesus. Essa é, aliás, a força da passagem de Atos 2, que narra a descida do Espírito Santo e serve de paradigma para entendermos a tarefa proclamatória da igreja: todos os que estavam presentes naquela cena ouviram as maravilhas de Deus *em sua própria língua*.[16] Ao lançar mão da terminologia associada ao *logos*, João estava dando continuidade a isso.

[15] O exemplo clássico é o sermão de Paulo em Atenas, conforme narrado em Atos 17.16-31; no versículo 28, o apóstolo se vale de palavras atribuídas a poetas gregos (Minos, Epimênides, Arato e Cleantes).

[16] Ver mais sobre Atos 2 em Bernardo Cho, *O enredo da salvação: Presença divina, vocação humana e redenção cósmica* (São Paulo: Mundo Cristão, 2021), p. 176-83.

A grande diferença, no entanto, é que, embora tivesse escrito seu Evangelho na língua grega e a uma audiência imersa em categorias gregas, João não era grego, mas, sim, judeu, crente no Messias. Sendo assim, João sabia que, por mais que pudesse usar uma linguagem familiar a seus leitores originais, o entendimento que sua audiência helenista carregava acerca do assunto que ele tratava era diametralmente diferente do seu. Pois o Deus de João — o Deus que se revelou ao longo da história preservada nas Escrituras de Israel — não é e nunca foi meramente uma força ou um princípio impessoal e distante de sua criação. Yahweh, o Deus de Israel, é o Deus pessoal, que criou a humanidade à sua imagem e semelhança e que, mesmo diante do pecado, continuou a se revelar a seu povo, a fim de restaurar sua criação.

Isso significa que a lacuna que separava João de alguns de seus leitores não era meramente léxica, mas sobretudo *categórica* e *epistemológica*. Enquanto os gregos chegavam às suas conclusões por meio de especulações metafísicas, os judeus entendiam que nada poderia ser afirmado sobre Deus à parte daquilo que o próprio Deus havia revelado de si mesmo no tempo e espaço. É por isso que, ao mesmo tempo que João fala do *logos*, ele insere no prólogo uma série de imagens e afirmações que levam seus leitores diretamente às Escrituras de Israel: "Por meio dele Deus criou todas as coisas, e sem ele nada foi criado [...] Deus enviou um homem chamado João para falar a respeito da luz, a fim de que, por meio de seu testemunho, todos cressem [...] [Aquele que é a Palavra] era cheio de graça e verdade. E vimos sua glória, a glória do Filho único do Pai [...] Pois a lei foi dada por meio de Moisés, mas a graça e a verdade vieram por meio de Jesus Cristo" (Jo 1.3,6-7,14,17). Assim, embora a ocorrência de *logos* no prólogo joanino converse com o uso corrente no mundo pagão de sua época, é muito mais plausível que o termo contemple o ato comunicativo de Deus desde a criação do universo, atestado nas Escrituras de Israel. De fato, há precedentes claros para a apresentação da sabedoria divina de forma personificada não somente na Bíblia judaica (Pv 8.1—9.6), como também na tradição rabínica posterior aos escritos neotestamentários.[17]

Dessa maneira, a segunda realidade a ser sublinhada quando falamos de como o prólogo joanino nos ajuda a ser pastores que produzem boa teologia é que, se por um lado o pastor João se comunica de modo a ser compreendido no mundo em que vive, *o ponto de partida de sua teologia não é o contexto de sua audiência, mas a revelação normativa de Deus e de seus planos redentivos registrados nas Escrituras*. Não bastava falar o mesmo idioma, cantar as mesmas canções, recitar os mesmos poemas e conhecer as mesmas gírias de seus contemporâneos greco-romanos. Era imprescindível redefinir os referentes dos termos. No mesmo momento que João inicia seu relato, conectando o protagonista de sua narrativa ao termo *logos*, ele também faz alusão, por exemplo, ao evento da Criação, quando tudo veio à existência por meio da palavra divina. Nos versículos 1 e 3, lemos a seguinte afirmação: "No princípio, aquele que é a Palavra já existia [...] Por meio dele Deus criou todas as coisas, e sem ele nada foi criado". Ao colocar o *logos* "no princípio [*en archē*]" e ao apresentá-lo como a razão da existência de todas as coisas, João usa um vocabulário comum de sua cultura, mas, ao mesmo tempo, ancora esse vocabulário no que o

[17]Um tratamento detalhado deste assunto pode ser encontrado em Craig A. Evans, *Word and Glory: On the Exegetical and Theological Background of John's Prologue* (Sheffield: Sheffield Academic Press, 1993).

Pentateuco dizia sobre o papel fundamental que o *logos* teve na origem de céus e terra (cf. *en archē* na versão da Septuaginta de Gn 1.1).[18] E essa é a importância também de se mencionar Moisés e João Batista na introdução programática: João Batista é aquele que anunciava a chegada do fim dos tempos, em continuidade com a expectativa profética de restauração (Is 40.3; Ml 3.1; Mt 3.1-12; Mc 1.1-8; Lc 3.1-17), e Moisés é aquele por meio de quem o Êxodo e a revelação do caráter de Deus por meio da Torá haviam acontecido (Êx 1—Dt 34).[19] O pastor João era bem versado na maneira de pensar do mundo em seu entorno, mas ele deixa claro também que é impossível fazer qualquer tipo de afirmação acerca de Deus — é impossível fazer teologia — sem a revelação normativa das Escrituras.

Com efeito, quando João se comunica por meio dessa riqueza de imagens bíblicas para redefinir o *logos*, ele sugere indiretamente que o entendimento que alguns de seus leitores tinham sobre o princípio universal que regia o cosmos era, na verdade, um engano idólatra. Pois o Criador do universo já havia se revelado a seu povo muitos séculos antes, ao longo da história contada na Bíblia judaica. Um pastor que faz teologia deve usar o vocabulário do ambiente em seu entorno, de modo a pregar o evangelho de forma inteligível e responder às questões prementes de sua comunidade, mas necessita também ressignificar esse vocabulário por completo a partir das Escrituras.

[18]Para mais detalhes, ver Jan A. DuRand, "The Creation Motif in the Fourth Gospel: Perspectives on Its Narratological Function within a Judaistic Background", in: *Theology and Christology in the Fourth Gospel: Essays by the Members of the SNTS Johannine Writings Seminar*, G. Van Belle, J. G. Van der Watt e P. Maritz (orgs.) (Leuven: Leuven University Press, 2005), p. 21-46.
[19]Richard Bauckham, *The Gospel of Glory: Major Themes in Johannine Theology* (Grand Rapids: Baker Academic, 2015), p. 43-53.

E essa diferença categórica que há entre as visões de mundo grega e judaica é tão crucial para João que a palavra *logos* nunca mais ocorre no restante do Evangelho (ou em qualquer outro lugar no Novo Testamento) com qualquer peso conceitual significativo. A partir do ponto em que João redefine *logos* à luz da revelação do Deus de Israel na história que culmina em Jesus, o Filho de Deus, é como se o termo perdesse sua utilidade cristológica.[20] A conclusão de Kavin Rowe sobre o uso que Paulo faz dos poetas pagãos em Atos 17.28 é válida também para o prólogo joanino: "a gramática filosófica pagã é suficientemente reorganizada a ponto de falar uma língua diferente".[21]

Ademais, há que se destacar que, ao fazer teologia a partir das Escrituras, o pastor João não segue a abordagem hermenêutica do "tentador", que nas provações de Jesus no deserto tentou se apropriar indevidamente das Escrituras para justificar interesses espúrios (Mt 4.1-11). João, pelo contrário, tem em vista o todo da revelação de Deus na história — o enredo bíblico da redenção, que inclui a missão todo-abrangente do Criador, desde o princípio de céus e terra, passando pela eleição da descendência de Abraão, pelo exílio babilônico e pelas promessas de restauração, até sua plenificação definitiva e surpreendente na vida, morte e ressurreição de Jesus.[22] Como resultado, já que a teologia de João está ancorada na história bíblica de como Deus se revelou a seu povo para redimir sua criação, a teologia do pastor João diz respeito não a ideias abstratas, mas, sim, a uma pessoa. O conteúdo da teologia do pastor João não é algo, mas, sim, *alguém*.

[20] Ibid., p. 34.

[21] C. Kavin Rowe, "The Grammar of Life: The Areopagus Speech and Pagan Tradition", *New Testament Studies* 57 (2011), p. 44.

[22] Ver mais em Köstenberger, *Theology*, p. 299-310.

A terceira observação a ser feita sobre o que caracteriza a maneira de o pastor João fazer teologia, portanto, é que *sua pregação diz respeito a uma pessoa*. De modo mais preciso, João insiste logo de cara que tudo que o leitor encontrará nas páginas seguintes é sobre a revelação visível do Deus da história bíblica na pessoa de Jesus de Nazaré: "Assim, a Palavra se tornou ser humano, carne e osso, e habitou entre nós. Ele era cheio de graça e verdade. E vimos sua glória, a glória do Filho único do Pai" (1.14). Ao dizer que o *logos* "habitou entre nós", João emprega o verbo grego *skēnoō*, que na Septuaginta traduz o verbo hebraico *šāḵan*, usado com frequência no Antigo Testamento em referência ao tabernáculo, onde a presença gloriosa de Yahweh habitava. E, ao usar as expressões "graça" e "verdade" para falar de Jesus, no mesmo contexto em que a dádiva da lei por meio de Moisés também é mencionada, João leva seus leitores à importante passagem do livro de Êxodo, onde Yahweh oferece um "retrato falado" de si mesmo a Moisés.

Em Êxodo 32—34, vemos o famoso (e fatídico) episódio em que os israelitas caíram em idolatria pouco tempo após a saída do Egito. Embora Deus tivesse acabado de libertar Israel do Egito, o povo constrói um bezerro de ouro e, como resultado, a presença divina fica impedida de habitar com eles. Moisés, no entanto, intercede pelo povo, apelando para a preservação da reputação de Yahweh: "Por que deixar os egípcios dizerem: 'O Deus deles os resgatou com a má intenção de exterminá-los nos montes e apagá-los da face da terra'? Deixa de lado tua ira ardente! Arrepende-te quanto a esta calamidade terrível que ameaçaste enviar sobre teu povo!'" (Êx 32.12). A lógica é que, se Deus aniquilasse ou rejeitasse o povo naquele momento, as nações diriam que o grande Eu Sou podia até ser mais poderoso que faraó, mas em termos de seu caráter não era muito diferente dos demais deuses do Egito.[23] Diante de tal súplica, o Senhor resolve estender sua misericórdia e renovar sua aliança com os israelitas. E é precisamente isso que deixa Moisés boquiaberto. Como uma divindade tão poderosa, que acabou de deixar o maior império do planeta prostrado a seus pés, pode ser tão paciente a ponto de não desistir de prosseguir com seus planos junto a esse povo, mesmo depois de tamanha obstinação idolátrica?

Naquele momento, Moisés descobre que a coisa mais importante que ele poderia possuir na vida não era a possibilidade de presenciar os sinais poderosos de Deus, mas, sim, apreender a revelação do caráter desse Deus — conhecer o Senhor de forma clara, íntima, pessoal. É por isso que, ao final dessa conversa, Moisés faz a famosa oração: "Então peço que me mostres tua presença gloriosa" (Êx 33.18). Em resposta, porém, Yahweh diz a Moisés: "você não poderá olhar diretamente para minha face, pois ninguém pode me ver e continuar vivo" (Êx 33.20). Ou seja, por mais louvável que fosse seu desejo de ver o Senhor face a face, Moisés teria de se contentar com uma alternativa, uma demonstração indireta da glória divina: "Quando minha presença gloriosa passar, eu o colocarei numa abertura da rocha e o cobrirei com minha mão até que eu tenha passado. Depois, tirarei minha mão e você me verá pelas costas. Meu rosto, porém, ninguém poderá ver" (Êx 33.22-23). Assim, um pouco mais adiante na narrativa, vemos que o máximo que Moisés pôde receber da parte de Deus foi um retrato falado — uma descrição verbal — do caráter do Senhor: "O SENHOR passou diante de Moisés, proclamando: 'Javé! O SENHOR! O Deus de compaixão e misericórdia! Sou

[23]Cho, *Enredo da salvação*, p. 70-8.

lento para me irar e cheio de amor e fidelidade'" (Êx 34.6).[24] Eis o que Moisés é informado por Yahweh acerca dele mesmo: em contraste com qualquer divindade pagã conhecida anteriormente por Moisés, o Deus que se revelava aos israelitas no Êxodo era não somente todo-poderoso, mas principalmente todo-bom, todo-paciente, todo-misericordioso.

Muitos séculos após a morte de Moisés, o autor do quarto Evangelho conhece Jesus. E Jesus era, de certa maneira, um homem comum: filho de carpinteiro, judeu zeloso, habitante da Galileia. Contudo, conforme João caminhava com esse Jesus, veio a perceber, juntamente com os demais discípulos, que Jesus era totalmente distinto: ele falava e fazia coisas com uma autoridade sem precedentes do ponto de vista humano. Embora fosse gente como a gente, Jesus realizava sinais que somente Yahweh, o Deus de Israel, detinha a autoridade para realizar — alguns dos quais, aliás, remontavam às ações redentivas testemunhadas no próprio evento do Êxodo, enquanto Moisés ainda estava vivo.[25] É claro que esse fato, além de todas as implicações decorrentes dele, faria sentido a João somente após a ressurreição de Jesus, já que nenhum judeu do primeiro século aguardava a encarnação do Senhor, e principalmente porque a crucificação do Messias contradisse qualquer percepção positiva que as pessoas teriam tido sobre Jesus. Mas é precisamente porque o Messias ressuscitou que esse mesmo

[24] No hebraico, a expressão inicial contida na NVT "Javé! O SENHOR!" é a dupla menção do tetragrama que representa o nome divino: YHWH YHWH.

[25] Ver Andrew C. Brunson, *Psalm 118 in the Gospel of John: An Intertextual Study on the New Exodus Pattern in the Theology of John* (Tübingen: Mohr Siebeck, 2023). O tema do novo êxodo é de igual modo central na teologia dos Evangelhos Sinóticos. Ver, p. ex., Rikki E. Watts, *Isaiah's New Exodus in Mark* (Grand Rapids: Baker Academic, 2001).

João, escrevendo em retrospecto, pôde atestar a veracidade das palavras e dos feitos de Jesus e, consequentemente, explicar o que havia sido descortinado diante de seus olhos conforme seus olhos fitavam Jesus.

Portanto, ao iniciar seu Evangelho dizendo que a Palavra, que era Deus no princípio, "se fez carne e habitou entre nós", João faz a audaciosa afirmação: o Criador do universo, que havia "tabernaculado" no passado com seu povo no deserto, finalmente se fez presente como um ser humano na pessoa de Jesus. E, ao destacar que o Verbo encarnado "era cheio de graça e verdade", João enfatiza o fato de que ele mesmo "contemplou [*theáomai*]" com seus próprios olhos o rosto, o caráter, o peso da majestade do Deus de todo o universo, quando conheceu Jesus. A expressão grega *plērēs charitos kai alētheias* em João 1.14, traduzida por "cheio de graça e verdade", é a paráfrase joanina do hebraico *raḇ-ḥeseḏ weʾemeṯ* de Êxodo 34.6, "cheio de amor e fidelidade".[26] E, uma vez que a frase ocorre ao lado do termo "glória [*doxa*]", o texto não deixa a menor sombra de dúvidas de que se trata de uma alusão ao episódio em que Moisés desejou tanto ver a glória de Deus no Monte Sinai, mas não pôde. O que João deseja que seus leitores entendam é que aquilo que Yahweh havia declarado verbalmente para Moisés acerca de sua glória, Jesus tornou claramente manifesto em carne e osso — não mais de maneira encoberta, mas em seu semblante vivo.[27]

Isso explica por que João apresenta Jesus como a plenificação última da Torá: "a lei foi dada por meio de Moisés;

[26] É fato que o hebraico *ḥeseḏ* é mais comumente traduzido na Septuaginta pelo grego *eleos*, cujo uso mais comum conota "misericórdia". No entanto, além do fato de que a palavra hebraica *ʾemeṯ* significa "verdade" (*alētheia*, no grego), o tom harmônico do prólogo com a narrativa do Êxodo confirma a conexão.

[27] Bauckham, *Gospel of Glory*, p. 46-50.

a graça e a verdade vieram por meio de Jesus Cristo" (1.17). Enquanto muitos ainda insistem em interpretar esses versículos de forma um tanto marcionista — e, portanto, absolutamente equivocada —, como se "graça e verdade" fossem um contraponto (seja uma substituição ou uma alternativa) à "lei de Moisés", João na verdade está conectando dois momentos fundacionais da revelação divina em uma relação de ampla continuidade. Ora, o que era a Torá senão a instrução dada pelo próprio Yahweh para que o povo vivesse conforme o caráter daquele que os havia resgatado do Egito? Conforme nota Richard Bauckham de forma tipicamente perspicaz, a Torá era "graça e verdade" na forma escrita, já que refletia os propósitos de Deus a seu povo. Em Jesus, todavia, "graça e verdade" assumiram carne e osso.[28] Cabe notar que *ginomai* é o verbo grego empregado por João para falar que "graça e verdade" se manifestaram em Jesus, vocábulo este que é comumente traduzido por "tornar-se". O mesmo termo é mencionado no versículo 14, para dizer que o Verbo "se fez — ou tornou-se — carne". A Torá, que expressava o caráter de Yahweh na forma escrita, foi de fato dada por meio de Moisés. Agora, graça e verdade, que epitomizam o caráter de Yahweh expresso na Torá e no retrato falado que ele mesmo havia dado a Moisés em Êxodo 34.6, tornaram-se carne e osso em Jesus Cristo.

De fato, essa é a potência do último versículo do prólogo joanino: "Ninguém jamais viu Deus; o Deus unigênito, que está junto do Pai, é quem o revelou" (Jo 1.18). Porque Jesus veio ao mundo, aquilo que era anteriormente impossível ser visto pelos olhos humanos — até mesmo pelos olhos do grande Moisés — foi escancarado diante de João. A substância da teologia

[28] Ibid., p. 52.

do pastor João é que o Deus invisível se manifestou de forma concreta e tangível no rosto visível de Jesus de Nazaré. Aliás, a expressão traduzida por "o Unigênito, que está junto do Pai" no versículo 18 é literalmente no grego "o Deus Unigênito, que está no seio [*kolpos*] do Pai", o que conota uma posição de profunda intimidade. E o verbo traduzido por "revelar" aqui é o verbo *exēgeomai*, de onde vem a palavra "exegese". Trocando em miúdos, o Deus Unigênito, sendo aquele que sempre esteve no seio de Deus Pai por toda a eternidade passada, é aquele que desfruta da mais próxima posição de intimidade com o Pai e, por isso, é o único que pode tornar conhecido — exegetar — o cerne do caráter do Pai.[29] É igualmente relevante, desse modo, que o próprio João descreva a si mesmo, mais adiante no texto grego do Evangelho, como o "discípulo a quem Jesus amava" que reclinava-se "sobre o seio [*en tō kolpō*]" de seu mestre (13.23). Em continuidade com o que Jesus fez em relação ao Pai, o pastor João faz agora em relação a Jesus. Assim como o Verbo encarnado fez a exegese de Deus Pai tornando-o plenamente visível, o discípulo amado é encarregado de fazer a exegese de Jesus tornando-o plenamente inteligível.[30] Para o pastor João, fazer teologia é imitar Jesus e anunciar o que Deus já revelou claramente de si mesmo na pessoa de seu Filho.

Quando entendemos tudo isso, fica fácil perceber por que João termina seu Evangelho com a restauração do chamado de Pedro como discípulo. Um dos temas que envelopam quase toda a narrativa joanina, desde a primeira até a última aparição

[29]Ver Luke T. Johnson, *The Writings of the New Testament: An Interpretation* (Minneapolis: Fortress, 1986), p. 476.

[30]Richard Bauckham, *Jesus and the Eyewitnesses: The Gospels as Eyewitness Testimony* (Grand Rapids: Eerdmans, 2006), p. 393-402.

de Jesus, é o tema do discipulado.[31] Em João, a primeira coisa que Jesus faz quando aparece em cena é ter um encontro com seus primeiros discípulos (1.35-51), e uma das últimas coisas que Jesus faz após sua ressurreição é restaurar o chamado de Pedro, convocando-o a segui-lo (21.15-19). A significância disso para o assunto que temos tratado neste ensaio é que, ao fazer teologia escrevendo esse Evangelho, o pastor João tem como objetivo o discipulado — a conformidade à imagem de Jesus daqueles para quem ele comunica sua história. Uma vez que, para o pastor João, fazer teologia é falar de uma pessoa — Jesus, Yahweh encarnado —, a finalidade de seu labor é a transformação de seus leitores segundo o caráter dessa mesma pessoa.

Eis, por fim, a quarta característica de um pastor que faz teologia como o pastor João, que não por mera coincidência é chamado também de "discípulo amado": *sua teologia não diz respeito ao acúmulo de informações sobre Deus, nem à obtenção de uma carreira acadêmica admirável, e muito menos ao uso do conhecimento para a autopromoção, mas, sim, ao discipulado* — à restauração da imagem de Deus na humanidade por meio da caminhada com Cristo. O pastor João faz teologia para que todo o seu rebanho possa ouvir a voz do Bom e Supremo Pastor Jesus (Jo 10.11-15), dizendo: "Siga-me".

E aqui é bem instrutivo que, no ápice do segundo chamado que Pedro recebe de Jesus — no momento em que Pedro é restaurado após ter negado Jesus três vezes —, Pedro aprende que seguir Jesus não significa meramente subscrever a algumas ideias acerca de Jesus. (Há muito que poderia ser dito sobre o epílogo joanino, mas basta mencionar que Pedro havia alimentado ideias muito claras acerca de Jesus — relacionadas,

[31] Ibid., p. 364-9.

por exemplo, a um messias militarista[32] —, mas foram essas ideias que o levaram a negar a Jesus.) Pelo contrário, seguir a Jesus é se entregar em resposta ao amor de Jesus para cuidar dos pequeninos de Jesus. Três vezes, Jesus interpela Pedro, tendo estendido sua graça a ele, a que o discípulo pastoreie o rebanho do Messias. Assim, quando atentamos a como o pastor João faz teologia, descobrimos que a expressão "pastor-teólogo" é uma bela redundância. Fazer teologia necessariamente desemboca em discipulado — e ser discípulo do Bom Pastor necessariamente desemboca na entrega de si mesmo ao serviço de cuidado do rebanho de Deus.

Em síntese, são quatro as maneiras como João nos ensina a ser pastores que fazem teologia: falar na língua das pessoas a quem pregamos, comunicar os atos salvíficos de Deus ao longo da história narrada nas Escrituras, proclamar a Cristo como a culminação e a plenitude dessa história, e colaborar com Deus na missão de fazer discípulos. Todo pastor deve buscar fazer teologia como João, porque teologia de verdade só pode fazer quem prega o Deus encarnado e se doa para o serviço do rebanho de Jesus.

[32] Comparar com Marcos 8.31-33; Mateus 16.21-23.

2

A tríplice função teológica da Babilônia no livro do profeta Jeremias

• ANDERSON YAN •

MDiv (Estudos Bíblicos e Pastorais) com ênfase em Teologia Bíblica pelo Seminário Teológico Servo de Cristo, pós-graduado em Teologia da Transformação (London School of Theology) e PhD em Estudos Bíblicos pelo King's College London, onde também foi professor-assistente. Atualmente, leciona no St. Augustine College of Theology, na Inglaterra, e está concluindo o processo de ordenação ministerial na Igreja Anglicana. É casado com Rebecca Jane Yan.

O professor Estevan F. Kirschner, a quem gostaria de cumprimentar pelos seus setenta anos de vida e agradecer por sua devoção ao ensino, é sem dúvida, um dos principais biblicistas do Brasil e, ao longo de seu ministério, sempre buscou recuperar o protagonismo das Sagradas Escrituras na igreja brasileira. Guardo na memória seu compromisso com a educação teológica bem como sua habilidade exegética do Novo Testamento, qualidades que presenciei quando fui seu aluno no Seminário Teológico Servo de Cristo, no início de meus estudos teológicos. Apesar de o professor Kirschner ser mais conhecido pela sua contribuição aos estudos neotestamentários, ele também é, obviamente, um profundo conhecedor do Antigo Testamento e um entusiasta da língua hebraica, e poucos sabem do seu conhecimento ímpar acerca do livro do profeta Jeremias, tema deste capítulo.[1]

O livro de Jeremias apresenta a vida e o ministério do seu protagonista durante a iminência do exílio e também durante o período em que o reino de Judá caiu nas mãos do império neobabilônico. Esse contexto histórico ajuda a explicar as muitas referências sobre a Babilônia encontradas nesse livro. Das 262 ocorrências de *babel* em toda a Bíblia Hebraica, mais da metade (149 vezes) está em Jeremias. Ainda assim, parece não haver uma consistência na avaliação do profeta em relação à Babilônia, uma característica intrigante. Por um lado, Jeremias considera os babilônios como agentes usados por YHWH para julgar Judá por sua idolatria (Jr 19.1—20.6): "Entregarei o povo de Judá ao rei da Babilônia, e ele os levará presos para a Babilônia ou os atravessará com a espada" (Jr 20.4). Por outro lado, em outras partes, Jeremias profere condenações contundentes contra a capital do império que havia conquistado Judá: "'Então, quando terminarem os setenta anos de exílio, castigarei o rei e o povo da Babilônia por seus pecados', diz o SENHOR. 'Transformarei a terra dos babilônios em ruínas para sempre'" (Jr 25.12).[2]

Neste estudo empregarei a abordagem sincrônica (uma análise do texto final de Jeremias como o conhecemos hoje) como ponto de partida antes de prosseguir para considerações diacrônicas (um estudo de seu contexto histórico). Partindo do pressuposto de que a introdução em Jeremias faz parte do

[1]Este ensaio é uma versão revisada da minha dissertação para o mestrado em Estudos Bíblicos pelo Heythrop College (University of London) sob a supervisão da profa. dra. Katherine E. Southwood; o texto foi adaptado para esta *Festschrift*.

[2]Ver também Jeremias 24, 29, 50 e 21.

estágio final da composição do livro, podemos constatar que os escribas selecionaram com maestria palavras-chave que cobrem os principais aspectos dessa obra. Ao comissionar Jeremias como "profeta às nações" (1.5), YHWH não somente afirma seu domínio universal, mas também concede parte dessa autoridade a Jeremias (1.9). Nesse comissionamento de Deus ao profeta, também já podemos encontrar indícios das diferentes funções exercidas pela Babilônia, particularmente no que diz respeito ao seu potencial de destruir, mas também de abençoar: "Hoje lhe dou autoridade para enfrentar nações e reinos, para arrancar e derrubar, para destruir e arrasar, para edificar e plantar" (1.10).

O chamado de Jeremias é seguido por duas visões. A primeira delas, a de uma amendoeira, assegura o profeta acerca do cumprimento da palavra divina (1.12), já a segunda visão (uma panela fervendo) revela a origem do juízo contra Judá: "Terror vindo do norte ferverá e se derramará sobre o povo desta terra" (1.14). Entretanto, o versículo seguinte deixa claro que é o próprio YHWH quem está por trás desse iminente desastre, uma vez que é o próprio Deus quem está "convocando todos os exércitos dos reinos do norte" (1.15). Com base nesses primeiros versículos de Jeremias, podemos argumentar que a Babilônia desempenha três papéis ao longo desse livro profético: instrumento de julgamento e retribuição, lugar de esperança e misericórdia e objeto de punição.

Instrumento de julgamento e retribuição

Como o próprio professor Kirschner já escreveu, a Babilônia é um "personagem" importante na narrativa bíblica:

> A Babilônia, porém, recebe atenção especial, pois também cumpre um papel específico no drama da redenção no Antigo Testamento.

> É na Babilônia que o povo de Judá é exilado por quebrar a aliança de Deus. O império neobabilônico, tendo Nabucodonosor como líder, é o instrumento de punição que Deus emprega para disciplinar seu povo pela desobediência à Lei (Jr 28.14; Hc 1.6,12).[3]

E a função da Babilônia como "instrumento de punição" está diretamente ligada às responsabilidades delegadas ao profeta durante seu comissionamento (Jr 1.4-10), um trecho composto tanto em poesia quanto em prosa.

A primeira parte de Jeremias caracteriza-se pelos oráculos de julgamento, os quais, geralmente, aparecem na forma de poesia. Por sua vez, a prosa — composta por longos discursos, breves glosas e narrativas prolongadas — predomina na segunda metade do livro. Em razão das limitações de espaço, não será possível cobrir todo o material de Jeremias que se refere à Babilônia como instrumento de julgamento e retribuição. Por isso, focaremos alguns exemplos tanto do uso da poesia quanto da prosa em Jeremias.

Poesia

Começando pelo material poético, o contexto imediato de Jeremias 2.4-9 é o capítulo 2 como um todo, que, por sua vez, está inserido em um contexto mais amplo (Jr 2—6). Sincronicamente,[4] a queda de Jerusalém descrita em Jeremias 4.5—6.30

[3]Estevan Kirschner, "Da Babilônia à Nova Jerusalém", in: Estevan Kirschner e Bernardo Cho (orgs.), *Missão Urbana: Servindo a Cristo na cidade* (São Paulo: Mundo Cristão, 2020), p. 22.

[4]A distinção entre os termos "sincrônico" e "diacrônico" foi originalmente cunhada por De Saussure dentro do campo linguístico. Ferdinand de Saussure, *Cours de Linguistique Générale* (Paris: Éditions Payot & Rivages, 1916), p. 117. Na abordagem de Saussure, o termo "diacrônico" foi usado com referência ao aspecto evolutivo da linguagem, enquanto o adjetivo "sincrônico"

funciona como o cumprimento da predição feita pelo profeta, uma predição formada por acusação (Jr 2) e por um chamado ao arrependimento (Jr 3.1—4.4). Embora não haja nenhuma referência explícita sobre a Babilônia até o capítulo 20, a menção sobre o cativeiro de Jerusalém em Jeremias 1.3 serve como chave hermenêutica para uma leitura sincrônica do livro:

> Estas são as palavras de Jeremias, filho de Hilquias, um dos sacerdotes da cidade de Anatote, na terra de Benjamim. O Senhor lhe deu esta mensagem no décimo terceiro ano do reinado de Josias, filho de Amom, rei de Judá. Também lhe deu outras mensagens durante todo o reinado de Jeoaquim, filho de Josias, rei de Judá, até o décimo primeiro ano do reinado de Zedequias, outro filho de Josias. *Em agosto daquele ano, o povo de Jerusalém foi levado para o exílio.* (grifos meus)

descrevia a característica estática de uma determinada língua. Essa distinção teve uma influência direta nas novas teorias literárias conforme evidenciado em Jonathan Culler, *Structuralist Poetics: Structuralism, Linguistics and the Study of Literature*, 2ª ed. (Londres: Routledge Classics, 2002), p. 13, cujo foco da análise literária se voltou à obra literária completa e à relação entre as partes, minimizando o desenvolvimento histórico. Consequentemente, a ênfase na procura do significado do texto migrou daquilo que está por trás do texto para aquilo que está no texto. Dessa forma, Exum e Clines entenderam essa autonomia literária em relação ao controle da história na Nova Crítica, considerando textos como obras por direito próprio em vez de representações das sensibilidades dos seus autores como as propostas românticas anteriores comum entre as abordagens histórico-críticas. J. Cheryl Exum e David J. A. Clines, "The New Literary Criticism", in: *The New Literary Criticism and the Hebrew Bible*, JSOTSup 143 (Sheffield: JSOT Press, 1993), p. 15-6. Essa desvalorização pelo autor na interpretação do texto ecoa o título da obra de Barthes, *The Death of the Author*, e está evidente na introdução de Kessler para a aplicação desse novo impulso nos estudos de Jeremias, onde ele justifica o trabalho na forma final do texto como recurso para prevenir especulações. Martin Kessler (org.), *Reading the Book of Jeremiah: A Search for Coherence* (Winona Lake: Eisenbrauns, 2004), p. xii-xiii.

É bem verdade que, em termos diacrônicos, a ausência de menções explícitas à Babilônia bem como o endereçamento do oráculo a Israel (2.4) e as referências ao Egito e à Assíria (2.18,36) levaram alguns estudiosos[5] a sugerir que esse bloco, de fato, antecede o exílio de Judá — um vislumbre de esperança de que o reino do norte fosse restaurado em razão dos movimentos de reforma promovidos pelo rei Josias e registrados em 2Reis 22—23.[6] Porém, é possível observar características do texto original que parecem apontar para uma redação mais tardia desse oráculo.[7]

É bem provável que Jeremias 2.4 seja um comentário editorial — um acréscimo posterior feito pelo responsável por compilar e dar a forma final ao livro como o conhecemos hoje — e, na verdade, o mesmo pode ser dito sobre todas as referências a Josias (Jr 3.6; 25.3; 36.2), provavelmente com o intuito de apresentar o profeta como um apoiador das reformas empreendidas por esse monarca. A presença da frase "foram atrás de ídolos inúteis, e eles próprios se tornaram inúteis", em Jeremias 2.5, também

[5]Entre os eruditos que sustentam essa hipótese estão: Rainer Albertz, "Jer 2–6 und die Frühzeitverkündigung Jeremias", ZAW, vol. 94/1,1982, p. 20-47; e Jacob Milgrom, "The Date of Jeremiah 2", JNES, vol. 14, nº 2, 1955, p. 65-9.

[6]Israel, isto é, o reino do norte, foi levado cativo pela Assíria em 722 a.C (2Rs 17.5-4), cerca de oitenta anos antes de Josias começar a reinar sobre Judá. Uma vez que, na perspectiva deuteronomista (os livros que vão de Deuteronômio a 2Reis, com exceção de Rute), Judá nunca reconheceu a divisão da monarquia e sempre se considerou como o verdadeiro herdeiro de Israel, seria plausível entender esse endereçamento do oráculo a Israel como um arcaísmo justificável.

[7]Hornkohl observou que a ortografia completa do nome do patriarca Jacó (*ya'qōb*) em 2.4 é um traço do hebraico bíblico tardio, ocorrendo predominantemente na segunda metade de Jeremias. Aaron D. Hornkohl, *Ancient Hebrew Periodization and the Language of the Book of Jeremiah: The Case for the Sixth-Century Date of Composition* (Leiden: Brill, 2014), p. 73-4.

indica uma redação posterior de Jeremias 2.4-9, uma vez que essa frase é característica da literatura deuteronomista,[8] também ocorrendo em 2Reis 17.15. Na verdade, é possível encontrar inúmeros paralelos entre Jeremias 2—6 e a literatura deuteronomista, como a crítica à idolatria e os constantes chamados ao arrependimento, indícios que parecem corroborar para uma

[8]De acordo com uma teoria postulada nos círculos acadêmicos, os livros de Deuteronômio até 2Reis (exceto Rute) foram compilados editorialmente durante o Exílio para explicar por que Israel e Judá haviam caído. De acordo com Coggins, o termo "deuteronômico" é usado com referência ao Deuteronômio enquanto "deuteronomístico" denota a influência associada a obra dos deuteronomistas que é expressa de forma mais ampla e difundida na literatura que leva esse nome. Richard Coggins, "What Does 'Deuteronomistic' Mean?", in: Linda S. Schearing e Steve L. McKenzie (orgs.), *Those Elusive Deuteronomists: The Phenomenon of Pan-Deuteronomism*, JSOTSup 268 (Sheffield: Sheffield Academic Press, 1999), p. 23. De forma semelhante, Lohfink chama a atenção para a importância da clareza em relação ao uso do termo "deuteronomístico", restringindo seu uso para descrever afiliações textuais. Norbert F. Lohfink, "Was There a Deuteronomistic Movement?", in: Linda S. Schearing e Steve L. McKenzie (orgs.), *Those Elusive Deuteronomists: The Phenomenon of Pan-Deuteronomism*, JSOTSup 268 (Sheffield: Sheffield Academic Press, 1999), p. 39. É consenso entre os estudiosos o uso recorrente de linguagem estereotípica derivada das maldições em Deuteronômio 28.15-68 nos ciclos de apostasia entre os livros de Josué e 2Reis. O uso da apostasia como chave hermenêutica na composição do livro de Jeremias (Jr 22.8-9) também foi logo percebido por alguns estudiosos. Ver J. Philip Hyatt, "The Deuteronomic Edition of Jeremiah", in: Richmond C. Beatty, J. Philip Hyatt e Monroe K. Spears (orgs.), *Vanderbilt Studies in the Humanities*, vol. 1 (Nashville: Vanderbilt University Press, 1951), p. 71-95; Hyatt, "The Book of Jeremiah: Introduction and Exegesis", in: Samuel Terrien (org.), *The Interpreters' Bible Commentary: Ecclesiastes, Isaiah, Song of Songs, Jeremiah*, vol. 12 (Nashville: Abingdon Press, 1956), p. 777-93; E. W. Nicholson, *Preaching to the Exiles: A Study of the Prose Tradition in the Book of Jeremiah* (Oxford: Basil Blackwell, 1970), p. 2-17; Winfried Thiel, *Die deuteronomistische Redaktion von Jeremia 1–25*, WMANT 41 (Berlim: Neukirchener, 1973), p. 3-31; Thiel, *Die deuteronomistische Redaktion von Jeremia 26–45: Mit einer Gesamtbeurteilung der deuteronomistische Redaktion des Buches Jeremia*, WMANT 52 (Neukirchener Verlag, 1981), p. 93-106.

redação durante o exílio. Isso contrasta com interpretações que situam Jeremias 2—6 durante o jogo político do rei Zedequias (2Rs 24—25; 2Cr 36.11-21; Jr 21.1-10; 52.1-11), cuja esperança estava depositada em uma aliança militar com Egito (Jr 37.1-10; o que talvez explique Jr 2.18,36) — uma rebelião contra a Babilônia que culminou no Exílio de Judá.

Assim, podemos dizer que, sincronicamente, o desastre descrito em Jeremias 4.5—6.30 foi projetado com objetivo de cumprir as predições relacionadas à acusação e à recusa de arrependimento em Jeremias 2—3. Diacronicamente, esse desastre pode ser entendido como *vaticinium ex eventu,* isto é, foi escrito após o evento "profetizado" já ter ocorrido.

Prosa

No livro de Jeremias, a relação entre prosa e poesia pode ser entendida em termos hermenêuticos: a prosa desempenha um papel interpretativo dos oráculos poéticos presentes nos capítulos 1—25. Já existe um histórico de discussões no meio acadêmico sobre a associação do material em prosa e a literatura deuteronomista, apesar de não haver um consenso sobre isso nos círculos mais conservadores.[9] Pessoalmente, creio que há evidências convincentes sobre a influência deuteronomista em Jeremias e, portanto, entendo que estamos lidando primariamente com um fenômeno literário no qual é importante fazermos a distinção entre profeta e o livro que leva o seu nome.

[9] As objeções de cunho apologético contra a relação da prosa jeremiânica e a literatura deuteronomista está essencialmente atrelada à *ipsissima verba Jeremiae* e a busca do Jeremias histórico sob o argumento de que a semelhança entre os dois corpos literários pode ser entendida pelo fato de que ambos foram produzidos durante o mesmo período: entre os séculos 7 e 6 a.C.

Discurso

O anúncio do profeta sobre a destruição de Judá e do templo em Jerusalém de forma semelhante ao que ocorrera em Siló (monte que abrigou o tabernáculo após a conquista de Canaã) bem como a expulsão do povo diante da presença de YHWH (Jr 7.14-15,34) correspondem ao julgamento e à retribuição divina a diversas transgressões (injustiça social, hipocrisia, idolatria e sacrifícios realizados em santuários não autorizados). Diante desse cenário desolador, YHWH concluí: "Tenho razão para estar tão irado!", uma afirmação que parece isentar Deus da responsabilidade pela iminente invasão de Jerusalém pelas tropas de Nabucodonosor, atribuindo esse desastre ao próprio povo com o objetivo de despertar o sentimento de culpa, remorso e arrependimento entre os israelitas. O início do sermão do templo (Jr 7), principalmente a série de formulações condicionais nos versículos 5-7, remonta às proibições deuteronomistas contra vantagens sobre os excluídos com o objetivo de manter uma harmonia social entre os mais e os menos favorecidos na sociedade (Dt 10.18; 14.28-29; 16.11; 24.17,19-21; 26.12-13; 27.19).

Glosa

Diferentemente de redações mais organizadas, como Jeremias 7, a glosa (uma espécie de nota explicativa) em Jeremias 22.8-9 corresponde a uma técnica de redação denominada pelos estudiosos como *Fortschreibung*, algo como uma "expansão/continuação interpretativa", que busca adicionar comentários a fim de ilustrar as consequências do cumprimento de uma determinada profecia. Nessa glosa, também é possível identificar traços deuteronomistas, uma vez que ela funciona como um comentário sobre a violação da "palavra do SENHOR" (Jr 22.2, ARA). À luz do contexto de Jeremias 22 (especialmente os versículos 1-9), podemos interpretar essa "palavra do SENHOR" como uma referência a Deuteronômio, sobretudo os trechos que tratam do cuidado com os desfavorecidos.

Narrativa

A narrativa de Jeremias 36 segue essencialmente os mesmos moldes de julgamento e retribuição em resposta à rejeição da palavra divina convertida em livro pelo escriba Baruque, um tomo que foi queimado pelo rei Jeoaquim. Alguns estudiosos não diferenciam o material em prosa dos discursos, propondo que ambos os gêneros visam ser didáticos e que, provavelmente, foram desenvolvidos de forma semelhante. Assim, as narrativas podem ser entendidas como histórias edificantes oriundas dos guardiões da tradição que contextualizaram os diversos incidentes e ensinamentos de Jeremias à nova realidade do Exílio a fim de assegurar a autoridade da palavra profética e de resguardar o povo contra a profecia falsa e a desobediência à Lei. Concordo que o discurso e a narrativa são ambos didáticos, mas acredito que eles empregam estratégias diferentes em relação à transmissão do seu ensinamento: enquanto o discurso tende a comunicar diretamente à audiência, as narrativas convidam os ouvintes à imaginação.

Considerando o fato de que os materiais associados aos escritos deuteronomistas se encontram integralmente na Septuaginta (tradução grega da Bíblia Hebraica e um texto mais antigo que o Massorético, em hebraico), é possível inferir que o pensamento deuteronomista já estava amplamente disseminado durante Exílio e motivou a produção de uma espécie de "literatura de crise" que foi reescrita durante o Exílio babilônio com o intuito de testemunhar que YHWH continuava sendo um Deus poderoso apesar do domínio estrangeiro.[10] Assim, não seria um absurdo datar o estrato deuteronomista de Jeremias dentro do período pós-monárquico.

Lugar de esperança e misericórdia

O papel da Babilônia como um lugar de esperança e misericórdia divina está relacionado principalmente ao material em prosa no livro de Jeremias. A redação deuteronomista de Jeremias foi amplamente reconhecida entre os estudiosos, mas isso não significa que esse modelo é imune a críticas. Parte dessas críticas está ligada ao fenômeno pan-deuteronomista, que passou a associar praticamente toda a Bíblia Hebraica ao trabalho dos deuteronomistas. Mais especificamente, no que diz respeito aos estudos do livro de Jeremias, surgiram críticas baseadas no caráter heterogêneo do material em prosa. Assim, cunhou-se o termo "dêutero-Jeremias" para se referir ao material que, apesar de utilizar um vocabulário deuteronomista, não possui uma camada deuteronomista, pois a prosa de dêutero-Jeremias representa um estilo particular, usando diversos gêneros literários — uma prosa criada durante o Exílio e que aparece nas fases mais tardias do livro.

Embora a retórica bíblica passe a impressão de que grande parte da população de Judá foi deportada deixando a terra desabitada, tal afirmação é, sem dúvidas, hiperbólica. As deportações envolveram principalmente a elite, e a vida foi, aos poucos, voltando à normalidade tanto para os exilados quanto para a

[10] Alguns estudiosos chegam a especular que os próprios babilônios poderiam ter incentivado a propagação dessa literatura uma vez que o povo de Judá entendeu que os babilônios foram instrumentos da divindade. Ver Thomas Römer, *The So-Called Deuteronomistic History: A Sociological, Historical and Literary Introduction* (Londres: T&T Clark, 2005), p. 163-4.

população que permaneceu em Judá.[11] É bem provável que o tratamento positivo dispensado aos exilados pelas autoridades babilônias contribuiu para a produção significante do material bíblico além do desenvolvimento e da consolidação de costumes e tradições, como a circuncisão e o *Shabat*.[12] Em razão da presença da linguagem deuteronomista no material de dêutero-Jeremias uma análise literária por si só não seria o suficiente para responder a todas as questões sobre a complexa relação entre Jeremias, Deuteronômio e outros escritos veterotestamentários.[13]

[11] Conforme argumentado por Barstad, representações de Judá como uma terra deserta como consequência do Exílio fazem parte de artifícios literários na construção mítica da desolação da terra. Hans M. Barstad, "The Myth of the Empty Land: A Study in the History of Archaeology of Judah During the 'Exilic' Period", SOFSup 28 (Stockholm: Scandinavian University Press, 1996), p. 80. Essa constatação está de acordo com o testemunho dos livros de Esdras e Neemias.

[12] J. Alberto Soggin, *Storia D'Israele: Introduzione alla Storia d'Israele e Giuda dalle Origini ala Rivolta di Bar Kochbà*, BCR 2ª ed. (Brecias: Paideia Editrice, 2002), p. 326-8.

[13] O problema levantado por uma análise restrita à linguagem deuteronomista é a contradição com a ideologia, ou melhor, a teologia de Deuteronômio 12 que, presumidamente, entende Jerusalém como o lugar legítimo de adoração. Isso fica evidente quando percebemos que grande parte do material em prosa de Jeremias tende a favorecer os exilados na Babilônia (p. ex., Jeremias 24 e 29). Em razão da discrepância ideológica/teológica do material jeremiânico (que faz uso da linguagem deuteronomista em favor dos exilados), Stipp cunhou o termo Deutero-Jeremiânico. Hermann-Josef Stipp, "Deutero-Jeremianische Konkordanz", ATSAT 63 (St. Ottilien: EOS-Verl., 1998), p. 2. Segundo Maier, o material Deutero-Jeremiânico tem origem no Exílio e empregou diversos gêneros literários nas camadas mais tardias do livro. Christl M. Maier, "The Nature of Deutero-Jeremianic Texts", in: Hindy Najman e Konrad Schmid (orgs.), *Jeremiah's Scriptures: Production, Reception, Interaction, and Transformation*, JSJSup 173 (Leiden: Brill, 2017), p. 123. Com base em essas observações, Migsch, Wanke e Pohlman observaram falta de unidade no material em prosa presente em Jeremias. Gunther Wanke, "Untersuchungen zur sogennanten Baruchschrift", BZAW 122 (Berlim: De

Assim, faz-se necessário o uso de abordagens multidisciplinares, particularmente metodologias sociológicas.[14]

A discrepância no material prosaico explica em grande parte a falta de consistência das funções atribuídas à Babilônia. A proposta da redação deuteronomista homogênea acabou perdendo de vista a consequência sociológica causada pelo Exílio, isto é, a tensão entre grupos rivais. Divergências entre os judaítas, que permaneceram na terra, e o partido pró-*gôlah* (os exilados) envolvendo avaliações teológicas sobre o julgamento e o Exílio deram origem a uma camada particular na forma atual do livro: a redação exílica, presente, principalmente, em Jeremias 21—45. Conforme ilustrado em Jeremias 24, a salvação alcaçaria os exilados na Babilônia:

> Assim diz o SENHOR, o Deus de Israel: Os figos bons representam os exilados que enviei de Judá para a terra dos babilônios. Eu os

Gruyter, 1971), p. 1-5; Herbert Migsch, "Gottes Wort über das Ende Jerusalems: Eine literatur-, stil- und gattungs-kritische Untersuchung des Berichtes Jeremias 34,1-7; 32,2-5; 37,3-38, 28", OBS 2 (Klosterneuburg: Österreiches Katholisches Bibelwerk, 1981), p. 267. Particularmente Pohlmann propôs que as semelhanças entre Jeremias e 1 e 2Crônicas sugerem que o livro tenha passado por uma redação exílica. Karl-Friedrich Pohlmann, "Studien zum Jeremiabuch: Ein Beitrag zur Frage nach der Entstehung des Jeremiabuches", FRLANT 118 (Göttingen: Vandenhoeck & Ruprecht, 1978), p. 16-7, 183-90.

[14] A combinação entre abordagens literárias e sociológicas levaram estudiosos a crer que grande parte do material em prosa de Jeremias reflete o conflito pós-exilico entre os grupos que foram exilados e aqueles deixados para trás na terra. Christopher R. Seitz, "Theology in Conflict: Reactions to the Exile in the Book of Jeremiah", BZAW 176 (Berlim: De Gruyter, 1989), p. 1-5; Dalit Rom-Shiloni, "Group Identities in Jeremiah: Is It the Persian Period Conflict?", in: Ehud Ben Zvi et al. (orgs.), *Palimpsest: Rhetoric, Ideology, Stylistics, and Language Relating to Persian Israel*, PHSC 5 (Piscataway: Gorgias, 2009), p. 44-6; Carolyn J. Sharp, *Prophecy and Ideology in Jeremiah: Struggles for Authority in Deutero-Jeremianic Prose* (Londres: T&T Clark International, 2003), p. 157-68.

> guardarei e cuidarei deles e os trarei de volta para cá. Eu os edificarei, e não os derrubarei. Eu os plantarei, e não os arrancarei. Darei a eles coração capaz de reconhecer que eu sou o SENHOR. Eles serão o meu povo, e eu serei o seu Deus, pois eles se voltarão para mim de todo o coração.
>
> Jeremias 24.5-7

Tal favorecimento sugere que o livro teria passado por uma redação exílica visto que os exilados (*golût*) são descritos de forma positiva.

É bem provável que o exílio babilônico tenha dado origem a posições ideológicas e teológicas que surgiram na Babilônia durante o período neobabilônico e foram trazidas para Judá pelos repatriados durante o início do período persa. Essas perspectivas são ainda mais evidentes no Texto Massorético de Jeremias, visto que elas tendem a favorecer os exilados na Babilônia.

Objeto de punição

Assim como as funções da Babilônia como instrumento de julgamento / retribuição e lugar de esperança / misericórdia estão intimamente conectadas às tarefas negativas e positivas designadas ao profeta durante o seu chamado (Jr 1.4-10), o mesmo ocorre em relação ao papel da Babilônia como objeto de punição divina, função presente em uma mistura de poesia e prosa localizada nos oráculos contra as nações no Texto Massorético de Jeremias 25.12 e 50—51. Talvez essa seja a função mais enigmática desempenhada pela Babilônia no livro (ou no mínimo paradoxal), uma vez que a Babilônia acaba sendo punida pela destruição do templo, missão da qual fora incumbida pelo próprio Deus, a fim de exercer juízo sobre Judá. Mesmo assim, como observa o professor Kirschner, "tanto o julgamento da Babilônia (Jr 50—51) quanto o retorno de Judá do exílio na Babilônia (Is 47—48) são efusivamente celebrados nos textos do período final do Antigo Testamento".[15]

Uma nota importante, entretanto, é o fato de que tanto o julgamento de Judá quanto a punição da Babilônia são provenientes do norte (*gôy miṣapôn,* Jr 50.3). De acordo com o contexto histórico, o trecho "porque *do norte* uma nação virá e trará tamanha destruição que ninguém voltará a habitar ali" (50.3), pode até ser atribuído ao império medo-persa, que sucedeu a Babilônia como potência política e militar em 539 a.C. Entretanto, existe um detalhe técnico muito interessante em relação a esse trecho que diz respeito a uma herança cultural do Antigo Oriente Próximo na Bíblia Hebraica. A palavra *ṣapôn,* em Jeremias 50.3 (que, literalmente significa "norte"), também pode ser atribuída à influência ugarítica relacionada à divindade *baal-zephon.*[16] Tendo isso mente, *ṣapôn* pode corresponder simplesmente à morada dos deuses, ou seja, o julgamento e punição tanto de Judá quanto da própria Babilônia são de origem divina, nesse caso YHWH.[17]

No tocante aos oráculos contra as nações (46.1—51.64), a erudição veterotestamentária diverge sobre a forma de interpretar o propósito dessas profecias, debatendo se a chave

[15] Kirschner, "Da Babilônia à Nova Jerusalém", p. 22.

[16] Após o êxodo, e antes da travessia do mar Vermelho, lemos que Deus ordenou aos israelitas: "deem a volta e acampem em Pi-Hairote, entre Migdol e o mar. Acampem ali, à beira do mar, em frente a *Baal-Zefom*" (Êx 14.2, grifos meus). As localizações precisas de Pi-Hairote, Migdol e Baal-Zefom são desconhecidas; muitos estudiosos presumem que Baal- Zefom talvez fosse um lugar que abrigava uma espécie de santuário de uma divindade mencionada em documentos do segundo milênio a.C.

[17] David. J. Reimer, "The 'Foe' and the 'North' in Jeremiah", ZAW, vol. 101/2, 1989, p. 223-32.

hermenêutica para entendê-las está nas nações ou na forma como essas profecias teriam sido usadas pelo antigo Israel. Alguns estudiosos interpretaram esses oráculos dentro do contexto da guerra, enquanto outros entenderam que eles evoluíram de oráculos de guerra para discursos de julgamento. Por exemplo, os oráculos contra Elão (49.34-39) mudaram de uma situação político-histórica para uma dimensão escatológica, já que o objetivo desse oráculo deixou de ser político tornando-se algo sobre a sobrevivência de Israel

No que diz respeito aos oráculos contra a Babilônia em Jeremias 50—51, muitos eruditos argumentam que eles continuaram se desenvolvendo até o período da restauração, sem descartar que é possível que eles tenham se originado a partir de uma atitude anti-babilônia durante o Exílio apesar da existência de uma vertente pró-babilônia em Jeremias. No entanto, a razão principal desses oráculos não era a noção retributiva, mas sim a ideia do senhorio de YHWH sobre o mundo todo. De acordo com essa tese, é possível até mesmo argumentar que a mensagem dos oráculos contra a Babilônia em particular foi direcionada a Judá e Israel, que são instados a fugir de uma cidade condenada por sua civilização idólatra e retornar para sua terra-pátria Jerusalém e entrar em uma aliança permanente com YHWH, o Deus de seus patriarcas.

Uma vez que os capítulos 25 e 44—51 inicialmente formavam um bloco único sem interrupção na Septuaginta,[18] argumenta-se

[18]O livro de Jeremias existe em duas versões: o Texto Massorético (TM) e a Septuaginta (LXX). A versão hebraica, representada pelo TM, é aproximadamente 1/7 mais longa que a versão grega, representada pela sigla LXX. Além disso, o TM apresenta os oráculos contra as nações no final; já na LXX essas passagens estão no meio do livro. A ordem das nações contra as quais esses oráculos são proferidos também é diferente nas duas versões.

que as palavras de julgamento em Jeremias 25.13 fazem ligação com os oráculos contra as nações sem nenhuma interrupção abrupta. Nesse sentido o deslocamento dos oráculos contra as nações do meio (conforme demonstrado pela versão de Jeremias na Septuaginta) para o final do Texto Massorético acabou transformando a punição da Babilônia no ápice do livro.

Conclusão

Durante o período pós-monárquico, o significado histórico da Babilônia acabou cedendo espaço para sentidos metafóricos. Assim, sob uma perspectiva sincrônica a destruição efetuada pela Babilônia foi parcialmente entendida como cumprimento da predição de Jeremias como julgamento e retribuição divina pela desobediência devido à recusa do povo em se arrepender, visto que posteriormente o significado metafórico foi ganhando mais espaço até os dias de hoje. Diacronicamente, as três funções da Babilônia estão condicionadas às situações sócio-históricas e políticas entre o período pós-queda de Jerusalém, em 587 a.C., e a reconstrução do Segundo Templo, concluída em 515 a.C.

3

Apolo, Priscila e Áquila em Éfeso: Quando a Escritura e a tradição apostólica se encontram

· ISAQUE SICSÚ ·

Professor de Teologia Bíblica e Sistemática no Seminário Teológico Servo de Cristo. É graduado em Teologia pela Universidade Metodista de São Paulo, mestre em Teologia Bíblica do Antigo Testamento com ênfase em línguas semíticas pelo Dallas Theological Seminary e mestre em Teologia Dogmática pela Pontifícia Universidade Católica de São Paulo. É pastor-líder da Igreja Batista Urbana, em Santo André (SP).

Passado algum tempo, [Paulo] partiu e atravessou toda a região da Galácia e da Frígia, fortalecendo todos os discípulos. Neste ínterim, Apolo, um judeu natural de Alexandria, chegou a Éfeso. Ele era um orador refinado e habilidoso nas Escrituras. Ele fora instruído no caminho do Senhor, e com entusiasmo ensinava com exatidão acerca de Jesus, conhecendo exclusivamente o batismo de João. Ele começou a falar vigorosamente na sinagoga, mas quando Priscila e Áquila o ouviram, trouxeram-no para perto e lhe explicaram com mais exatidão o caminho de Deus. Quando Apolo quis atravessar [de Éfeso] à Acaia, os irmãos o encorajaram e escreveram aos discípulos para que o recebessem. Ao chegar, ele auxiliou grandemente aqueles que, pela graça, chegaram à fé. Pois, em debate público, ele refutava os judeus com grande veemência, provando através das Escrituras que Jesus era o Cristo.

Atos 18.23-28[1]

A passagem que abre este capítulo narra os eventos que marcaram o início da terceira grande viagem missionária do apóstolo Paulo (52-57 d.C.). Em Atos 18.23—21.16, Lucas, o autor inspirado, narra (1) as circunstâncias da missão *kerygmática* (proclamatória) da igreja num ambiente essencialmente gentílico, (2) a descida do Espírito Santo no quarto e último ambiente de testemunho da fé estipulado por Jesus,[2] e (3) a maneira como Deus vai operando nas circunstâncias de vida de Paulo, a fim de que o evangelho tenha condições de chegar a Roma.

Éfeso, portanto, surge na perícope como uma espécie de "Jerusalém dos confins da terra", sendo o palco de todo o drama teológico prestes a se desenvolver. Essa cidade não somente foi o quartel-general do apóstolo por cerca de três anos (52-55 d.C.),[3] a partir de onde Paulo promoveu a impulsão e expansão do evangelho, constituindo comunidades cristãs nas principais cidades da província romana da Ásia Menor, mas também foi o lugar do "Pentecostes dos confins da terra" (At 19.1-7), quando os cristãos efésios receberam o derramar do Espírito Santo.

Como fizera no início do capítulo 18, ressaltando a missão paulina em Corinto, Lucas reafirma a primazia dos grandes

[1]Tradução própria com base no texto grego extraído de Kurt Aland et al., *Novum Testamentum Graece*, 28ª ed. (Stuttgart: Deutsche Bibelgesellschaft, 2012).
[2]Atos 1.8 funciona como um esboço geográfico e missional de todo o livro: "e serão minhas testemunhas em toda parte: em [1º] Jerusalém, [2º] em toda a Judeia, [3º] em Samaria e [4º] nos lugares mais distantes da terra".
[3]Para mais detalhes acerca da cronologia das viagens paulinas, ver: "Major Events in the Life of the Apostle Paul", <https://www.esv.org/resources/esv-global-study-bible/chart-44-06>.

centros urbanos na estratégia missionária do apóstolo Paulo. Aqui, Éfeso, conhecida como a "luz da Ásia" (em latim: *luminasia*) é o lugar onde Paulo dedica tempo e grande esforço na plantação de uma igreja sólida e influente, sendo reconhecida pelo próprio Cristo, quase quatro décadas depois de sua fundação, como uma igreja laboriosa, perseverante, santa, sólida na doutrina dos apóstolos e paciente na perseguição (Ap 2.2-3). Certamente, a igreja de Éfeso se tornou uma das comunidades mais influentes do primeiro século da era cristã.

Assim, Lucas demonstra que a missão da igreja estava em franco processo de realização, já indicando que Roma — a capital do império e morada do grande inimigo da fé, César — não deixaria de ser alcançada pelo evangelho, sacramentando o sucesso da missão da igreja (At 19.21; 28.30-31). Teologicamente, Atos 18.23-28 também encapsula o argumento de que a fé anunciada pelos apóstolos de Jesus Cristo é a consumação e ampliação do profetismo veterotestamentário, representado por João Batista. Nesse pequeno relato, encontra-se uma dobradiça histórico-teológica e paradigmática que aponta para a nascente comunidade "do Caminho" como o culminar da esperança profética de todo o Antigo Testamento e a depositária de uma nova era inaugurada na ressurreição do Filho de Deus e no derramar do Espírito Santo.

A narrativa em foco, portanto, opera como uma aparição *cameo*[4] de Priscila e Áquila[5] — já introduzidos no início do

[4]*Cameo* é um recurso comum na dramaturgia teatral e cinematográfica, quando uma figura ilustre ou famosa aparece rapidamente em uma cena, ou ainda quando um único personagem do drama possui um papel brevíssimo no roteiro. Este recurso é também chamado de *ponta*.

[5]Darell L. Bock propõe que essa cena da narrativa tem como função estabelecer o pano de fundo temático e teológico de Atos 19.1-7, quando encontramos

capítulo (18.2-3) — como responsáveis pela elucidação bíblico-teológica de um jovem pregador itinerante chamado Apolo. Ainda que cheio de habilidade e sofisticação, Apolo carecia de uma atualização e de uma melhor compreensão acerca dos eventos da vida de Cristo e da mensagem apostólica do evangelho, pois conhecia "exclusivamente o batismo de João". Assim, junto ao casal de mentores, Apolo recebe toda a informação necessária para o exercício de seu ministério, isto é, as lentes e as balizas doutrinárias da ressurreição e do cumprimento histórico da descida do Espírito Santo para uma correta compreensão e hermenêutica do cânon do Antigo Testamento.

Depois de passar pelo processo de discipulado e aprofundamento teológico, Apolo se dirige à região da Acaia, na península do Peloponeso, mais exatamente à cidade de Corinto, sob a recomendação e endosso da igreja de Éfeso, e ali é útil no serviço à comunidade de discípulos. É notável o fato de o próprio apóstolo Paulo, pouco depois da chegada de Apolo a Corinto, já reconhecer a influência e os frutos do ministério desse jovem pregador (1Co 3.1-7).

Apolo e a tradição de João Batista

Apolo[6] é descrito com riqueza de detalhes por Lucas. Em primeiro lugar, somos informados que ele era "um judeu natural

outros discípulos em Éfeso que também conheciam apenas o batismo de João. Ver Bock, *Acts*, Baker Exegetical Commentary on the New Testament (Grand Rapids: Baker Academic, 2007), p. 590-3.

[6] Apolo é uma contração do nome Apolônio e provavelmente Apolódoro e Apolônide. Ver William Arndt et al., *A Greek-English Lexicon of the New Testament and Other Early Christian Literature* (Chicago: University of Chicago Press, 2000), p. 116. Doravante BDAG.

de Alexandria". Localizada no litoral sul do mediterrâneo, Alexandria era a cidade mais importante do império romano naquela região. Aliás, em todo o norte da África, desde a província da Mauritânia, no sudoeste do império, passando pela Numídia e Cirene, chegando até o norte da Península Arábica, não havia outro centro metropolitano sequer parecido com Alexandria. Conhecida por seu imenso farol, uma das sete maravilhas do mundo antigo, bem como por sua lendária biblioteca (com mais de 400 mil volumes), Alexandria era o maior centro urbano, comercial, intelectual, religioso e cultural depois de Roma:

> [Alexandria] foi um próspero centro cosmopolita de educação, cultura, negócios e comércio. Sua grandiosa biblioteca e museu serviam de núcleo para uma universidade da Antiguidade, onde conviviam filósofos e estudiosos religiosos provenientes dos confins mais distantes do mundo.[7]

Fundada por Alexandre, o Grande, ainda nos dias do império greco-macedônio (330 a.C.), Alexandria, desde sua fundação, foi habitada por uma grande população judaica. No primeiro século, a comunidade judaica representava a maior colônia judaica fora da região de Israel, e o segundo maior grupo étnico dentro da cidade. Tanto Filo de Alexandria (*Contra Flaco* 8.55) quanto Flávio Josefo (*Antiguidades judaicas* 14.7.2.117) nos informam que os judeus em Alexandria além de representarem uma grande massa populacional, também exerciam grande influência civil e cultural, ocupando dois dos cinco distritos principais da cidade. Essa presença massiva e histórica

[7]Roger Olson, *A história da teologia cristã: 2000 anos de tradição e reformas* (São Paulo: Cultura Cristã, 2001), p. 205.

garantiu-lhes uma série de privilégios, como a liberdade religiosa e a prerrogativa de uma liderança civil própria, por meio de governadores judeus (etnarcas) que atuavam na gestão e no governo civil dentro dos distritos judaicos da cidade. Não resta dúvidas, portanto, que Apolo, era um homem de cultura cosmopolita, que provavelmente falava no mínimo três idiomas (aramaico, hebraico e grego) e estava amplamente habituado ao *modus vivendi* comum de um grande centro urbano.

Lucas também o descreve como um "orador refinado".[8] De acordo com os principais dicionários lexicográficos do grego do Novo Testamento, a expressão *logios* ("orador"), um *hápax legomenon* (termo que ocorre uma única vez na literatura em questão), tem dois significados fundamentais.[9] Em primeiro lugar, esse termo pode se referir a um indivíduo eloquente, com grande habilidade oratória e capacidade de falar clara e persuasivamente.[10] O segundo significado básico da expressão se refere ao indivíduo instruído, com alto nível educacional e douto, que possui reconhecida habilidade intelectual e repertório de conhecimento — um erudito no sentido *stricto* do termo. Filo de Alexandria (*Sobre a vida de Moisés* I.23), por exemplo, utiliza *logios* referindo-se a Moisés como alguém que tinha sido educado em toda sorte de ciência e arte, como um príncipe do Egito. Flávio Josefo (*História da destruição de Jerusalém* 5.13), por sua vez, parece usar a expressão de maneira intercambiável, referindo-se aos eruditos de linhagem grega, que dominavam a cultura

[8]NVI23: "homem culto"; NVT: "orador eloquente"; NAA: "homem eloquente"; NTLH: "falava muito bem".

[9]Ver BDAG, p. 598.

[10]Filo de Alexandria explica a expressão *logios* como alguém que possui "excelência no falar". *Sobre a Mudança dos Nomes*, XXXIX.220.

helênica, bem como àqueles que possuíam eloquência tanto escrita quanto verbal.

Como apontado anteriormente, Paulo parece reconhecer tanto a eloquência quanto a erudição de Apolo, já que uma grande parcela da igreja de Corinto se deixou levar por rixas e intrigas baseadas nas habilidades, competências e dons dos ministros que serviram àquela comunidade (1Co 3.1-9). Antes de Paulo mencionar Apolo diretamente em 1Coríntios 3, ele diz: "Irmãos, na primeira vez que estive com vocês, não usei *palavras eloquentes nem sabedoria humana* para lhes apresentar o plano secreto de Deus" (1Co 2.1, grifos meus). Essa passagem pode ser tomada como um possível contraste de abordagens ministeriais entre Paulo e Apolo. Enquanto este era alguém que fazia questão de fazer uso de seu repertório intelectual e falar de maneira bastante eloquente e persuasiva, aquele preferia uma linguagem mais simples e menos rebuscada. George Barton, antigo catedrático na área de línguas semíticas da Universidade da Pensilvânia, em seu clássico (e polêmico) artigo "Some Influences of Apollos in the New Testament", afirma: "É claro em 1Co 1—4, especialmente a partir do que São Paulo diz sobre sabedoria, que os coríntios consideravam o ensino de Apolo muito mais intelectual que o ensino de São Paulo".[11] Dessa maneira, é bastante razoável pensar que o significado de *logios* em Atos 18.24 pode ser tomado como uma espécie de sobreposição semântica; Lucas poderia estar interessado em apontar justamente aquilo que tanto o apóstolo Paulo quanto a comunidade cristã de Corinto já tinham reconhecido: a eloquência, assim como a erudição

[11] G. Barton, "Some Influences of Apollos in the New Testament", *Journal of Biblical Literature*, vol. 43, nº 1/2 (1924), p. 207-23.

e sofisticação intelectual de Apolo. Essa é a razão pela qual optei por traduzir *anēr logios* como "orador refinado" neste capítulo. Assim, "refinado" pode ser o qualificativo que se refere tanto à *habilidade* sofisticada de comunicação (eloquência) quanto ao *conteúdo* refinado do discurso de Apolo (erudição e sofisticação).

A terceira expressão usada por Lucas na descrição pessoal de Apolo é "habilidoso nas Escrituras". Aqui o Evangelista parece estar descrevendo a formação de Apolo como um judeu que tinha um profundo e extenso conhecimento do texto do Antigo Testamento, bem como o aparente fato de que Apolo dominava toda a teologia veterotestamentária acerca da esperança messiânica. David G. Peterson adiciona uma informação importante e de natureza prática ao entendimento dessa expressão:

> O fato de Apolo ser um alexandrino *culto* (*anēr logios* poderia também significar "homem eloquente"), *com um amplo conhecimento das Escrituras* (*dynatos en tais graphais*, "poderoso nas Escrituras"), significa que ele possuía a capacidade para ser um mestre da fé com influência.[12]

Descrever Apolo como um mestre influente que dominava o texto e a teologia messiânica do Antigo Testamento, logo após dizer que Apolo era natural da Alexandria, pode ser também uma tentativa lucana de, discretamente, conectar Apolo à toda tradição teológico-filosófica de Alexandria. Como é amplamente difundido, a tradução grega do Antigo Testamento, a Septuaginta (LXX), foi produzida em Alexandria em meados

[12]David G. Peterson, *The Acts of the Apostles*, The Pillar New Testament Commentary (Grand Rapids: William B. Eerdmans Publishing Company, 2009), p. 525. Grifos do autor.

do terceiro século a.C., e não demorou muito para que essa versão se tornasse o texto padrão do Antigo Testamento em todo o império, até o surgimento da Vulgata Latina de Jerônimo, já no século 4 da era cristã.

Alexandria também era conhecida como o maior centro de produção de literatura judaica na diáspora, e a produção da Septuaginta propiciou o surgimento da escola alexandrina de filosofia e interpretação bíblica que, posteriormente, se tornou o *locus* do chamado método alegórico de hermenêutica. Esse método foi utilizado e difundido em um primeiro momento pelo filósofo judeu do primeiro século, Filo, e posteriormente, por eruditos cristãos como Orígenes e Clemente. A interpretação alegórica tem sido vista por estudiosos modernos como o fruto metodológico da intersecção da filosofia platônica, da teologia veterotestamentária (sob a ótica judaica) e da mistagogia cristã, e exerceu influência ímpar sobre a tradição teológica do período da patrística. Entretanto, é impossível determinar com exatidão quão influenciado foi Apolo pelo ambiente teológico e filosófico de Alexandria, em meados das décadas de 40 e 50 da era cristã.

A seguir, chegamos às expressões de mais difícil interpretação da passagem. No versículo 25, somos informados que Apolo tinha sido "instruído (literalmente: "catequizado") no caminho do Senhor" e que falava "com exatidão acerca de Jesus". Essas expressões levantam uma série de dúvidas. Apolo era somente um judeu não convertido que, embora não cresse de maneira salvífica em Jesus, conhecia os eventos da vida de Cristo? Era um cristão convertido no caminho do Senhor? Se sim, como o evangelho chegou até ele em Alexandria, antes de chegar a Éfeso? Para tais perguntas uma série de respostas é oferecida, partindo dos mais diversos prismas teológicos. Há aqueles que tomam Apolo como um judeu "cristianizado"; um discípulo de

Filo de Alexandria;[13] um tipo de cristão aderente da tradição herética (?) alexandrina;[14] um protocarismático;[15] um discípulo cristão batizado por João Batista;[16] ou simplesmente um judeu não convertido.[17]

Minha convicção, porém, é que Apolo era um judeu convertido ao evangelho, mas que ainda não conhecia todos os eventos da vida de Cristo, pois vivia em contexto de diáspora — geograficamente fora do ambiente onde ocorrera o ministério terreno de Jesus. E mais: Apolo também está dentro de um período de sobreposição de eras entre a antiga e a nova aliança, o que explica ele ser um convertido, mas ainda não conhecer o cumprimento da promessa do derramar do Espírito de Deus: "Apolo é uma figura presa em um período de transição e que ministra na diáspora e, portanto, precisa ser atualizado. Sua pregação não é imprecisa, apenas incompleta".[18]

Ao descrever Apolo como alguém que fora instruído no "caminho do Senhor", Lucas retoma o argumento iniciado em seu Evangelho, quando introduz o profeta João Batista, cujo ministério era fundamentalmente anunciar a chegada do Cristo, *preparando o caminho* para a chegada do Messias (Lc 1.76; 3.4-5; 7.27). Ainda no Evangelho de Lucas, esse Messias, Jesus, ensinava "*o caminho de Deus* de acordo com a verdade" (Lc 20.21 , grifos

[13]G. Barton, "Some Influences of Apollos in the New Testament", *Journal of Biblical Literature*, vol. 43, nº 1/2 (1924), p. 207-23.

[14]E. Käsemann, "The Disciples of John the Baptist in Ephesus", in: *Essays on New Testament Themes* (Londres: SCM, 1964), p. 136-48.

[15]M. Wolter, "Apollos und die ephesinischen Johannesjünger (Act 18, 24–19, 7)", *ZNW 78* (1987), p. 49-73.

[16]J. Munck, "The Acts of the Apostles" (Garden City: Doubleday, 1967), p. 183.

[17]E. Schweizer, "Die Bekehrung des Apollos, Apg. 18. 24–26", *EvT 6* (1955), p. 247-54.

[18]Bock, *Acts*, p. 592.

meus). Esse tema parece ser ampliado no livro de Atos, quando aqueles que pertencem à comunidade "do Caminho" são justamente os que encontraram a verdade e o caminho da salvação em Jesus Cristo (At 2.28; 9.2; 16.17; 19.9,23; 22.4; 24.14,22). Ou seja, esses discípulos "do Caminho" são o verdadeiro cumprimento do plano divino de redimir Israel por meio do Messias, conforme exposto pelos profetas do Antigo Testamento. João Batista e seu batismo, portanto, servem na obra lucana como uma espécie de arquétipo teológico que abarca essa esperança veterotestamentária da redenção de Israel. James Dunn explica:

> A impressão de que Apolo era uma figura um tanto quanto à margem dos desenvolvimentos tradicionais é confirmada pela descrição aqui. Ele havia sido "instruído (catequizado) no caminho do Senhor"; ele era "ardente com o Espírito"; "ele falava e ensinava com precisão as tradições sobre Jesus" (cf. 18.25). Mas ele havia sido batizado apenas com "o batismo de João"; sua instrução no "caminho do Senhor" indica mais influência da tradição de João Batista (cf. Lc 3.4); e seu conhecimento do caminho não era totalmente preciso. A implicação é que seu conhecimento de Jesus veio de relatos do ministério de Jesus antes de sua morte e ressurreição (o "evangelho galileu"), talvez até mesmo do período de sobreposição com o ministério de João Batista (Jo 3.26): ele teria respondido ao desafio feito pelo próprio Jesus, e teria respondido da maneira que os primeiros discípulos fizeram — passando pelo batismo que João Batista havia instituído.[19]

Apolo, portanto, nessa sobreposição de eras e por viver na diáspora, segue o arquétipo de João Batista, sem ainda ter sido informado dos demais eventos da vida do Messias, bem como

[19] James D. G. Dunn, *The Acts of the Apostles* (Grand Rapids: William B. Eerdmans Publishing Company, 2016), p. 249.

seus efeitos extraordinários. É por essa razão que ele é descrito por Lucas como alguém que conhecia "exclusivamente [*monon*] o batismo de João".

Meu entendimento é que a expressão *monon* (literalmente: "apenas") não deve ser entendida como negativa e depreciativa, mas em seu sentido de alienação.[20] Está claro que Lucas não está depreciando ou limitando a validade do ministério de Apolo, pois antes de dizer que Apolo conhecia apenas o batismo de João, Lucas já havia reconhecido que ele "ensinava com exatidão acerca de Jesus". Lucas não trata de forma negativa a iniciativa de Apolo de servir à comunidade de Éfeso e, posteriormente, à igreja de Corinto. Ao dizer que Apolo conhecia "*apenas* o batismo de João", é preferível entender que Apolo possuía um conhecimento distante e isolado do restante da história da redenção. Paton J. Gloag, em seu clássico *A Critical and Exegetical Commentary on the Acts of the Apostles*, afirma:

> Ao que parece, Apolo reconheceu Jesus como o Messias, e estava familiarizado com os principais incidentes de sua vida; pois lemos que "ele falou e ensinou com precisão as coisas concernentes a Jesus". Ele não apenas considerou Jesus como o precursor do Messias, mas, assim como João Batista, ele considerou Jesus como o próprio Messias. A quantidade de seu conhecimento mostra que ele tinha uma interpretação correta acerca da natureza espiritual do reino do Messias, e acreditava em Jesus. Ele parece, no entanto, ter sido ignorante dos efeitos da missão e dos sofrimentos de Cristo, e do derramamento do Espírito Santo (At 19.2): ele conhecia *exclusivamente*, somos informados, o batismo de João.[21]

[20] Ver BDAG, p. 658.

[21] P. Gloag, *A Critical and Exegetical Commentary on the Acts of the Apostles*, vol. 2 (Edimburgo: T&T Clark, 1870), p. 186. Grifos do autor.

Dessa maneira, parece bastante natural concluir que Apolo era (1) um obreiro bastante entusiasmado com a tarefa de proclamação de Jesus como o Messias de Israel, nos termos da tradição de João Batista, (2) alguém consciente dos planos de Deus em promover salvação por meio de Jesus, (3) mas que não tinha um conhecimento pleno dos eventos que marcaram o ministério terreno de Cristo, especialmente do principal efeito de sua morte e ressurreição: a concessão e o derramar do Espírito Santo.

Também é possível apontar que Apolo levava tão a sério sua fé em Jesus como Messias — nos moldes do arquétipo profético de João Batista — a ponto de preservar em seu ministério uma série de elementos de conexão com o ministério do precursor de Cristo. O primeiro elemento (e o mais óbvio) é a centralidade das Escrituras como lentes que orientam o ministério profético exercido e a esperança soteriológica anunciada. Por exemplo, no início do Evangelho de Lucas, o anjo Gabriel conecta o ministério profético de João Batista a Elias, o profeta *par excellence* de Israel, e com o último profeta do Antigo Testamento, Malaquias: "Será um homem *com o espírito e o poder de Elias*, e preparará o povo para a vinda do SENHOR. *Fará o coração dos pais voltar para seus filhos* e levará os rebeldes a aceitarem a sabedoria dos justos" (Lc 1.17 [cf. Mq 4.6], grifos meus). João Batista, o novo Elias e o continuador ministerial de Malaquias, é identificado pelo seu próprio pai, Zacarias, como aquele que "será chamado profeta do Altíssimo, pois preparará *o caminho* para o Senhor" (Lc 1.76, grifos meus). Seguindo esse paradigma, Apolo demonstra ser alguém profundamente "habilidoso nas Escrituras", encontrando nelas não somente os fundamentos de seu ministério, mas também o conteúdo a ser proclamado: "provando através das Escrituras que Jesus era o Cristo".

Outro elemento de contato entre Apolo e João Batista é a dimensão itinerante do ministério de ambos. Em Atos 18, Apolo é um verdadeiro ministro itinerante, deixando Alexandria, passando por Éfeso e posteriormente chegando a Corinto. O particípio temporal no grego, traduzido por "*quando quis* ir para a Acaia", expressa essa intencionalidade de Apolo em preservar o aspecto itinerante do profetismo característico de João Batista.

Finalmente, a índole e força profética é percebida tanto em João Batista quanto em Apolo. Mais uma vez, Lucas parece ser bastante intencional em descrever a pregação e disposição interior de Apolo quase que em termos hiperbólicos, para não dizer violentos. As expressões "com grande entusiasmo" (literalmente: "com a alma em ebulição"), "falar corajosamente", e "pois, em debate público, refutava os judeus com grande veemência" são um claro arranjo literário que apresentam Apolo mais do que como um mero mestre e pregador, mas como um verdadeiro profeta, comprometido com sua mensagem não somente em termos da realização e exercício da tarefa, mas também como alguém que tem as próprias entranhas interpeladas por sua mensagem.

Priscila, Áquila, Apolo e a tradição apostólica

O último movimento da passagem nos apresenta Priscila e Áquila, cristãos experimentados e veteranos no serviço do reino, como os responsáveis por conduzir o processo de atualização, refinamento e aprofundamento teológico de Apolo. Em apenas um versículo (At 18.26), Lucas sintetiza (1) o movimento de avaliação da mensagem e detecção das necessidades de Apolo, (2) a discrição e elegância com que Priscila e Áquila convidam Apolo para instruí-lo e (3) o processo de explicação e elucidação em si.

Priscila e Áquila são apresentados no início do capítulo 18 de Atos como amigos próximos e companheiros de missão do apóstolo Paulo. É certo que eles apoiaram Paulo durante o período de dezoito meses que ele esteve em Corinto. Depois que Paulo partiu para a Galácia (18.23), Priscila e Áquila desceram a Éfeso. Essa informação acerca da proximidade que o casal em questão teve com o apóstolo Paulo é extremamente importante, pois quando Lucas apresenta o encontro deles com Apolo, há uma clara intenção de desenhar perfis com semelhanças e contrastes: (1) Priscila e Áquila são judeus cosmopolitas oriundos de Roma; assim como Apolo, um judeu cosmopolita de Alexandria. (2) Priscila e Áquila são descritos em Atos como obreiros que aparentemente atuam em parceria com outros ministros por onde passam (Rm 16.3; 1Co 16.19; 2Tm 4.19), enquanto Apolo demonstra ser um pregador itinerante e solitário (1Co 16.12). (3) Nesse encontro, Lucas apresenta Priscila e Áquila mais próximos da tradição apostólica — especialmente a tradição paulina — já Apolo está, aparentemente, mais alinhado com tradição profética do Antigo Testamento. Aqui, testemunhamos o encontro da visceralidade profética de Apolo com a calma magisterial e pastoral de Priscila e Áquila.

A tradição apostólica (ou "uma" tradição apostólica)

Neste ponto, portanto, faz-se necessário debruçar-nos sobre o conceito de *tradição apostólica*. Hipólito de Roma (170-235 d.C.) tem sido identificado como o primeiro teólogo cristão a oferecer uma definição dessa expressão. Segundo ele, a tradição apostólica refere-se aos ritos e práticas eclesiásticas universais das igrejas cristãs, isto é, a eucaristia, o batismo e a ordem sacerdotal (em contraste com o laicato). Para Hipólito, são essas as tradições que podem ser identificadas como as mais distintivas e universais no contexto da catolicidade da igreja cristã. Sua abordagem, essencialmente litúrgica, procura demonstrar o desenvolvimento dos ritos no contexto da igreja primitiva. Posteriormente, o termo foi desenvolvido e, atualmente, a expressão *tradição apostólica* significa *o ensino da igreja cristã universal*. Contudo, não é nesse sentido que uso essa expressão.

Por *tradição apostólica*, refiro-me aos elementos mais fundamentais do ensino dos apóstolos, conforme expostos nas páginas do Novo Testamento. Paulo refere-se ao seu ensino como uma "tradição" (*parádosis*) que deveria ser resguardada pelas igrejas primitivas (1Co 11.2; 2Ts 2.15; 3.16). Para ter certeza de que essa tradição apostólica passasse adiante, Paulo não somente diz que ele mesmo era diligente na transmissão desse ensino ("Pois eu lhes transmiti aquilo que recebi do Senhor", 1Co 11.23), mas também recomenda a Timóteo que esse ensino seja transmitido a uma próxima geração de cristãos fiéis, e assim por diante (2Tm 2.2).

A pergunta que se levanta, portanto, é: O que é essa tradição? Ou ainda, quais os elementos mais fundamentais do ensino dos apóstolos que identifica essa tradição? Correndo o risco de um reducionismo conceitual que não faça jus à complexidade da matéria, propõe-se que os elementos mais fundamentais da tradição e ensino apostólico nas páginas do Novo Testamento são:

- O evangelho como proclamação da ressurreição de Jesus Cristo como o fato histórico que inaugura uma nova era na relação de Deus com a humanidade;

- A plena divindade de Jesus, o Cristo, Filho Unigênito de Deus e único mediador entre Deus e os homens;
- A outorga do Espírito Santo como prova definitiva de que a mensagem desse evangelho proclamado pelos apóstolos é o clímax e a continuação da revelação iniciada no Antigo Testamento, e de que essa mensagem também inclui os gentios no plano redentivo de Deus.

É necessário, porém, reconhecer que é impossível determinar o quanto Priscila e Áquila retinham dessa chamada *tradição apostólica*, nos termos que acabei de propor, a fim de não incorrermos em um anacronismo teológico e hermenêutico.

Mas, ainda que seja impossível determinar o nível de compreensão e comprometimento que Áquila e Priscila tinham da (ou uma) tradição apostólica, mesmo que ainda em termos embrionários, está claro que Lucas procura apresentá-los no drama da narrativa como representantes da tradição de Paulo. Dessa maneira, parece justo inferir que Áquila e Priscila atuaram fundamentalmente como mestres que apresentaram a Apolo a ressurreição de Jesus Cristo, e o cumprimento da promessa da descida do Espírito Santo (temas centrais no *corpus paulinum*) como balizas teológicas e molduras hermenêuticas para uma melhor compreensão do Antigo Testamento por parte de Apolo, que recebeu subsídios histórico-doutrinários para um ministério com maior elucidação teológica e mais eficaz junto à comunidade dos discípulos "do Caminho".

Priscila e Áquila: pastores e mestres de Apolo

O versículo 26 descreve todos os elementos desse processo de aprofundamento ao qual Apolo foi submetido. Em primeiro lugar, nota-se uma clara intencionalidade no casal de, antes de tudo, ouvir Apolo. O particípio aoristo *akousantes* deve ser tomado em seu sentido temporal ("quando ouviram"), enfatizando uma ação de *cuidadosa atenção.*[22] Isto é, Priscila e Áquila, antes de qualquer movimento prático em relação a Apolo, analisaram com bastante cuidado a sua pregação, numa clara tentativa de detectar todas as carências teológicas do jovem pregador. O tipo de escuta descrito por esse verbo não é uma escuta passiva, pelo contrário, é uma audição intencional e absolutamente criteriosa.

Também é possível inferir o fato de Priscila e Áquila não tolherem a liberdade ministerial de Apolo, ou ainda de não exercerem qualquer tipo de restrição em relação ao ímpeto servil e à consecução dos dons de Apolo. Ao que parece, esse processo de instrução acontecia ao passo que Apolo regularmente pregava na sinagoga.[23]

O segundo movimento descrito por Lucas é o ato de Priscila e Áquila se aproximarem de Apolo. A expressão *proselabonto auton* ("trouxeram-no para perto") também é usada por Mateus (16.22), quando o Evangelista descreve a cena de Pedro chamando Jesus *para perto,* a fim de repreendê-lo, por não estar contente com o fato de que Jesus acabara de expor a verdade de que seria morto. Aqui, encontramos o movimento de Priscila e Áquila em estabelecer um vínculo mais pessoal com Apolo, bem como em preparar uma ambiência íntima e mais propícia para o processo de correção e ensino sem qualquer distração, interrupção ou constrangimento público.[24] Essa é a essência

[22] Ver BDAG, p. 30.

[23] A expressão *ērxato parrēsiazesthai* pode ser tomada em seu sentido durativo, isto é, expressando a ação habitual de Apolo em pregar na sinagoga.

[24] Ver BDAG, p. 808.

do chamado discipulado cristão: vínculos de intimidade que propiciam o compartilhamento da fé e da orientação espiritual.

Finalmente, Lucas descreve o processo de instrução e correção em si. Priscila e Áquila "lhe explicaram com mais exatidão o caminho de Deus". O primeiro elemento que chama atenção é que Lucas faz questão de usar o mesmo advérbio utilizado no versículo 25 para descrever a explicação por parte do casal. Isto é, assim como Apolo ensinava *com exatidão* (*akribōs*) sobre Jesus (v. 25), Priscila e Áquila explicaram *com exatidão* (*akribesteron*) acerca do caminho de Deus (v. 26). O sentido fundamental do advérbio, emprestado do mundo médico no contexto helênico, é descrever algo que está em conformidade com algum padrão ou norma. Em outras palavras, Priscila e Áquila são intencionais em alinhar o conhecimento que Apolo tem da Escritura e de Cristo ao padrão normativo da tradição apostólica.

Aqui, portanto, vemos o encontro da Escritura (Apolo) com a tradição apostólica (Priscila e Áquila). Um encontro paradigmático que educa a igreja de Jesus acerca dessa relação de retroalimentação entre texto, história, teologia e tradição. Pois, ainda que sejamos comprometidos com o princípio do *sola Scriptura*, e ainda que seja extremamente difícil determinar o que assume um lugar de primazia nesta intrincada relação, está claro que é impossível servir à comunidade dos discípulos "do Caminho" a partir de uma leitura "crua" do texto canônico, sem qualquer baliza histórico-teológico-doutrinária. Também está claro que servir à comunidade dos discípulos "do Caminho" sem a capacidade de provar "através das Escrituras" o ensino oferecido é um esforço inútil de mera erudição e sofisticação retórica.

As implicações desse encontro para o exercício do ministério pastoral-magisterial tocam não somente a maneira que produzimos e operamos a teologia, mas também apontam para a igreja de Jesus como o *locus* de "Priscilas", "Áquilas" e "Apolos" comprometidos com o ensino e o aprendizado acerca do Caminho. Na igreja, os muitos Apolos são conduzidos à maturidade e ao refinamento teológico, enquanto as muitas Priscilas e os muitos Áquilas servem como guardiões e mestres da sã doutrina, todos atuando na edificação da comunidade do Caminho, que caminha em direção a Cristo, o verdadeiro caminho.

4

"Buscai primeiro o reino de Deus!": Uma interpretação à luz de aspectos essenciais associados ao conceito do "reino de Deus"

· JOHANNES BERGMANN ·

Professor de Novo Testamento no Seminário Teológico Servo de Cristo e de Grego Bíblico há mais de quarenta anos. É doutorando em Teologia pelo Evangelische Theologische Faculteit, em Leuven, Bélgica. Casado com Marliese e pai de Elisabeth, Samuel e Christian.

"O ministério de Jesus gira em torno de um conceito fascinante. Ele é a razão de todas as suas atividades, e tudo o que Jesus faz está vinculado a ele. Esse centro é o *reino de Deus.*"[1] O "reino de Deus" [gr. *basileia tou theou*][2] era o foco central do

[1] Ver L. Goppelt, *Teologia do Novo Testamento*, vol. 1 (São Leopoldo / Petrópolis: Sinodal / Vozes, 1976), p. 80.

[2] A locução "reino de Deus" é colocada entre aspas ou é substituída pela expressão original grega *basileia tou theou* com um propósito específico: procura-se evitar que o campo semântico associado a esse conceito, muito mais amplo do que comumente se observa, seja limitado indevidamente ou desvirtuado por pressupostos teológicos, perdendo-se assim seu significado real. Sobre o erro de restringir injustificadamente o campo semântico de uma palavra, ver D. A. Carson, *Os perigos da interpretação bíblica: A exegese e suas falácias*, 2ª ed. (São Paulo: Vida Nova, 2001), p. 50-7.

ministério de Jesus e, ao que tudo indica, Jesus espera que seja também para seus seguidores. A exortação de Jesus para buscar esse "reino" em primeiro lugar ficou registrada pelo seu discípulo Mateus no Sermão do Monte (Mt 6.33).

Quando o Senhor Jesus falava do "reino de Deus", ele o fazia sem dar maiores explicações sobre o que essa expressão significava. Jesus parece ter presumido que seus ouvintes iriam compreendê-lo. Surgem, entretanto, as perguntas: Em que Jesus estava pensando quando falava do "reino de Deus"? E o que significava, para seus primeiros discípulos, a ordem para buscar esse reino em primeiro lugar? Achar respostas para essas questões é o objetivo desta análise. Essas questões serão analisadas desde a perspectiva da teologia bíblica,[3] uma vez que nosso propósito inicial será entender quais ideias poderiam estar associadas ao termo "reino de Deus" no contexto em que Jesus vivia.

Logo depois será examinado como o "reino de Deus" foi apresentado pelo próprio Jesus durante seu ministério. Isso será analisado a partir do testemunho de Mateus, que se destaca entre os escritores do Novo Testamento por ser quem mais frequentemente usa a locução "reino de Deus" ou "reino dos céus"[4]

[3] A respeito da teologia bíblica, assim como seus pressupostos e metodologia, ver Brian S. Rosner, "Teologia bíblica", in: T. Desmond Alexander e Brian S. Rosner (orgs.), *Novo dicionário de teologia bíblica* (São Paulo: Vida, 2009), p. 3-14; Graeme Goldsworthy, *Gospel-Centered Hermeneutics: Foundations and Principles of Evangelical Biblical Interpretation* (Downers Grove: InterVarsity Press, 2006), principalmente p. 67-85; Thomas R. Schreiner, *New Testament Theology: Magnifying God in Christ* (Grand Rapids: Baker Academic, 2008), principalmente p. 882-8.

[4] Não há diferença de significado entre as locuções "reino de Deus" e "reino dos céus". Na época de Jesus, judeus piedosos falavam de Deus em termos abstratos, para não usar seu nome em vão. Falavam do "Altíssimo", do

em seu Evangelho.[5] Será particularmente interessante ver quais aspectos associados ao "reino de Deus" se tornaram importantes para Mateus. Isso nos ajudará a compreender o que pode ter significado para os seguidores de Jesus "buscar em primeiro lugar o reino de Deus".

Para realizar esse estudo, o ideal seria analisar todas as passagens em que *expressis verbis* se fala do "reino [de Deus]". Outros conceitos associados ao "reino" nos contextos em que este é mencionado também teriam de ser estudados. Isso será feito na medida em que os limites deste estudo o permitirem.[6]

"Todo-poderoso", dos "céus" (Mt 21.25; Lc 15.18,21). Sendo assim, a expressão "reino dos céus" era uma maneira de falar do reino de Deus, do domínio real de Deus, do reinar de Deus, ou de Deus reinando soberanamente. Nas passagens em que Mateus fala do "reino dos céus", Marcos e Lucas usam a expressão "reino de Deus", referindo-se aos mesmos ensinamentos: comparar Mt 11.11s // Lc 7.28; Mt 13.11 // Mc 4.11 e Lc 8.10; Mt 13.31 // Mc 4.30s e Lc 13.18s; Mt 13.33 // Lc 13.20s; Mt 18.3s // Mc 10.14s e Lc 18.16s; Mt 22.2 c// Lc 14.15. Claramente, as duas expressões referem-se à mesma realidade, como é possível ver também no fato de que Jesus as usa indistintamente (Mt 19.23-24). Ver Johannes Bergmann, "O Sermão do Monte: Mateus 5 a 7", in: *Novo Testamento grego-português com chave linguística, exegética e comentários*, Coleção Novo Testamento Original (Curitiba: Esperança, 2023), p. 51, 129-31; Goppelt, *Teologia do Novo Testamento*, p. 81; Erich Mauerhofer, *Introdução aos escritos do Novo Testamento* (São Paulo: Vida, 2010), p. 104.

[5]Nos Evangelhos, Mateus usa a locução "reino de Deus" ou "reino dos céus" aproximadamente 50 vezes, Lucas, cerca de 35 vezes; Marcos, 15 vezes e João, 5 vezes.

[6]De acordo com a teologia bíblica, os Evangelhos, bem como os outros escritos bíblicos, são considerados testemunhas confiáveis da autorrevelação de Deus inspirada pelo Espírito Santo; eles são as fontes primárias deste estudo. Seguindo o princípio hermenêutico de que afirmações de compreensão ambígua devem ser elucidadas à luz de afirmações mais claras, serão escolhidos textos que contêm informações sobre a *basileia* tão inequívocas quanto possível.

Ideias sobre o "reino de Deus" no tempo de Jesus

Quando João Batista e, depois dele, Jesus e seus discípulos proclamaram o "reino de Deus", eles vieram com uma mensagem extraordinária. No entanto, em nenhum lugar aparecem explicações mais detalhadas das suas palavras. Em nenhum momento definiram a expressão "reino de Deus". Também não anunciaram que *existia* um "reino de Deus", simplesmente disseram que esse reino *estava se aproximando*.[7]

Esse fato levanta a questão das interpretações que João Batista, Jesus e seus seguidores poderiam presumir entre seus ouvintes, principalmente entre os judeus, quando falavam do "reino de Deus". Quais pensamentos poderiam estar associados a essa expressão na época de Jesus? Quais seriam as possíveis ideias associadas à expressão, sejam estas originárias do Antigo Testamento ou desenvolvidas no judaísmo tardio?

Ideias originárias do Antigo Testamento[8]

A proclamação do "reino de Deus" entre a população judaica no Novo Testamento (Mt 3.1-6; Mc 1.1-5) muito provavelmente não era feita em grego, mas em aramaico, com base nos escritos veterotestamentários lidos em hebraico no templo e nas sinagogas. Isso significa que João Batista e Jesus não usaram o vocábulo grego *basileia*, mas expressões hebraicas, especialmente formações de palavras a partir da raiz *mlk*.[9] Palavras

[7]Goppelt, *Teologia do Novo Testamento*, p. 81.

[8]Ibid., p. 82-4; Kim Riddlebarger, *A Case for Amillennialism: Understanding the End Times* (Grand Rapids: Baker Books/ Leicester: InterVarsity, 2003), p. 104-6.

[9]Palavras formadas com o radical *mlk* incluem termos que expressam as seguintes ideias: ser ou tornar-se rei, governar como rei, reinar (Êx 15.18; Is 52.7); rei (Is 6.5; 33.21); dignidade e poder de um rei; realeza (Sl 145.11,12); domínio, reino (1Cr 29.11). Ver Edwin Hatch e Henry A. Redpath, *A Concordance to the*

formadas a partir desse radical (como o verbo "reinar") aparecem no Antigo Testamento associadas a reis terrenos, mas também para caracterizar Deus como rei, seu domínio real, bem como sua majestade. Vejamos alguns desses textos.

Quando Deus realiza um de seus maiores atos de salvação ao resgatar o povo hebreu da escravidão do Egito, Moisés e o povo se regozijam: "O Senhor reinará para todo o sempre" (Êx 15.18). Esse grito de alegria foi desencadeado por tudo o que Deus havia revelado sobre si mesmo no contexto desse evento: seu governo soberano e sua glória (Êx 14.4,18), sua majestade (Êx 15.1,11), sua intervenção redentora e salvífica (Êx 14.13,30; 15.2,11,13), seu poder e força (Êx 14.31; 15.6,13,16), a maneira como ele defendeu seu povo, por quem ele lutou (Êx 14.14,25) e venceu (Êx 15.1), sua fúria (Êx 15.7), que espalha medo e tremor entre seus inimigos (Êx 14.31; 15.15), mas que também inspira temor e confiança entre seu povo (Êx 14.31).

Deus era visto como um rei poderoso que fazia milagres por amor ao seu povo e de quem eles podiam esperar salvação e libertação (Sl 44.1-5). Esse Senhor "estabeleceu o seu trono nos céus, e a sua realeza reina sobre tudo" (Sl 103.19). É por isso que ele merece louvor, conforme expresso em Salmos 145.1,10-13:

Septuagint and the Other Greek Versions of the Old Testament (including the Apocryphal Books), vol. 1 (Graz: Akademische Druck-u. Verlagsanstalt, 1975), reimpressão inalterada da edição publicada em 1897 pela Oxford, Clarendon Press, *s.v.* "βασιλεία", p. 192-4, "βασιλεύειν", p. 194-6, e "βασιλεύς", p. 197-214; Ludwig Koehler e Walter Baumgartner (orgs.), *Lexicon in Veteris Testamenti Libros* (Leiden: E. J. Brill, 1985), *s.v.*; Wilhelm Gesenius, *Hebräisches und Aramäisches Handwörterbuch über das Alte Testament*, bearb. v. Frants Buhl, reimpr. inalterada da 17ª edição publicada em 1915 (Berlim / Göttingen / Heidelberg: Springer, 1962), *s.v.*; R. Laird Harris, Gleason L. Archer e Bruce K. Waltke, *The Theological Wordbook of the Old Testament*, vol. 1 (Chicago: Moody Press, 1980), *s.v.*

Eu te exaltarei, meu Deus e Rei,
louvarei teu nome para todo o sempre [...]
Todas as tuas obras te darão graças, ó SENHOR,
e teus fiéis te louvarão.
Falarão da glória do teu reino
e proclamarão o teu poder.
Anunciarão teus feitos poderosos
e a majestade e glória do teu reino.
Pois o teu reino é reino para sempre;
tu governas por todas as gerações.

De maneira semelhante, essa ideia ecoa também em vários outros salmos,[10] nos quais Deus, o Criador, o Altíssimo, é louvado como o "grande Rei sobre toda a terra" e, ao mesmo tempo, como "nosso Rei". Sua majestade, poder e glória são louvados com júbilo, assim como o privilégio de experimentar a salvação sob seu governo e pastoreio (Is 33.22). Deseja-se também que os gentios experimentem a verdade de que o Senhor é rei, um soberano que ama a justiça e julgará o mundo com retidão. Tudo isso é visto como um motivo de grande alegria.

Por outro lado, a glória e a santidade de Deus também podem ser apavorantes, como experimentou Isaías em uma visão, de modo que ele só conseguia balbuciar: "Estou perdido! É o meu fim, pois sou um homem de lábios impuros e vivo no meio de pessoas de lábios impuros. Meus olhos, porém, viram o Rei, o SENHOR dos Exércitos!" (Is 6.5).[11] Nem sempre o povo de Israel expressava entusiasmo pelo fato de Deus ser seu Rei. Imitando as nações vizinhas, os israelitas chegaram ao ponto de preferir

[10]Ver,. p. ex. Sl 10.16; 47; 74.12; 93; 95—99; 145; 146.10; 149. Assim também em 1Cr 29.11-12 e Jr 10.10.

[11]Ver também Is 43.15.

um rei humano a Deus.[12] Entretanto, as experiências do povo com esses reis não foram muito boas — governantes segundo o coração de Deus, como Davi, foram a exceção.

Com o passar do tempo, cresceu a esperança de que um descendente de Davi assumiria um reinado no qual prevaleceriam a justiça, a retidão e a paz (Is 9.1-6; Jr 33.14-18). Esse reinado seria caracterizado pela atuação do Espírito de Deus para abençoar o remanescente do seu povo, bem como os gentios (Is 11.1-16; 12; Jr 23.3-8; Ez 17.22-24; Mq 5.1-5).[13]

Muitos detalhes registrados também em outros textos poderiam descrever essa esperança; no entanto, em razão das limitações desse estudo, apenas mais um será mencionado. Em Isaías 52.7 está escrito: "Como são belos sobre os montes os pés do mensageiro que traz boas-novas, boas-novas de paz e salvação, de que o Deus de Israel reina!". Aqui, salvação e paz estão intimamente ligadas ao governo real de Deus, e são atribuídas a ele![14]

[12] Ver, p. ex., Jz 8.22-23; 1Sm 8.6-9; 12.12.

[13] Assim, p. ex., também William A. Stoll e Bertold Klappert, *s.v.* "Rei, Reino", in: *Dicionário Internacional de Teologia do NT*, vol. 4: R-Z, p. 133-7; George E. Ladd, *A Theology of the New Testament*, edição revisada, ed. por Donald A. Hagner (Grand Rapids: Eerdmans, 1993), p. 60-2.

[14] John Bright resume de maneira acertada: "embora a complexidade da Bíblia não deva ser minimizada de forma alguma, ainda assim há um tema unificador que não é imposto artificialmente. É um tema de redenção, de salvação; e ele está presente principalmente nos conceitos que giram em torno da ideia de um povo de Deus, chamado a viver sob seu governo, e a esperança concomitante da vinda do Reino de Deus. Essa é uma nota que está presente na fé de Israel desde os tempos mais remotos e que pode ser encontrada, de uma forma ou de outra, em praticamente todas as partes do Antigo Testamento." John Bright, *The Kingdom of God: The Biblical Concept and Its Meaning for the Church* (Nashville: Abingdon, 1953), p. 10-1.

Ideias originárias do judaísmo tardio

No templo e nas sinagogas, textos do Antigo Testamento que aclamavam Deus como o Rei eram lidos com a mesma regularidade que as promessas messiânicas sobre o Filho de Davi. Os mestres da Lei e os escribas judeus interpretavam essas profecias para o seu tempo, entretanto, com o passar dos anos, o entendimento dessas profecias foi mudando. O Filho de Davi passou a ser aguardado como um rei messiânico que libertaria Israel do domínio estrangeiro e, por meio de manifestações de poder, estabeleceria um reino de paz. Deus destruiria os inimigos e reinaria com justiça, sua vontade seria feita, e seu povo experimentaria a salvação e viveria em paz.[15]

Pode-se notar que tanto Jesus quanto as pessoas do seu tempo falavam de um "reino de Deus" e, embora associassem a ele ideias básicas comuns, divergiam grandemente nas interpretações de seus detalhes.[16] Essa discrepância foi tão grande que quando o Rei anunciado no Antigo Testamento finalmente chegou e começou seu governo, os judeus não o reconheceram.

Apresentação do "reino de Deus" no ministério de Jesus

Nesta seção será examinado como Jesus apresentou o "reino de Deus" para as pessoas ao seu redor. O objetivo é descobrir também quais associações estavam ligadas a esse conceito no seu ensino e ministério.

O testemunho de Mateus serve como fonte primária para esta análise. Ele é um daqueles que estavam lá desde o início como "testemunhas oculares e ministros da palavra" (Lc 1.2).

[15]Ver, p. ex., Goppelt, *Teologia do Novo Testamento.*, p. 84-6.
[16]Ibid., p. 81.

Inspirado por Deus, Mateus compilou o material disponível de acordo com o objetivo que havia estipulado. Acredito que ele teve o cuidado de reproduzir fielmente (com a ajuda de Deus) tudo o que se lembrava das palavras e obras de Jesus.[17] Como produto final surgiu assim um testemunho confiável do ministério de Jesus: o Evangelho de Mateus.[18]

Mateus escreveu seu livro com um objetivo claro: ele queria mostrar à sua audiência — predominantemente judaica — que as profecias do Antigo Testamento se cumpriram em

[17]Ver Jo 14.26.

[18]Em última análise, somente os testemunhos dos apóstolos estão disponíveis para nós se quisermos aprender sobre o ministério de Jesus. Para todos os Evangelistas, podemos pressupor o que Papias escreveu sobre a atitude de Marcos ao compor seu Evangelho: "Marcos escreveu exatamente o que foi dito ou feito pelo Senhor, tudo o que ele se lembrava, mas não em ordem cronológica. Ele se preocupou com uma única coisa: não omitir ou falsificar nada do que havia ouvido" (cit. em E. Mauerhofer, *Introdução aos escritos do Novo Testamento*, p. 122). Esse tipo de tradição não precisa necessariamente ser *literal* para ser confiável, especialmente porque, de qualquer forma, foi necessária uma tradução do aramaico para o grego. Entretanto, ela é confiável no sentido de que reproduz fielmente o significado e a intenção originais das palavras de Jesus. A inspiração divina é capaz de conceder ao homem essa liberdade e ainda garantir a inerrância. Portanto, neste estudo, o que foi transmitido é aceito na forma em que foi transmitido. Armin D. Baum conclui: "Em última análise, o trabalho histórico relacionado com o conteúdo dos Evangelhos se resume a uma alternativa simples. Ou as fontes são tão confiáveis que nos oferecem uma reprodução insuperável dos ensinamentos de Jesus como eles são, ou os Evangelhos contêm uma mistura de palavras genuínas, distorcidas e inautênticas de Jesus, uma mistura que nunca jamais conseguiremos desemaranhar". Armin D. Baum, "Die Authentizität der synoptischen Worte Jesu", in: *Das Studium des Neuen Testaments*, vol. 2, Exegetische und hermeneutische Grundfragen, ed. por Heinz-Werner Neudorfer e Eckhard J. Schnabel, Bibelwissenschaftliche Monographien, vol. 8 (Wuppertal: R. Brockhaus; Giessen: Brunnen, 2000), p. 155-77, especialmente a p. 175.

Jesus Cristo; o Rei e seu reino são seu tema principal. Cuidadosamente estruturado e sistematicamente organizado, ele registrou cinco unidades de discurso, que complementou com relatos das obras de Jesus e outros acontecimentos.[19]

A exortação de Jesus para buscar primeiro o reino de Deus pertence ao primeiro discurso registrado, o chamado Sermão do Monte. Entretanto, Mateus trata desse tema antes mesmo desse discurso. Por isso, suas observações antes do Sermão do Monte devem ser consideradas primeiro.

Observações sobre o "reino de Deus" antes do Sermão do Monte

Mateus revela o foco do seu Evangelho já no primeiro versículo: "Este é o registro dos antepassados de Jesus Cristo, descendente de Davi e de Abraão" (Mt 1.1). Para os judeus, essas palavras contêm ecos muito significativos, tais como: esse escrito é sobre "Jesus" (cujo nome, em hebraico, é muito similar ao de um importante personagem da história de Israel: Josué), aquele que trará a salvação de Deus; "Cristo", o Messias prometido; "descendente de Davi", o Rei esperado; "e de Abraão", por meio de quem todas as nações seriam abençoadas. Essas breves palavras são especialmente apropriadas para introduzir o Evangelho a leitores judeus e, desde o começo, caracterizam a ênfase que Mateus pretendia dar a seu relato. Ao escrever sobre o nascimento de Jesus, é significativo que Mateus mencione o testemunho dos sábios do Oriente. Eles viam em Jesus um "rei dos judeus" e foram homenageá-lo como tal

[19] Ver, p. ex., Mauerhofer, *Introdução aos escritos do Novo Testamento*, p. 99-106; também I. Howard Marshall, *Teologia do Novo Testamento: Diversos testemunhos, um só evangelho* (São Paulo: Vida Nova, 2007), p. 88.

(Mt 2.1-2). Aparentemente, Mateus, que desejava escrever o Evangelho do Rei e do seu reino, considerou esse detalhe digno de ser destacado.

Pouco antes do início da aparição pública de Jesus, João Batista proclamou: "Arrependam-se, pois o reino dos céus está próximo" (Mt 3.2). Não sabemos exatamente o que João quis dizer com "reino dos céus", mas uma coisa é clara: ele enfatizou que esse reino estava próximo! João relacionou o anúncio do "reino dos céus" com o ministério iminente daquele que viria "depois dele", alguém digno de toda honra e que "batizará com o Espírito Santo e com fogo" (Mt 3.11). Podemos supor que o próprio Deus tenha revelado essa associação a João Batista, cujo ministério, mais tarde, foi relacionado ao dos profetas do Antigo Testamento pelo próprio Jesus (Mt 11.7-15).

Quando João foi preso, Mateus descreveu assim o início da pregação de Jesus: "A partir de então, Jesus começou a anunciar sua mensagem: 'Arrependam-se, pois o reino dos céus está próximo'" (Mt 4.17). Novamente é destacado o fato de que o "reino dos céus" estava perto.[20]

[20] R. T. France observa: "A frase 'o reino de Deus', tanto em sua forma hebraica quanto grega, denota o conceito dinâmico de 'Deus governando'. Representa, em outras palavras, uma frase cujo sujeito não é o 'reino', mas 'Deus'. O resumo de Mateus da declaração de João (e de Jesus), 'o reino dos céus chegou', pode, portanto, ser parafraseado como 'o reino prometido de Deus está começando' ou 'Deus está agora assumindo o controle'". R. T. France, *The Gospel of Matthew*, New International Commentary on the New Testament (Grand Rapids: Eerdmans, 2007), p. 102. Assim também L. Goppelt: "Sob o ponto de vista histórico, a pregação de João Batista estava orientada na vinda do 'que há de vir'; enquanto a pregação de Jesus estava orientada na vinda de Deus, isto é, no seu governo soberano". *Teologia do Novo Testamento*, p. 81.

Mateus vê o início do ministério de Jesus (Mt 4.12-17) como o cumprimento de uma profecia de Isaías:[21] as pessoas que andavam na escuridão, na terra de trevas profundas, veriam uma grande luz. [22] E a maneira como essa luz brilhou nessas trevas é descrita assim pelo Evangelista em Mateus 4.23-25:

> Jesus viajou por toda a região da Galileia, ensinando nas sinagogas, anunciando as boas-novas do reino e curando as pessoas de todo tipo de doenças. As notícias a seu respeito se espalharam até a Síria, e logo o povo começou a lhe trazer todos que estavam enfermos. Qualquer que fosse a enfermidade ou dor, quer estivessem possuídos por demônio, quer sofressem de convulsões, quer fossem paralíticos, Jesus os curava. Grandes multidões o seguiam, gente da Galileia, das Dez Cidades, de Jerusalém, de toda a Judeia e da região a leste do rio Jordão.

Agora fica claro quão próximo o reinar salvífico de Deus chegou até os homens. Em Jesus, o prometido Salvador apareceu para aqueles que viviam distantes de Deus.[23] Na sua proclamação do evangelho do "reino de Deus", nos ensinamentos acompanhados de curas e manifestações do poder libertador de Deus, pessoas puderam experimentar que o "reino dos céus" era uma realidade presente e tangível.[24]

[21] Is 8.23—9.1.

[22] A descrição da área geográfica sugere que tanto judeus quanto gentios estão contemplados nessa profecia.

[23] Wilfrid Haubeck e Heinrich von Siebenthal entendem que os que estão nas "trevas" são aqueles que vivem no "âmbito hostil a Deus ou no distanciamento de Deus com suas consequências". *Nova chave linguística do Novo Testamento grego* (São Paulo: Targumim / Hagnos, 2010), p. 60.

[24] Mateus usará exatamente as mesmas palavras para descrever o ministério posterior de Jesus (Mt 9.35)! Joachim Gnilka também fala da "chegada

Esse reino não havia apenas se aproximado, mas, de fato, chegado![25]

Não é de se admirar que a fama de Jesus tenha se espalhado rapidamente. Aqueles que falavam dele e de seu ministério tinham notícias extraordinariamente boas para compartilhar, uma boa-nova, a saber, o evangelho do reino. Deus não interveio na história para cumprir as expectativas apocalípticas dos judeus ou para livrá-los do poder romano. Mas sua vitória sobre todo tipo de sofrimento e sobre os poderes das trevas trouxe *shalom*, paz, no mais amplo sentido, para aqueles que não o conheciam. Dessa forma o governo soberano de Deus foi revelado no ministério do seu Filho.

Uma vez que o tempo do reinar soberano de Deus havia chegado, e que a salvação tinha se aproximado de forma tangível, Jesus começa a pregar sobre o "arrependimento"

tangível do Reino de Deus" (ênfase própria) em *Das Matthäusevangelium*, vol: 1: *Herders Theologischer Kommentar zum Neuen Testament*, ed. por Alfred Wikenhauser, Anton Vögtle e Rudolf Schnackenburg (Freiburg / Basel / Wien: Herder, 1993), p. 458.

[25]O fato de que o "reino de Deus" era uma realidade presente no ministério de Jesus será observado mais tarde, mas também já é confirmado por Marcos no início do seu Evangelho, quando diz: "Depois que João foi encarcerado, Jesus foi para a Galileia pregando o Evangelho do Reino de Deus dizendo: 'Cumpriu-se o tempo: chegou o Reino de Deus!'" (Mc 1.14-15, tradução minha). Aqui, Marcos faz uma afirmação em que duas declarações estão em paralelo: *Cumpriu-se o tempo // chegou o Reino de Deus!* No texto original, ambos os verbos estão no tempo perfeito, cujo aspecto expressa uma ação concluída, acabada, completa, e também dos seus resultados experimentados no momento em que se fala. "Cumpriu-se o tempo" significa simplesmente: "Já não precisamos esperar mais! A hora chegou!". O pensamento paralelo tem a mesma conotação: "*Chegou o Reino de Deus*": ele não apenas está próximo, ele já veio! Sobre o significado do tempo perfeito grego, ver Johannes Bergmann, *Introdução ao grego bíblico* (Rio de Janeiro: Thomas Nelson Brasil, 2024), p. 167.

(gr. *metánoia*), caracterizado por uma mudança radical da atitude de alguém em relação a Deus e seu governo soberano. Em outras palavras, era como se Jesus estivesse dizendo: "Reconheçam o reinado de Deus nas suas vidas, submetam-se a ele, sujeitem-se ao seu senhorio!". Quem desejasse participar das bênçãos salvíficas do reino de Deus precisaria reconhecer que não poderia continuar vivendo da mesm forma, era necessário ser purificado de um estilo de vida governado por si próprio, receber o perdão de Deus e passar pelo ritual do batismo,[26] a fim de mostrar que estava decidido a participar desse novo projeto de Deus e viver segundo a sua vontade.

Entretanto, Jesus não apenas chamava pessoas a segui-lo; ele também mostrava a elas como viver e orientar seus pensamentos à luz da vontade de Deus. Foi com esse intuito que o Senhor pregou então o Sermão do Monte (Mt 5—7).

Observações sobre o "reino de Deus" no Sermão do Monte

Depois de Mateus descrever o anúncio do "reino dos céus" e o início do ministério de Jesus, ele agora traz o primeiro discurso,

[26]O batismo simbolizava a introdução da pessoa a uma nova realidade: prosélitos passavam por esse rito cerimonial para mostrar que queriam fazer parte dessa nova realidade, pertencer ao povo de Deus e experimentar as suas bênçãos. Em 1Co 10.2, o batismo simboliza a entrada para a terra prometida, debaixo da liderança de Moisés. Em Rm 6.3-4, representa a entrada para a vida eterna, que já começa agora e que será experimentada em toda a sua plenitude na eternidade. Em Mt 3.11, João Batista diz: "Eu batizo vocês em água por causa [*eis metánoian*] do arrependimento" (tradução minha). A preposição *eis* tem aqui o mesmo significado que em Mt 12.41. Assim, Mt 3.11 também poderia ser traduzido das seguintes formas: "Eu batizo vocês *por causa de* seu arrependimento, *porque* se arrependeram; *como consequência de* terem se arrependido, *como consequência* da sua *metanoia*".

o Sermão do Monte. Nele, Jesus se dirige principalmente aos seus discípulos (Mt 5.1s),[27] mas de tal forma que as multidões que o seguiam também pudessem ouvi-lo (Mt. 4.25; 7.28s).

Logo no início do discurso, Jesus menciona o reino: "Felizes os pobres de espírito, pois o reino dos céus lhes pertence" (Mt 5.3). Os *pobres de espírito* são aqueles que "reconhecem que precisam de Deus, que chegaram a se convencer da sua pobreza espiritual, que não esperam nada de si mesmos, mas esperam tudo de Deus e dependem totalmente dele".[28] Jesus descreve pessoas assim como *felizes*, isto é, bem-aventuradas, abençoadas e afortunadas, porque a elas pertence o reino dos céus. "São elas que terão parte do domínio salvífico de Deus, que irrompe com a vinda de Jesus, o Messias, mas que se consumará apenas no fim dos tempos."[29]

Na sequência de seu relato sobre o Sermão do Monte, Mateus atesta a identificação de Jesus com a vontade revelada por Deus no Antigo Testamento (Mt 5.17-20). Levar essa revelação a sério (5.19), de modo que a vida corresponda à justiça, ou seja, à vontade de Deus,[30] é um requisito fundamental para entrar no "reino dos céus" (5.20).

[27] O termo "discípulo" é usado aqui "no sentido mais amplo (cf. 10.1-4), isto é, dentre o grupo de pessoas que o acompanhavam, todas aquelas que haviam decidido segui-lo". F. Haubeck e von Siebenthal, *Nova chave linguística do Novo Testamento grego*, p. 62.

[28] Ver J. Bergmann, *Sermão do Monte*, p. 50.

[29] Haubeck e von Siebenthal, *Nova chave linguística do Novo Testamento grego*, p. 63. Assim também em R. T. France: "A realeza de Deus (o reino dos céus) pertence a eles, é claro, não no sentido de que eles exercem autoridade real, mas que eles se beneficiam dela"; *Mateus*, p. 158. Os "ricos" experimentam o oposto (Mt 19.16-25).

[30] Ver Haubeck e Von Siebenthal, *Nova chave linguística do Novo Testamento grego.*, p. 66.

Quando Jesus ensina sobre a oração (6.5-13), entre outras coisas ele instrui seus discípulos a pedirem pela vinda do "reino" (6.10a). Provavelmente essa petição inclua os seguintes aspectos: que o governo salvífico de Deus, que começou com a vinda de Jesus, possa agora se estender à medida que pessoas se submetem ao governo de Deus e experimentem as bênçãos da salvação,[31] e que, em breve, esse reino possa se manifestar em toda a sua plenitude na consumação final.[32] A próxima petição segue logo depois e está ligada à anterior: "Seja feita a tua vontade, assim na terra como no céu" (6.10b). William Barclay fala de um paralelismo entre essa petição e a anterior. Isso significaria que o pedido "Seja feita a tua vontade" repete a oração pela vinda do reino, interpretando ou reforçando esse anseio com outras palavras.[33] Barclay conclui: "Na combinação dessas duas petições temos então, diante de nós, uma definição totalmente válida do Reino de Deus: *o Reino de Deus é uma sociedade e uma ordem em que a vontade de Deus é cumprida na terra tão perfeitamente quanto no céu*".[34] Mesmo que o paralelismo afirmado por Barclay possa ser questionado, ele deve estar certo no sentido de que o reino de Deus e o cumprimento da vontade divina estão intimamente ligados.

Examinaremos agora o contexto da exortação de Jesus com relação à busca do reino de Deus (6.33). Jesus começa alertando

[31] R. T. France: "essa oração não está pedindo tanto que algo se torne realidade que ainda não o seja (que Deus se torne rei), mas sim que sua realeza *de jure* possa ser totalmente implementada *de facto* à medida que as pessoas se submetem à sua soberania"; *Mateus*, p. 246.

[32] Ver Haubeck e von Siebenthal, *Nova chave linguística do Novo Testamento grego*, p. 74.

[33] Ver William Barclay, *Der König und sein Reich* (The King and the Kingdom (Kassel: J. G. Oncken, 1970), p. 116.

[34] Ibid., p. 116-7.

seus ouvintes sobre o acúmulo de bens materiais (6.19-24). O ser humano é capaz de concentrar seu olhar e seu coração nos bens terrenos de tal forma que os busque avidamente. No entanto, como seus olhos só podem enxergar um objeto de cada vez, o foco em "tesouros aqui na terra" o impede de perceber com nitidez e coletar simultaneamente "tesouros no céu". Da mesma forma, o coração humano, como o "centro e fonte da vida espiritual com seu pensar, querer e sentir",[35] não pode perseguir coisas transitórias e servir a Deus ao mesmo tempo (6.24). Assim como é impossível para um escravo servir a dois senhores, o mesmo se aplica ao homem: ou ele permite ser governado por *mamom* ou se submete ao governo de Deus (6.24). Jesus convida seus ouvintes à segunda opção (6.20).[36]

Após essa introdução, Jesus passa para a aplicação concreta desse conceito a situações comuns como a necessidade de comida e roupas. Jesus proíbe a preocupação com as necessidades da vida cotidiana (6.25-34). É natural que o homem se preocupe com essas coisas, e esse não é o problema. Entretanto, se essa preocupação ocupar completamente o seu

[35] Walter Bauer, *Griechisch-deutsches Wörterbuch zu den Schriften des Neuen Testaments und der frühchristlichen Literatur*, 6ª edição completamente revisada no Institut für neutestamentliche Textforschung / Münster unter besonderer Mitwirkung von Viktor Reichmann, ed. por Kurt Aland e Barbara Aland (Berlim/Nova York: Walter de Gruyter, 1988), p. 819.

[36] É assim também que Donald A. Hagner entende o assunto, quando comenta: "A questão em vista nessas passagens não é primordialmente a riqueza, mas um discipulado absoluto e irrestrito. A riqueza, na verdade, é apenas o exemplo mais evidente daquilo que pode desviar a atenção do verdadeiro discipulado. Jesus pede um compromisso intransigente com a vontade e os propósitos de Deus". D. A. Hagner, *Matthew 1-13*, Word Biblical Commentary, vol. 33A, David A. Hubbard, Glenn W. Baker e Ralph P. Martin (orgs.) (Dallas: Word, 1993), p. 160, 163.

pensamento ("coração"), ela obscurecerá sua visão do que é essencial.[37] É por isso que Jesus e enfatiza: "A vida não é mais que comida e o corpo não é mais que roupa?" (6.25b)!

Para fortalecer a confiança dos seus ouvintes, Jesus lhes assegura que eles são extremamente preciosos aos olhos de Deus, muito mais importantes do que o restante da criação que ele sustenta maravilhosamente (6.26,30)! Jesus já havia afirmado que seu Pai saberia exatamente o que eles precisam, mesmo antes de pedirem alguma coisa a ele (6.8,32). Por isso, eles poderiam se dirigir a ele com toda confiança, até com um pedido tão simples como pelo "o pão para este dia" (6.11).[38] É por isso que seus seguidores não devem se preocupar como se dependessem apenas de si próprios para suprir suas necessidades. Somente os "pagãos" (6.32), aqueles que não conhecem Deus e não têm nenhum relacionamento com ele, se comportariam dessa forma.[39] Seus discípulos, em vez disso, deveriam buscar o "reino de Deus e a sua justiça" (6.33) acima de tudo e em primeiro lugar e, então, experimentariam como todas as suas necessidades seriam supridas! A forma passiva "serão dadas" (gr. *prostethesetai)* deve ser entendida aqui como um *passivum divinum:* as necessidades daqueles que creem seriam supridas pelo próprio Deus.

[37]Essa também é a visão de J. Gnilka, *Matthäusevangelium*, p. 249-50. Em uma ocasião posterior, Jesus voltou a abordar esse perigo em uma parábola sobre o reino dos céus e apontou suas consequências devastadoras, cf. Mt 13.1-23.

[38]O "pão para este dia" representa aqui uma *pars pro toto* para indicar todas as necessidades da vida cotidiana.

[39]Haubeck e von Siebenthal entendem por "pagãos" aqueles "que não conhecem Deus", *Nova chave linguística do Novo Testamento grego*, p. 78; D. A. Hagner chama de pagãos "aqueles que estão fora da família da fé"; *Matthew 1-13*, p. 165.

Jesus menciona aqui a busca pelo "reino de Deus" juntamente com a busca pela justiça desse reino. Contudo, o que deve se entender por "justiça" de Deus? Em termos gerais, ela poderia ser descrita como "a vontade revelada de Deus".[40] Dependendo do contexto, isso pode ser entendido de maneiras diferentes. Por um lado, "justiça" pode se referir à salvação que Deus deseja e traz para as pessoas (ver, p. ex., Mt 5.6).[41] Por outro lado, "justiça" também pode se referir a algo que Deus espera do homem, com relação ao seu relacionamento com ele e com o próximo, e até representar uma condição para salvação (Mt 5.20; 25.46) — esse entendimento de "justiça" predomina em Mateus.[42] Georg Strecker afirma que na exortação de Jesus em relação à busca pelo reino de Deus e sua justiça (6.33), "justiça" não pode ser entendida como um dom.[43] É algo que deve ser buscado! Provavelmente, Jesus esteja se referindo aqui à exigência de Deus para que seus discípulos vivam de acordo com sua vontade e expectativas registradas em sua Palavra.[44] Como Jesus vai afirmar claramente um pouco mais tarde, uma vida no reino dos céus é impensável se a vontade de Deus não for praticada na vida cotidiana (Mt 7.21-23). Mas como a busca pelo reino de Deus e pela justiça de Deus se relacionam?

F. D. Bruner acredita que a busca pelo reino de Deus deve

[40] Ver Karl Kertelge, "δικαιοσύνη", in: Horst Balz e Gerhard Schneider (orgs.), *Exegetisches Wörterbuch zum Neuen Testament*, vol. I (Stuttgart/Berlim/Köln: Kohlhammer, 1992), p. 785, 793

[41] Goppelt, *Teologia do Novo Testamento*, p. 560.

[42] J. Gnilka chega a dizer que a justiça no Evangelho de Mateus é *sempre* sobre a ação exigida do homem; *Matthäusevangelium*, p. 250.

[43] Citado com apoio por Goppelt, *Teologia do Novo Testamento*, p. 560.

[44] Assim também R. T. France entende o uso frequente de "justiça": como "viver da maneira que Deus requer; o estilo de vida distinto dos discípulos", em *Mateus*, p. 271.

ser realizada por meio da justiça de Deus: "Reino é o *objetivo* da busca cristã, justiça é o *caminho* para ele".[45] Porém, será que essa visão se harmoniza com o Evangelho de Mateus? No contexto mais amplo, Jesus já tinha falado sobre entrar no reino de Deus e enfatizado que ninguém entraria nele se sua justiça não superasse, em muito, a dos escribas e fariseus (Mt 5.17-20). Assim, viver de acordo com a vontade de Deus é condição para entrar no seu reino. É plausível pensar que aqueles que anseiam pelo reinado de Deus também buscam viver de acordo com a vontade dele.

O contexto dessa exortação também lança luz sobre o aspecto temporal da busca pelo reino de Deus. Quando Jesus repetidamente admoesta seus ouvintes a não se preocuparem (6.25,31,34), ele está tratando de preocupações que assolam seus ouvintes no momento presente. É por isso que os exemplos que Jesus usa para ilustrar o cuidado de Deus, a saber, a alimentação dos pássaros e a beleza das flores (Mt 6.26,28-30), também descrevem ações atuais de Deus. Da mesma maneira, aqueles que se submetem ao governo real de Deus experimentariam sua provisão na existência atual. Todo o ensinamento de Jesus se refere à situação atual de seus ouvintes. Portanto, é natural supor que o apelo de Jesus para buscar primeiro o reino de Deus signifique uma submissão imediata ao governo de Deus, que já está se tornando real *no presente*. Essa também parece ser a compreensão de D. A. Hagner, que observa: "*buscar* aqui não significa necessariamente procurar algo que não está presente ainda e, dado o contexto do Evangelho, certamente não pode significar que se deve buscar trazer [*to bring in*] o reino".[46]

[45] Ver F. D. Bruner, *Matthew*, p. 333 (ênfase dele).

[46] D. A. Hagner, *Matthew 1-13*, p. 165, contra W. G. Kümmel, que considera "bastante errôneo ler repetidamente nesses textos a ideia de um reino real de Deus

Tendo deixado claro que é impossível para o coração humano servir a dois senhores ao mesmo tempo, e que a preocupação com as necessidades diárias é desnecessária e deve ser deixada para Deus, sua chamada (parafraseada por mim) aos ouvintes agora é: "Acima de tudo, procurem[47] constantemente[48] se submeter ao governo real de Deus e viver de acordo com a sua vontade![49] Então poderão se deixar surpreender pelo cuidado paternal de Deus! Esse deveria ser o maior tesouro ao qual poderiam apegar seus corações".[50] Não soam essas palavras como uma versão ampliada do "Arrependam-se!", o chamado que João Batista e Jesus dirigiam ao povo diante da vinda do reino de Deus?

Observações sobre o "Reino de Deus" após o Sermão do Monte

Após o Sermão do Monte, Mateus menciona o reino de Deus em diversos outros lugares. Alguns deles são particularmente instrutivos para nosso estudo e serão analisados a seguir.

Jesus dá aos seus seguidores oportunidades concretas de experimentar o que significa "buscar o reino de Deus". Mateus relata o envio dos Doze: eles deveriam aproximar ou levar o

presente na vida dos discípulos de Jesus". Werner Georg Kümmel, *Verheißung und Erfüllung: Untersuchungen zur eschatologischen Verkündigung Jesu*, 3ª ed., Abhandlungen zur Theologie des Alten und Neuen Testaments, W. Eichrodt e O. Cullmann (orgs.), nº 6 (Zurique: Zwingli-Verlag, 1956), p. 118-9.

[47] Ou seja, considerem esse seu maior tesouro, sua preocupação mais preciosa, sua prioridade! (ver F. D. Bruner, *Matthew*, p. 333).

[48] O imperativo *zeteite* está no tempo presente, referindo-se a uma ação contínua, constante, permanente. Ver Bergmann, *Introdução ao grego bíblico*, p. 37, 180s.

[49] Ver também Mt 7.21!

[50] Jesus faz uma declaração semelhante mais tarde, quando fala da *basileia* nas parábolas (Mt 13.44-46).

reino de Deus ao povo (10.1-16). Com a autoridade concedida por Jesus, eles deveriam proclamar o reino como ele o fazia (10.7) e realizar as mesmas obras que já conheciam do ministério cotidiano do Senhor (10.8; ver tb. 11.4-5). Dessa forma, por meio de seu serviço, eles levariam o *shalom* de Deus ao povo (10.11-14). É interessante notar a promessa que Jesus faz aos discípulos quando os envia: se eles se envolvessem dessa maneira no reino de Deus, não precisariam se preocupar com seu sustento (10.9-10). Mateus não relata como essa história terminou, mas Lucas apresenta um breve diálogo entre Jesus e seus discípulos que trata dessa mesma questão: "Quando eu os enviei para anunciar as boas-novas, sem dinheiro, sem bolsa de viagem e sem sandálias extras, alguma coisa lhes faltou? 'Não', responderam eles" (Lc 22.35).

Um acontecimento que revela outro aspecto essencial do reino de Deus também é descrito por Mateus (12.22-32). Quando um homem possuído, cego e mudo foi trazido a Jesus e curado por ele (12.22), os fariseus acusaram-no de ter realizado esse ato por meio de Belzebu, o príncipe dos demônios (12.24). Em sua resposta, Jesus deixa claro que esse ato fora realizado pelo Espírito de Deus, um sinal claro de que o reino de Deus havia chegado a eles. Isso significa que o "reino de Deus" está presente onde o Espírito de Deus opera, trazendo libertação e cura, isto é, trazendo salvação.

O significado de "o reino de Deus já chegou até vocês" (gr. *ephthasen*) em 12.28 tem sido objeto de intensa discussão, assim como o de *engiken* ("aproximou-se") em 3.2; 4.17; 10.7 e Marcos 1.15. Esse debate passou a ser fomentado especialmente desde que C. H. Dodd argumentou que *engiken*, nessas passagens, deve ser entendido como "chegou", e não apenas "se aproximou".[51] Após um exame minucioso do uso dos verbos *engizein* e *phthanein* (e suas formas *engiken* e *ephthasen*),[52] bem como dos verbos hebraicos e aramaicos traduzidos por eles, R. F. Berkey chega à conclusão: "Estou convencido de que nenhuma das frases (*engiken he basileia*, de Marcos, e *ephthasen eph' humas*, de Q) sugere proximidade às custas de chegada, ou chegada às custas de proximidade."[53]

Ademais, os argumentos linguísticos não são o único fator decisivo aqui; um fator importante para a compreensão desses vocábulos é seu uso no contexto da frase. A declaração em Marcos 1.15 não começa com *engiken*, mas com *peplerotai ho kairos*, "chegou o tempo", [54]

> o que parece significar que a medida de tempo designada por Deus para o cumprimento da promessa do Reino foi "completada" e, portanto, chegou ao seu fim. Se ela chegou ao término, não há mais espera, o "tempo" se tornou *realmente* completo, não apenas "quase". Isso ressalta a inadequação da noção expressa por alguns estudiosos de que Marcos 1.15 significa que o tempo de espera acabou e que o reino virá num futuro próximo. *Se o tempo antes do Reino terminou, o tempo do Reino já começou*. Isso é confirmado pela observação de que as duas orações de Marcos 1.15 estão em paralelismo sintético. [55]

[51] C. H. Dodd, *The Parables of the Kingdom* (Londres/Glasgow: James Nisbet, 1935), p. 44.

[52] A forma *phthanein* é usada em Mt 12.28 e Lc 11.20, em que a *basileia* é inequivocamente descrita como já presente.

[53] Citado em G. R. Beasley-Murray, *Jesus and the Kingdom of God* (Grand Rapids/Carlisle: Eerdmans/ Paternoster Press, 1986), p. 73.

[54] Ambos os verbos estão no tempo perfeito! Sobre o significado desse tempo gramatical, ver J. Bergmann, *Introdução ao grego bíblico*, p. 167, 170.

[55] G. R. Beasley-Murray, *Kingdom*, p. 73 (ênfase e aspas dele). Ele também cita A. M. Ambrozic, que fala por muitos quando diz: "Gramatical e estilisticamente

Portanto, pode-se dizer que o reino de Deus é uma realidade presente no ministério de Jesus e de seus seguidores. O tempo de sua realização chegou, e sua bênção salvífica já está sendo experimentada efetivamente pelas pessoas.

Finalmente, outra passagem essencial para nosso entendimento do "reino de Deus" deve ser considerada: o discurso escatológico de Jesus (25.31-46). Quando Jesus fala do seu retorno em glória e do subsequente julgamento das nações, Mateus registra os critérios pelos quais o Rei julgará e decidirá sobre a sorte eterna dos indivíduos. Aqueles que foram sensíveis à situação dos necessitados e lhes serviram (v. 35-40) são

as duas declarações são semelhantes; os verbos no tempo perfeito precedem seus respectivos sujeitos, e a ação completa é assim enfatizada. A primeira cláusula enuncia claramente que o tempo de espera divinamente decretado terminou. A manifestação decisiva do Deus salvador, prometida nas profecias citadas nos versículos 2-3, deve, portanto, estar ocorrendo. O segundo membro do paralelismo pode ser visto como uma interpretação do primeiro; ele afirma a mesma verdade. A única diferença entre os membros: o primeiro olha para trás, enquanto o segundo olha para o presente e o futuro; o primeiro anunciava o fim da era antiga, o segundo proclama o início da nova". George B. Caird, *New Testament Theology*, completado e editado por L. D. Hurst (Oxford: Clarendon Press, 1994), p. 32ss, fornece uma justificativa detalhada com argumentos adicionais e chega à mesma conclusão. Também Ladd, *Theology of the New Testament*, p. 63s, com argumentação detalhada, bem como em seu *The Presence of the Future: The Eschatology of Biblical Realism* (Grand Rapids: Eerdmans, 1974, reimpr. 2002; 1° edição publicada sob o título *Jesus and the Kingdom* por Harper and Row, Nova York, 1964), p. 137-48. O paralelismo sintético também é confirmado por Youngmo Cho, *Spirit and Kingdom in the Writings of Luke and Paul: An Attempt to Reconcile these Concepts* (Milton Keynes/Waynesboro: Paternoster, 2005), p. 72. Mesmo que W. G. Kümmel tente provar que *engizein* deve ser traduzido como "aproximar-se" e não "chegar", ele conclui sua investigação com as palavras: "O uso do Novo Testamento é completamente uniforme no que diz respeito ao uso temporal de *engys*: denota a ocorrência iminente de um evento, do que se diz ou se presume que não ocorrerá somente após um longo período de espera". W. G. Kümmel, *Verheißung und Erfüllung*, p. 14.

descritos por Jesus como "justos" (v. 46), e serão recompensados pelo Rei com o reino de Deus como herança (v. 34). Por outro lado, aqueles que não realizaram esse serviço de amor (v. 42-45) irão para o castigo eterno (v. 41,46). Nesse contexto, herdar o reino pode ser interpretado como ir para a vida eterna (compare o v. 34 com o 46b). O contexto deixa claro que aqui se trata de um *aspecto futuro e eterno* do *Reino de Deus*. Isso fica particularmente claro nas palavras que Jesus utiliza para concluir esse discurso: "E estes irão para o castigo eterno, mas os justos irão para a vida eterna" (v. 46). O fato de que a *basileia* tem também um aspecto futuro é igualmente explícito no ensino de Jesus, um aspecto que, de forma alguma, contradiz o que afirmamos anteriormente acerca da chegada do reino. O simultâneo "já e ainda não" da *basileia* é atualmente um consenso na teologia do Novo Testamento.

A busca do "reino de Deus" em primeiro lugar[56]

À luz das observações sobre a proclamação do "reino de Deus" pelo Senhor Jesus durante seu ministério público, buscaremos agora responder à pergunta inicial sobre o que pode ter significado para seus primeiros ouvintes a seguinte exortação de Jesus: "busquem, em primeiro lugar, o reino de Deus e a sua justiça" (Mt 6.33).

A partir do contexto imediato dessa exortação, fica claro que Jesus deseja, antes de tudo, abrir os olhos de seus seguidores

[56]Dado que este estudo precisa contentar-se com uma seleção de passagens, o resultado certamente será enriquecido se todos os textos que tratam da *basileia* puderem ser considerados num contexto mais amplo. No entanto, a resposta à nossa pergunta inicial é formulada na esperança de que as delimitações impostas por este estudo não distorçam a verdade que procuramos interpretar.

para o que realmente importa na vida. Ele tenta livrá-los da preocupação com as necessidades cotidianas, mostrando o cuidado generoso de Deus com a sua criação. Esse Deus, a quem eles podem chamar de Pai, também cuidará deles, seus filhos, extremamente preciosos para ele (6.24-34; 10.9-10; 13.1-23; tb. Lc 22.35). Jesus continua direcionando seu pensamento àquilo que deveria ser o maior tesouro para seus discípulos, o que eles deveriam desejar de todo o coração: o reinar de Deus. O reino deve ter precedência sobre todos os outros interesses e prioridades. Submeter-se a ele permanente e consistentemente, ansiar por sua realização (6.10a) e promovê-lo com todo o seu ser: é nisso que eles devem se concentrar (6.20,21,33; 13.44-46). Isso significa, entre outras coisas, esforçar-se para viver a justiça de Deus, ou seja, alinhar suas vidas com a vontade de Deus e praticar a justiça que ele exige na vida cotidiana. E isso inclui cultivar um relacionamento correto, tanto com Deus quanto com o próximo. O próprio Jesus mostrou a eles o que isso significa em detalhes (5.17-20; 6.10,33; 7.21-23).

Será que uma vida assim seria uma sobrecarga para nós? Com certeza sim, caso tentemos atingir esse padrão por nossas próprias forças. No entanto, se reconhecermos humildemente o pouco que podemos esperar de nós mesmos e que dependemos da ajuda e do apoio de Deus, também experimentaremos a operação poderosa do reinar de Deus em nossa vida! Assim como o ministério de Jesus foi realizado por meio da ação do Espírito Santo (12.28), o mesmo deve acontecer na vida de seus discípulos. Portanto, buscar o reino de Deus também significa permitir que o Espírito Santo opere e realize a sua obra em nós e por meio de nós.

Capacitados pelo Espírito Santo, nós, assim como Jesus, devemos deixar brilhar sua luz nas trevas e aproximar o reino de Deus das pessoas. Isso acontecerá por meio de ensino e da proclamação do evangelho, do chamado ao arrependimento e da cura de todo tipo de dor, doença, sofrimento e obsessão. Por meio da vitória sobre os poderes das trevas, a salvação do reino de Deus chegará tão perto das pessoas que elas poderão experimentá-la existencialmente (4.23-24; 5.16; 10.1-16).

Resumindo, podemos sugerir que "buscar,[57] em primeiro lugar, o reino de Deus" pode ser entendido como:

> *Colocar-se conscientemente e sempre sob o reinar de Deus, procurando viver de acordo com a sua vontade e expectativa, no poder do Espírito Santo. Manter um relacionamento harmonioso com Deus e com o próximo, liberto das preocupações das necessidades diárias por meio da confiança no cuidado de Deus, numa consciência humilde da dependência de Deus e da sua direção. E levar a salvação e a paz de Deus para as pessoas por meio da proclamação do evangelho do reino por meio palavras e serviços motivados pelo amor.*

Se buscarmos o reino de Deus dessa maneira, não apenas provaremos o sustento de Deus hoje, mas herdaremos o reino de Deus na sua consumação.

[57] O verbo traduzido como "buscar" ou "procurar" no original está no tempo presente do modo imperativo, o que expressa a ideia de uma ação contínua, constante, habitual, permanente. Ver Bergmann, *Introdução ao grego bíblico*, p. 37, 180s.

5

O labor da exegese bíblica: A exposição do texto em seu contexto de origem

· MARCOS DE ALMEIDA ·

Graduado em Teologia pela Universidade Presbiteriana Mackenzie e pela Faculdade Teológica Batista de São Paulo, e mestre em Ciência da Religião pela Universidade Presbiteriana Mackenzie. É professor no Servo de Cristo nas disciplinas: Grego Instrumental, Exegese do Novo Testamento, Hermenêutica Geral e Aplicada, Teologia Bíblica e Teologia Sistemática. É pastor na Igreja Bíblica Evangélica da Comunhão, em São Paulo.

A Bíblia: o texto e a diversidade de registros

A Bíblia Sagrada é o resultado da produção de texto em contextos específicos. Sua complexidade literária está relacionada aos escritos que a compõem: um conjunto de livros sobre os eventos de um povo específico em conexão com elementos diversos das relações humanas.

O passado somente pode ser conhecido se há registro e, portanto, um processo de comunicação deve ter um emissor e um receptor, e deve ser mediado pelo propósito. O diálogo entre os textos bíblicos se percebe, não apenas por sua harmonia temática,[1] mas pelo uso intenso de referências ao longo da Bíblia, o que caracteriza sua intertextualidade. Por exemplo, o uso de citações do Antigo Testamento no Novo Testamento,[2] e a presença de elementos e influências do período de tempo entre esses Testamentos: o período intertestamentário.

O texto como estrutura viável de comunicação

O texto é a trama[3] ou o tecido[4] que envolve uma diversidade de forças comunicativas que convergem para uma unidade

[1] A expressão "harmonia temática" propõe que a Bíblia é um compêndio coerente em seus temas. Os autores da Bíblia reconheceram a unidade do texto, cujo ponto de partida é o próprio Deus. O relacionamento e a continuidade entre o Antigo e Novo Testamento têm como característica a reciprocidade, um mútuo esclarecimento. O Novo Testamento tem como base o Antigo, e ambos compartilham um objetivo principal: revelar a verdade da essência e existência além do terreno. Nas Escrituras, Deus se autorrevela e apresenta seus atributos, como soberania, onipotência, onisciência, onipresença e, portanto, a verdade do ser.

[2] G. K. Beale, *Comentário do uso do Antigo Testamento no Novo Testamento* (São Paulo: Vida Nova, 2014), p. 1009. Beale discorre sobre o uso de citações, alusões, ecos e figurações do Antigo Testamento no Novo a partir de critérios documentais de diversas fontes. Nesse sentido, a lógica é a continuidade na diversidade de conceitos do AT para o NT, formando assim, a unidade da revelação.

[3] Por "trama" aqui, refiro-me ao registro gráfico que envolve o cruzamento de características fonéticas, morfológicas, semânticas e estilísticas. A norma culta, que norteia a realidade do processo, envolve identidade de termos, relação entre as funções, o valor do significado sustentado pelo contexto e a comunicação pela estrutura. "A fala humana é formativa, e é por essa razão que ela se tornou explícita e gramatical." Eugen Rosenstock-Huessy, *A origem da linguagem* (Campinas: Kírion, 2021), p. 35.

[4] O sentido do texto como um tecido, ideia de tecer, como diz Grilli, uma rede de relações predisposta à comunicação, em que elementos essenciais estão contidos — a unidade linguística estruturada e harmônica; e a

literária. No texto, a mensagem é materializada e tem como produto a composição e a natureza dos inteligíveis processos comunicativos dos signos e de sua transmissão sob a lógica da compatibilidade entre emissão e recepção.

A estrutura é edificada sob normas estabelecidas para que emissor e receptor tenham a mesma mensagem e compartilhem processos comunicativos necessários, derivados da oralidade. O fato é que povos, em tempos remotos, entenderam a comunicação como realidade sonora, uma vivência e necessidade de existir e interagir.[5]

A linguagem como meio sistemático de comunicar cognição (ideias) e volição (sentimentos) por meio de elemento gráfico é a ferramenta que o escritor utiliza para trazer à tona a cosmovisão interior num ambiente em constante movimento. O ato que medeia o texto finalizado (passado) e o ensino eficaz (presente) é a interpretação que sempre tem como conceito a arte e a ciência. O escrito é parte do processo comunicativo,[6] e sua efetividade está na leitura e na perspectiva dinâmica entre

unidade que se predispõe para o labor da comunicação — de forma coesa e coerente. Massimo Grilli, *Comunicação e pragmática na exegese bíblica* (São Paulo: Paulinas, 2020), p. 40.

[5]Essa abordagem é de Maria Helena de Moura Neves, *A vertente grega da gramática tradicional: Uma visão do pensamento grego sobre a linguagem* (São Paulo: Unesp, 2005), p. 20. A autora destaca a força dos poemas que associam o falar e o agir, numa dinâmica e busca em ser excelente no conselho e na guerra, elementos presentes na teogonia grega.

[6]O processo comunicativo implica diversidade dos elementos do texto e contexto, emissão e recepção, demanda de assunto e elementos que interagem com a motivação humana. Esse é o valor da fala e da escrita, em processo de troca e comparação: "uma palavra pode ser trocada por uma ideia (dessemelhante), mas pode ser comparada com outras palavras (similar)". Roland Barthes, *Elementos da semiologia* (São Paulo: Cultrix, 2012), p. 69.

o autor, seu propósito materializado no texto e para quem foi destinada a mensagem — essa relação é fundamental, pois é necessária para que a mensagem venha à existência. No fato literário, a linguagem forma um todo com o sentido pela materialização das assonâncias, da fala eficaz.

A linguagem humana cria conceitos e significados dentro do campo da filologia. O enunciador realiza o labor e se apropria da pluralidade dos sentidos de um verbete,[7] uma vez que seu valor está norteado pela elasticidade semântica. A comunicação acontece sob estas características, porém, é necessário que se sustente o sentido pelo seu contexto (sincrônico). O primeiro momento da comunicação tem como base a gramática, tarefa de propor a comunicação sob a formulação de regras, para que haja distinção de morfologia.[8] O campo de estudo que foi estabelecido pelos gregos é a disciplina normativa que auxiliou na materialização e competência do discurso.[9]

Os princípios interpretativos derivados do registro

Os princípios interpretativos são abordados tendo como base o círculo hermenêutico, isto é, a contemplação da mensagem como um produto da elaboração do escritor à luz da necessidade de seus leitores. No processo histórico complexo da necessidade de comunicação precisa, a filologia se apresenta

[7] A polissemia como realidade linguística diz respeito à possibilidade de um termo possuir dois ou mais valores semânticos.

[8] A morfologia é a forma, a aparência externa das palavras, característica que possibilita seu discernimento através dos sentidos naturais. Frederick W. Danker et al., *A Greek-English lexicon of the New Testament and the other early Christian Literature (Chicago: The University of Chicago Press, 2000)*, p. 659.

[9] Ferdinand Saussure, *Curso de linguística geral* (São Paulo: Cultrix, 2012), p. 33.

como um campo teórico e empírico que busca analisar os processos comunicativos:

> Em Alexandria já havia uma escola "filológica" [...] A língua não é o único objeto da Filologia, que quer, antes de tudo, fixar, interpretar, comentar textos; este primeiro estudo a leva a se ocupar também da história literária, dos costumes, das instituições etc.[10]

O entendimento do significado deriva, também, do estudo do contexto imediato, levando em conta a complexidade da elaboração em seu ambiente de origem. A intenção comunicativa se concretiza no momento do acesso ao texto pelo leitor; dessa forma, a dimensão das rotinas interpretativas passa pela realidade da essência do ser humano, suas relações, sensações, percepções etc.

Portanto, o referencial interpretativo deve seguir as orientações dos princípios hermenêuticos especificamente sob a ciência da exegese, que dá a base para a análise pragmática[11] aplicada ao escrito em questão. A leitura em chave comunicativa conduz o leitor atual ao contexto da Bíblia, um processo essencial para alcançarmos a dimensão da mensagem. O alvo é o acontecimento comunicativo, e o labor para alcançar a palavra bíblica se dá através da metodologia pragmática. Massimo Grilli, descreve assim esse processo:

> A descoberta de uma leitura em chave comunicativa levou a uma verdadeira mudança de perspectiva, porque o texto da Bíblia já

[10] Ibid., p. 33.

[11] A pragmática é a ciência que realiza a pesquisa dos atos produzidos por intermédio da linguagem. O caráter comunicativo das Escrituras Sagradas é o alvo do labor exegético de todo leitor, de qualquer tempo, que pretende alcançar a sua mensagem. A linguagem humana é o instrumento comunicativo da Bíblia.

> não é considerado simplesmente como uma janela aberta para o mundo passado ou para um depósito de verdades estabelecidas ao qual recorrer em caso de necessidade, mas como uma porta que, no ato da leitura, abre-se à medida que coloca em comunicação o mundo do texto com o mundo do leitor.[12]

Os elementos da diversidade são quase inesgotáveis diante das competências da reflexão, da razão, da pesquisa, e da elaboração e produção efetiva de conteúdos pautados na dimensão do processo comunicativo. A comunicação no ambiente do passado revela seu significado e princípios teológicos à medida que o labor exegético avança. Portanto, a comunicação do texto bíblico para o mundo atual depende desse labor exegético a fim de trazer as significações correspondentes do texto bíblico e colocar sua mensagem em termos de prática efetiva.

O fato literário: o texto e o contexto

O escritor (autor), o leitor (destinatário) e o povo de Deus (corpo orgânico) estão localizados em um contexto amplo que norteia cada elemento no processo comunicativo. Ao mesmo tempo, o texto bíblico e sua situação compartilham a mensagem que deve ser compreendida pela investigação crítica e pela pluralidade de perspectivas. Esses elementos estão presentes no mosaico social, no sincretismo religioso, na multiplicidade cultural, nas possibilidades de comunicação pela língua e escrita, nas inúmeras distinções étnicas, nas relações políticas e econômicas — características que faziam parte da rotina dos leitores originais do texto bíblico.

[12]Grilli, *Comunicação e pragmática na exegese bíblica*, p. 24.

O texto e o contexto em sinergia

Texto

O texto e o contexto estão em relação harmônica e sustentam o significado proposto pela mensagem. Por exemplo, Paulo endereça a epístola de Efésios a diversas pessoas que se reúnem em determinada localidade, transmitindo a possibilidade da unidade orgânica, cujo referencial é a unidade absoluta, o próprio Deus. Essa unidade absoluta é descrita assim pelo apóstolo:

> Pois há um só corpo e um só Espírito, assim como vocês foram chamados para uma só esperança. Há um só Senhor, uma só fé, um só batismo, um só Deus e Pai de tudo, o qual está sobre todos, em todos, e vive por meio de todos.
>
> Efésios 4.4-6

O Novo Testamento é destinado às comunidades da fé — o agrupamento dos que foram chamados —,[13] onde acontece a interação entre pessoas com diferentes dons e provenientes

[13]O termo que o Novo Testamento usa para a palavra "igreja", *ekklesía,* pode ser traduzido como "convocação, chamar para fora". No contexto greco-romano, a *ekklesía* era a assembleia política dos cidadãos da *pólis,* um grupo formado somente pelos homens com direito a voto. A *ekklesía* abria as sessões com orações e sacrifícios para as divindades da cidade. Cada cidadão tinha o direito de falar e propor assuntos para debate e votação; o controle da assembleia cabia ao presidente. Era um fenômeno político fundamentado na constituição democrática. O uso de *ekklesía* no Novo Testamento é notável, já que os seguidores de Jesus não descreveram suas reuniões e suas comunidades com o nome de *synagogé* — esse seria o termo natural para um grupo cujas raízes remontam à tradição judaica. A igreja cristã evitou o uso desse termo, pois *synagogé* é o símbolo da religião que fundamentava sua existência na Lei e na tradição, aspectos centrais do judaísmo tardio. Colin Brown e Lothar Coener, *Dicionário internacional de teologia do Novo Testamento,* vol. 1 (São Paulo: Vida Nova, 2000), p. 984.

de contextos culturais, religiosos, sociais e políticos diversos. Por isso, as pessoas que interagem nessas igrejas locais são exortadas a convergirem diligentemente seus esforços para a manutenção e a propagação de uma nova maneira de existir: a comunidade cristã. O uso dos recursos disponíveis pelos autores apresenta uma estrutura bem-organizada e fluente em seu contexto original.

Contexto

O contexto diz respeito à realidade em que a humanidade vive em um momento histórico peculiar, no caso do Novo Testamento, a "plenitude do tempo" (Gl 4.4, ARA). Essa expressão é usada para remeter ao momento em que o desfecho diacrônico acontece, quando o império romano se estabelece como poderio numa unidade mundial sem precedentes. É fato que o desenvolvimento dos sistemas imperiais vem de longa data, a partir do império assírio (722 a.C.), babilônico (585 a.C.), medo-persa (536 a.C.), grego unificado (331 a.C.), grego dividido (323 a.C.) e romano (63 a.C.).[14]

O império romano se tornou uma organização mundial globalizada em todos os sentidos. As fronteiras caíram, e o comércio foi desenvolvido e potencializado pela estrutura de rotas e estradas. Para a diversidade de povos foi estabelecida a *religio licita*, a liberdade de seguir com a religiosidade característica de cada cultura, desde que essa religião não se opusesse à religião estatal, isto é, o culto ao imperador.

[14] A história dos impérios está no corte histórico denominado de "período intertestamentário", que tem como ponte a divisão de Israel em dois reinos, norte e sul. Johann Maier, *Entre dois Testamentos: História e religião na época do Segundo Templo* (São Paulo: Loyola, 2005), p. 39.

O nascimento de Jesus acontece num momento ímpar, na manifestação da "plenitude dos tempos", um momento histórico que é interpretado como o cumprimento das profecias relacionadas ao Messias — aquele que traria a libertação definitiva do pecado por meio de sua vida, morte e ressurreição, e tudo isso no tempo que marca o início de um novo tipo de vida.[15]

O texto como materialização do pensamento autoral

O autor bíblico, ao materializar seus pensamentos, tem como propósito um conteúdo coerente e sistemático de temas teológicos específicos. O conteúdo também confirma a diversidade de pessoas que se reúnem para o culto ao Deus único e trino e descortina a natureza e a tarefa da igreja una e católica — eficaz e atuante e, portanto, uma unidade orgânica que revela a diversidade de cada elemento que compõe sua essência.

A mensagem do texto é a Palavra de Deus ao seu povo, que deve receber a instrução que contempla a ortodoxia e a ortopraxia, as quais devem exercer o mesmo peso na vida de cada cristão. Paulo, por exemplo, exorta os cristãos a viverem de modo digno, *axiōs*,[16] da vocação a qual foram chamados, num

[15] A ideia de que as coisas velhas passaram, a lógica da nova criação como cumprimento das profecias escatológicas direcionadas para a restauração de Israel por meio da ressurreição do verdadeiro Israel: o Messias (Cristo). G. K. Beale, *Teologia bíblica do Novo Testamento: A continuidade teológica do Antigo Testamento no Novo* (São Paulo: Vida Nova, 2018), p. 136.

[16] A expressão que Paulo utiliza em Efésios 4.1, *axiōs peripatēsai*, significa "digno andar". A importância está em equilibrar o ensino com a prática. Ideia de pesar, levantar a viga da balança para o peso justo, igualdade entre os pratos da balança e, por isso, preço de igual valor. É a conduta do ser, integral, cotidiana. A maneira que os efésios deveriam viver em qualquer situação de acordo com o evangelho, na presença do apóstolo ou em sua ausência, a vida

equilíbrio do ensino com a prática. O movimento para a unidade passa pela diversidade dos elementos que a compõem e pela realidade da diversidade, alcançada pela nova dimensão da vida como corpo orgânico e único de Cristo. Seguir rumo a essa unidade é compreender que a conduta esperada deve ser correspondente ao chamado. A perspectiva aponta para o tipo de cristão que vive no paradoxo existencial, habitando no tempo e no espaço, neste mundo, e no entanto já assentado nas regiões celestiais em Cristo.[17] O testemunho e o nome de Jesus Cristo estão envolvidos nessa conduta diária, que aponta para a diversidade das possíveis condutas éticas pautadas na diversidade das virtudes: humildade, paciência, mansidão e suporte em amor.

A pragmática é a ciência que pesquisa os atos produzidos por intermédio da linguagem. O texto que o autor produziu é a Sagrada Letra, segundo o entendimento da comunidade da fé. A passagem de 2Timóteo 3.16 discorre a respeito da materialização dos pensamentos do autor sob a inspiração divina. O *theopneustos*[18] é o insuflar no momento da produção, cuja mensagem é transmitida de modo indireto, uma vez que há o mediador humano que realiza a comunicação dentro da estrutura viável de compreensão. O labor da leitura pelos receptores

do cristão deve ser sempre na verdade. Danker et al., *A Greek-English lexicon of the New Testament*, p. 94.

[17] Alusão a Efésios 1.3. O termo *epouraniois*, adjetivo com o sentido de "regiões celestiais", refere-se ao céu como a morada de Deus, um reino transcendente onde o drama da salvação se desenrola e onde Cristo triunfa sobre uma variedade de poderes, garantindo assim a vitória aos crentes. Ibid., p. 388.

[18] Adjetivo com significado básico de "insuflado". É termo composto por *theos* + *pnéo*, Deus e soprar. Refere-se ao sentido da Escritura como comunicação que foi ordenada pela autoridade de Deus e produzida pela capacitação de seu Espírito no autor divinamente inspirado. Ibid., p. 449.

originais é envolto de inúmeros elementos para que, de fato, a mensagem possa alcançar a sua razão de existir.

O labor exegético e a análise pragmática

O estudo exegético do texto bíblico propõe a extração da mensagem no momento em que acontece a elaboração e a exposição do conteúdo em sua dimensão histórica e contextual. A tarefa é a da decodificação, que se propõe alcançar a real compreensão da mensagem em base interpretativa na força da sintaxe, no estudo da semântica, na análise da estrutura literária e no alcance da pragmática. O significado da mensagem depende das relações entre os termos, do sentido ao qual o signo remete, de como os ouvintes a receberam — o contexto é determinante para o significado.[19]

A fluência do processo exegético acontece na apropriação da exposição do texto em seu contexto de origem, na realidade de que o texto da Bíblia reage às necessidades dos cristãos e materializa a mensagem em ensino correto e prática efetiva, cuja relevância para os dias atuais está na leitura responsiva à mensagem de Deus sempre atual, formadora e transformadora:

> A pesquisa exegética pode se subdividir em estudo indutivo (pelo qual interagimos diretamente com o texto para tirar nossas conclusões) e estudo dedutivo (pelo qual interagimos com as conclusões de outros estudiosos e reformulamos nossos dados). O estudo indutivo da Bíblia acontece basicamente na organização do livro e parágrafos para determinar o desenvolvimento

[19]O sentido do termo está sob um conjunto sistemático das convenções necessárias para o processo comunicativo, como instituição social, um sistema de valores, ou seja, a parte social dos valores. Barthes, *Elementos da semiologia*, p. 22.

estrutural da mensagem do escritor tanto no nível macro (livro) quanto no nível micro (parágrafo). Disso resulta uma ideia preliminar acerca do significado e do desenvolvimento do pensamento do texto.[20]

O sentido da linguagem, descrito de modo amplo no ambiente plural, descortina sistemas complexos em comunicação verbal e não verbal. O conhecimento se pauta no estabelecimento de padrões comunicativos em palavras e nas mais diversas expressões da competência humana. Portanto, é a exegese bíblica que tem a competência para realizar tal labor, como disciplina de extração e alcance da mensagem do texto e contexto — uma disciplina que se utiliza da natureza e dos processos comunicativos dos signos e de sua transmissão.

O relacionamento com o texto sob as abordagens indutiva e dedutiva é a atividade de interpretação, o método exegético. Já o labor interpretativo à luz dos princípios hermenêuticos conduz do significado (o sentido original do texto) para a significação (sua contextualização para a igreja de hoje). O intérprete é um pesquisador e um incansável estudioso que deve ter ciência de que tem em si princípios e pressupostos de toda uma vida.

O processo comunicativo pela mensagem

A aplicação da exegese ao Texto Sagrado alcança a mensagem presente no código sígnico, uma mensagem que apresenta a possibilidade de ser decodificada pelos destinatários a partir do alcance de suas propriedades, potencialidades e das variadas expressões.

[20]Grant R. Osborne, *A espiral hermenêutica: Uma nova abordagem à interpretação bíblica* (São Paulo: Vida Nova, 2009), p. 37.

A linguagem é a ferramenta que dá ao autor a condição de trazer à existência sua cosmovisão interior num mundo em constante movimento, na dimensão espacial e temporal. O autor faz o uso do processo comunicativo com intenção de compartilhar suas experiências próprias e realidades particulares.

O evento comunicativo passa a ser realidade a partir do momento em que há a transferência de determinada mensagem do sujeito ao seu destinatário, concretiza-se na transferência do conhecimento e consolida a transferência das ideias e pensamentos que norteavam a mente do autor para a mente e entendimento do seu leitor:

> Embora o significado verbal requeira a vontade determinante de um autor ou intérprete, é verdade que as normas da linguagem exercem uma influência poderosa e impõem uma limitação inevitável à vontade tanto do autor como do intérprete.[21]

O signo tem um papel primário como ser contingente para que a mensagem chegue à existência. A dinâmica da comunicação ocorre no momento em que o texto cumpre sua função de aproximar o autor do leitor. A dimensão dialógica contempla o código como realidade da mensagem produzida num processo interativo. Portanto, cabe ao leitor responder efetivamente a essa mensagem buscando decodificá-la — uma etapa que também faz parte (e é essencial) do processo comunicativo.

[21] E. D. Hirsch Jr., *Validity in interpretation* (Londres: Yale University Press, 1967), p. 27.

A dimensão pragmática

O processo comunicativo tem sua efetividade na pragmática da leitura e na perspectiva dinâmica entre o autor, seu propósito materializado no código sígnico e o destinatário. A análise pragmática se pauta nos modelos comunicativos na abordagem dos textos e suas complexidades. O escritor de determinado livro das Sagradas Escrituras faz uso do código para que a mensagem chegue aos seus leitores.

O labor interpretativo da decodificação (decifração) tem sua tarefa em elementos essenciais, a saber, a força da sintaxe, o estudo da semântica e o alcance da pragmática. O significado da mensagem depende das relações entre os termos, do sentido que o signo remete e de como os ouvintes a recebem. A exegese pragmática se pauta nos modelos comunicativos, na abordagem dos textos e na sua complexidade.

A dinâmica da comunicação é fato no momento da relação e sinérgico no processo em que o texto cumpre sua função de aproximar o autor do seu leitor. A perspectiva é que a dimensão dialógica contempla o código como realidade da mensagem produzida num processo interativo. O trabalho necessário é o de decodificação realizada pelo leitor que a recepciona.

Conclusão

O ciclo interpretativo descortina a dupla função da pragmática em compreender a influência que a palavra sofre do contexto e a influência que o contexto sofre a partir da palavra. Por isso, o labor exegético ajuda o leitor que pretende alcançar a mensagem do texto bíblico.

A linguagem humana é o instrumento comunicativo do texto da Bíblia. A intenção do autor está materializada no momento de sua efetiva redação, e o texto tem o seu significado para os leitores originais e segue tendo eficaz relevância para os dias atuais. A leitura em chave comunicativa é o que conduz o leitor atual ao contexto do texto original. A apropriação da ferramenta do diálogo interativo é essencial para o alcance da revelação em sua dimensão de comunicação em ação: o texto bíblico como realidade de inter-relação pessoal, vivo e relevante para qualquer momento da existência humana.

O pressuposto é a verdade na mensagem de Deus revelada ao longo da história na diversidade de textos escritos por diversos autores. O cristão interage com o texto em ação colaborativa para a manutenção da identidade na comunidade cristã. As diversas possibilidades interpretativas disponíveis ao estudioso implicam que o método interpretativo, como ciência, é inevitável, mesmo para quem diga que não faz uso desse método e afirme categoricamente que não precisa dele para interpretar e compreender a Bíblia. O fato é que o *não método* já é um método. Portanto, um expositor do texto bíblico sempre adotará alguns passos para ter um mínimo de entendimento do texto.

A disciplina da exegese como parte do labor da exposição do texto em seu contexto de origem é o caminho seguro, honesto e preciso para a interpretação. A exegese é uma área que envolve outras disciplinas e delas depende. O serviço nessa disciplina interpretativa é muito proveitoso. É por isso que a exegese é indispensável para quem deseja extrair a mensagem do seu código linguístico para, somente então, realizar o ato profético: ouvir o que Deus diz na Bíblia Sagrada e então anunciar a sua poderosa Palavra. Amém.

6

Os mortos em Cristo e a vinda do Senhor: Uma exegese de 1Tessalonicenses 4.13-18

• CARLOS AUGUSTO VAILATTI •

Graduado em Teologia pela Faculdade Betel/Instituto Betel de Ensino Superior e pela Escola Superior de Teologia, MA em Teologia pelo Seminário Teológico Servo de Cristo e doutor em Estudos Judaicos, com concentração em Estudos da Bíblia Hebraica, pela Universidade de São Paulo. É professor de Hebraico e de Teologia do Antigo Testamento no Servo de Cristo.

No primeiro século d.C., o mundo greco-romano frequentemente caracterizava-se pela desesperança quando o assunto era a morte. Era comum encontrar em diversas lápides a inscrição latina *non fui, fui, non sum, non curo*, isto é, "eu não existia, eu existi, eu não existo, eu não me importo".[1] Na esteira desse pensamento niilista, outros epitáfios traziam inscrições como "do nada para o nada, com que rapidez nós vamos".[2] Um grafite encontrado na antiga cidade de Pompeia dizia: "Quando se está morto, não se é nada".[3]

[1] Richard S. Ascough, *Early Christ Groups and Greco-Roman Associations* (Eugene: Wipf and Stock Publishers, 2022), p. 290.

[2] Hilary Marlow et al. (orgs.), *Eschatology in Antiquity: Forms and Functions* (Londres/Nova York: Routledge, 2021), p. 347.

[3] Moyer V. Hubbard, *Christianity in the Greco-Roman World: A Narrative Introduction* (Grand Rapids: Baker Academic, 2010), p. 99.

No entanto, na contramão desse cenário repleto de descrença quanto à realidade da vida pós-morte, o apóstolo Paulo consola os cristãos de Tessalônica acerca dos seus parentes e amigos cristãos que haviam morrido "para que não se entristeçam como os outros, que não têm esperança" (1Ts 4.13). Esse consolo se deve ao fato de que, por ocasião da vinda de Cristo, "os mortos em Cristo ressuscitarão" (1Ts 4.16). É diante dessa dicotomia entre o niilismo pagão e a fé cristã na ressurreição futura que um estudo como este sobre 1Tessalonicenses 4.13-18 se revela de fundamental importância.

A fim de atingir o objetivo proposto neste ensaio, organizamos nosso texto em cinco partes. Em primeiro lugar, apresentaremos algumas considerações preliminares sobre a epístola de 1Tessalonicenses. Segundo, investigaremos o gênero literário ao qual pertence a perícope em estudo. Terceiro, identificaremos a estrutura dessa passagem bíblica. Quarto, forneceremos nossa tradução e respectiva exegese do trecho bíblico sob exame. Por fim, em quinto e último lugar, extrairemos algumas breves conclusões práticas resultantes do conteúdo estudado. Feitos esses esclarecimentos, iniciemos, então, nosso estudo.

Considerações preliminares sobre 1Tessalonicenses

Em termos de autoria, 1Tessalonicenses tem sua redação atribuída a Paulo, com a possível coautoria de Silvano e Timóteo, que também são mencionados na saudação (1Ts 1.1). O destinatário da epístola é a igreja dos tessalonicenses (1Ts 1.1). Quanto ao local e à data de escrita, a carta foi redigida possivelmente em Atenas ou em Corinto em algum momento após o ano 50 d.C.[4] No

[4] D. A. Carson, Douglas J. Moo e Leon Morris, *Introdução ao Novo Testamento* (São Paulo: Vida Nova, 1997), p. 381-2.

que se refere à ocasião que deu ensejo à composição da epístola, o contexto parece ter sido o seguinte. Timóteo fora enviado a Tessalônica (1Ts 3.2) e agora acabara de chegar de lá presumivelmente com uma carta contendo dúvidas para as quais 1Tessalonicenses seria a resposta. Isso seria indicado pela expressão "quanto a" (gr. *peri*, veja 1Ts 4.9,13; 5.1). Portanto, 1Tessalonicenses foi elaborada a fim de esclarecer diversos questionamentos feitos pela igreja de Tessalônica, como as dúvidas pertinentes aos crentes que haviam morrido (1Ts 4.13-18). Em suma, Paulo formulou 1Tessalonicenses com o propósito de auxiliar os irmãos da igreja de Tessalônica em sua jornada de fé.

Como Carson, Moo e Morris observaram, "os crentes de Tessalônica constituíam uma igreja nova, não tendo estado na fé o tempo suficiente para compreenderem muitas coisas que já eram ponto pacífico para cristãos mais amadurecidos" e, em razão disso, "Paulo, o seu pai espiritual, estava interessado neles e escreveu para ajudá-los a prosseguirem no serviço de seu Senhor".[5] Esse é o teor geral da epístola.

O gênero literário de 1Tessalonicenses 4.13-18

Em termos de gênero literário, 1Tessalonicenses 4.13-18, que pertence ao bloco literário mais amplo de 4.13—5.11, tem sido considerado um "apocalipse",[6] uma "visão apo-

[5] Ibid., p. 388.

[6] D. A. Hayes, *Paul and His Epistles*, Biblical Introduction Series (Nova York: The Methodist Book Concern, 1915), p. 168. Collins definiu o gênero literário "apocalipse" nestes termos: "Apocalipse é um gênero de literatura reveladora com uma estrutura narrativa, na qual uma revelação é mediada por um ser sobrenatural a um receptor humano, expondo uma realidade transcendente que é tanto temporal, na medida em que prevê a salvação escatológica, quanto espacial, na medida em que envolve outro mundo, sobrenatural". Ver John

calíptica",[7] uma "carta de consolo"[8] ou uma "parênese".[9] Embora essa perícope contenha indubitavelmente tanto uma linguagem apocalíptica (1Ts 4.16-17), quanto um forte tom de consolo (1Ts 4.13,18), entendemos que a parênese, enquanto "termo técnico que se refere aos vários tipos de exortações ou admoestações e que, no estudo do NT [...] geralmente se aplica às exortações morais e éticas dadas aos crentes",[10] talvez se encaixe melhor aqui.[11]

A estrutura de 1Tessalonicenses 4.13-18

Diversas propostas foram apresentadas quanto à estrutura de 1Tessalonicenses 4.13-18. Entre elas, adotamos aqui o esquema fornecido por Picirilli, ligeiramente adaptado:

Os mortos em Cristo e a vinda do Senhor (4.13-18)

1. A esperança que tranquiliza (v. 13-14).
    a. Esperança *versus* desesperança (v. 13).
    b. A natureza da esperança (v. 14).

J. Collins, "Introduction: Towards the Morphology of a Genre", in: John J. Collins (org.), *Apocalypse: The Morphology of a Genre*, Semeia, vol. 14 (Atlanta: The Society of Biblical Literature Press, 1979), p. 9.

[7] Gary S. Selby, *Not with Wisdom of Words: Nonrational Persuasion in the New Testament* (Grand Rapids: William B. Eerdmans Publishing Co., 2016), p. 18.

[8] Ezra Jaekyung Cho, *The Rhetorical Approach to 1 Thessalonians: In Light of Ancient Funeral Oration* (Eugene: Wipf and Stock Publishers, 2020), p. 28.

[9] David Luckensmeyer, *The Eschatology of First Thessalonians*, Novum Testamentum Et Orbis Antiquus / Studien Zur Umwelt Des Neuen Testaments, vol. 71 (Göttingen: Vandenhoeck & Ruprecht GmbH & Co., 2009), p. 62.

[10] Arthur G. Patzia e Anthony J. Petrotta, *Dicionário de estudos bíblicos* (São Paulo: Vida, 2003), p. 119.

[11] Essa perspectiva também é adotada por Abraham J. Malherbe, *The Letters to the Thessalonians: A New Translation with Introduction and Commentary*, The Anchor Bible, vol. 32B (Nova York: Doubleday, 2000), p. 85.

2. A maneira da ressurreição dos santos (v. 15-17).
   a. Os mortos não estão em desvantagem (v. 15).
   b. A conexão com a vinda de Cristo (v. 16).
   c. O encontro com o Senhor (v. 17).
3. O uso destas palavras para o encorajamento (v. 18).[12]

Tendo apresentado essas informações introdutórias, prosseguiremos em nosso estudo concentrando nossa atenção agora na exegese de 1Tessalonicenses 4.13-18.

Análise exegética de 1Tessalonicenses 4.13-18

Iniciamos nossa exegese oferecendo primeiramente ao leitor nossa tradução do texto grego de 1Tessalonicenses 4.13-18:

> Não queremos, porém, irmãos, que vocês sejam ignorantes acerca dos que dormem, para que não se entristeçam como os outros, que não têm esperança. Pois, se cremos que Jesus morreu e ressuscitou, assim também Deus trará com ele os que dormiram através de Jesus. Dizemos isto para vocês pela palavra do Senhor, que nós, os vivos, os que ficarmos para a vinda do Senhor, de modo algum precederemos os que dormiram. Porque ele mesmo, o Senhor, com grito de comando, com voz de arcanjo e com trombeta de Deus, descerá do céu, e os mortos em Cristo ressuscitarão primeiro, depois nós, os vivos, os que ficarmos, seremos arrebatados junto com eles nas nuvens, ao encontro do Senhor no ar; e assim estaremos sempre com o Senhor. Portanto, consolem uns aos outros com estas palavras.[13]

[12] Robert E. Picirilli (org.), *1 Thessalonians through Philemon*, The Randall House Bible Commentary (Nashville: Randall House Publications, 1990), p. 67-74.

[13] Aqui nos baseamos em Kurt Aland, et al. (orgs,), *The Greek New Testament* (Stuttgart: Deutsche Bibelgesellschaft, 2005).

1. A esperança que tranquiliza (v. 13-14)

a. Esperança versus *desesperança (v. 13)*

O versículo 13 apresenta três elementos que indicam o início de um novo tópico: (1) a construção *ou thélomen* [...] *hymas agnoein* ("Não queremos [...] que vocês sejam ignorantes", veja Rm 1.13; 11.25; 1Co 10.1; 12.1; 2Co 1.8); (2) a conjunção adversativa *dè* ("porém"); e (3) o vocativo *adelphoi* ("irmãos").[14] O conteúdo que Paulo não deseja que os tessalonicenses ignorem é um assunto *peri tôn koimôménôn* ("acerca dos que dormem"). A preposição *peri* ("acerca de") também aponta para a introdução de um novo tópico.[15] Os indivíduos que "dormem" (*koimôménôn*, literalmente "estão sendo adormecidos") são os crentes falecidos que presumivelmente haviam pertencido à igreja de Tessalônica (1Ts 1.1). Desse modo, o verbo "dormir" é usado aqui como um eufemismo para a morte, figura de linguagem adotada em diversas passagens bíblicas tanto do Antigo quanto do Novo Testamento (1Rs 2.10; 14.20,31; 15.8,24; 16.6,28; Mt 27.52; Jo 11.11-14; At 7.60; 13.36; 1Co 15.6,18,20; 2Pe 3.4).[16]

A razão pela qual Paulo não deseja que os irmãos estejam desinformados a respeito dos crentes falecidos é dada na sequência: *hina mê lypêsthe kathôs kai hoi loipoi hoi mê échontes elpida* (literalmente: "para que não vos entristeçais como também os outros, os que não têm esperança"). A conjunção *hina* ("para que") indica o propósito da fala inicial de Paulo. O apóstolo

[14] I. Howard. Marshall, *I e II Tessalonicenses: Introdução e Comentário*, Série Cultura Bíblica, vol. 13 (São Paulo: Vida Nova / Mundo Cristão, 1993), p. 145-6.

[15] Joseph Plevnik, *Paul and the Parousia: An Exegetical and Theological Investigation* (Eugene: Wipf and Stock Publishers, 1997), p. 100.

[16] Ver J. E. Hartley, "Sleep; Asleep", in: Geoffrey W. Bromiley, et al. (orgs.), *The International Standard Bible Encyclopedia*, vol. 4 | Q-Z (Grand Rapids: William B. Eerdmans Publishing Company, 1988), p. 549.

não quer que os crentes da igreja de Tessalônica se entristeçam como "os outros" (*hoi loipoi*). Mas quem são esses "outros"?

Em 1Tessalonicenses 4.13; 5.6 e em Efésios 2.3, a expressão *hoi loipoi* é praticamente sinônima à expressão *tà éthnê* ("os gentios"), no sentido de se referir àqueles que "não conhecem a Deus".[17] Essas pessoas são denominadas como "os que não têm esperança". A atitude de descrença e de desesperança frequentemente exibidas pelos pagãos a respeito da vida pós-morte pode ser bem ilustrada pelo famoso pensamento do poeta grego Teócrito (310–250 a.C.): "as esperanças são para os vivos; os mortos não têm esperança" (*elpides en zôoisin, anélpistoi dè thanóntes*).[18] É contra esse tipo de raciocínio que Paulo adverte aos crentes tessalonicenses.

b. A natureza da esperança (v. 14)

O versículo 14 inicia com a conjunção explicativa *gàr* ("pois"), indicando a razão da esperança dos cristãos tessalonicenses, em contraste com a desesperança dos pagãos. O versículo todo é composto por duas orações coordenadas, conhecidas respectivamente como prótase e apódose.[19] A prótase *ei gàr pisteúomen*

[17] H. Fendrich, "*loipós*", in: Horst Balz e Gerhard Schneider (orgs.), *Diccionario Exegético del Nuevo Testamento*, vol. II. | Lambda-Ômega, Biblioteca de Estudios Bíblicos, vol. 91 (Salamanca: Ediciones Sígueme, 2002), p. 81. Comparar com N. Walter, "*éthnos*", in: Horst Balz e Gerhard Schneider (orgs.), *Diccionario Exegético del Nuevo Testamento*, vol. I | Alpha-Kappa, Biblioteca de Estudios Bíblicos, vol. 90 (Salamanca: Ediciones Sígueme, 2005), p. 1161.

[18] Ver *Idílios* 4.42. Nossa tradução se baseia no texto grego de R. J. Cholmeley (org.), *The Idylls of Theocritus* (Londres: G. Bell & Sons, Ltd., 1919), p. 78.

[19] Demoss explica que "em uma sentença condicional, a prótase é a oração que apresenta a condição ou a hipótese (a oração com o 'se'); a contrapartida da apódose (a oração com o 'então')". Ver Matthew S. Demoss, *Dicionário gramatical do grego do Novo Testamento* (São Paulo: Vida, 2004), p. 147.

hóti Iêsous apéthanen kai anéstê ("Pois, se cremos que Jesus morreu e ressuscitou") é seguida da apódose *houtôs kai ho theòs toùs koimêthéntas dià toû Iêsoû áksei sýn autô* ("assim também Deus trará com ele os que dormiram através de Jesus"). A sentença condicional ("*se* cremos que Jesus morreu e ressuscitou") pode sugerir que os tessalonicenses pudessem ter alguma dúvida quanto à historicidade da morte e da ressurreição de Jesus, mas este não é o caso. Aqui, o modo indicativo condicional de primeira classe ("se cremos [...]") indica "a pressuposição da verdade por causa do argumento".[20] Além disso, deve-se observar também a falta de uma simetria completa entre a prótase e a apódose, em razão da ausência do verbo *pisteúomen* ("cremos") na apódose, a qual é suprida por Wanamaker nestes termos: "porque se cremos que Jesus morreu e ressuscitou, assim também podemos crer que Deus tornará a trazer com ele aqueles que dormiram por meio de Jesus".[21]

A expressão "cremos que Jesus morreu e ressuscitou" funciona como um tipo de fórmula primitiva de confissão credal cristã.[22] A apódose contém uma expressão que tem sido uma *crux interpretum* (passagem de difícil interpretação). Trata-se da frase *dià toû Iêsoû* (literalmente "através de Jesus"). Em síntese, o problema pode ser colocado da seguinte forma: A frase *dià toû Iêsoû* ("através de Jesus") deve se conectar com a cláusula anterior (*toùs koimêthéntas* — "os que dormiram/morreram")

[20] Daniel B Wallace, *Gramática grega: Uma sintaxe exegética do Novo Testamento* (São Paulo: Batista Regular do Brasil, 2009), p. 450-1.

[21] Charles A. Wanamaker, *The Epistles to the Thessalonians*, The New International Greek Testament Commentary (Grand Rapids: Wm. B. Eerdmans Publishing Co., 1990), p. 168.

[22] Angus Paddison, *Theological Hermeneutics and 1 Thessalonians*, Society for New Testament Studies, Monograph Series 133 (Cambridge: Cambridge University Press, 2005), p. 149.

ou com o verbo seguinte (*áksei* — "trará")? A primeira hipótese, que resultaria na tradução "assim também Deus trará com ele os que dormiram através / por meio de Jesus",[23] tem em seu favor os seguintes argumentos: (1) ela segue o arranjo mais natural das palavras segundo o texto grego;[24] (2) enfatiza a morte dos cristãos, dando continuidade ao tema do versículo anterior (1Ts 4.13); pode apontar para o martírio de alguns cristãos (1Ts 1.6; 2.14-16; 3.3-4),[25] uma perspectiva favorecida pelo emprego do particípio passivo aoristo *koimêthéntas* (literalmente "foram colocados para dormir [isto é, 'para morrer']");[26] e (4) evita a leitura redundante: "assim também Deus trará através de Jesus os que dormiram com ele [isto é, com Jesus]".[27]

Já a segunda hipótese, que resultaria nesta última tradução

[23] Literalmente, "assim também Deus [a]os que dormiram por meio / através de Jesus trará com ele".

[24] Henry Alford, *The Greek Testament*, vol. III | Galatians-Philemon (Chicago: Moody Press, 1968), p. 273-4.

[25] Esse entendimento é encontrado, por exemplo, em John S. Pobee, "Persecution and Martyrdom in the Theology of Paul", *Journal for the Study of the New Testament: Supplement Series*, vol. 6 (Londres: Bloomsbury Publishing, 1984), p.113-4; Karl P. Donfried, "Imperial Cults of Thessalonica and Political Conflict in 1 Thessalonians", in: Richard A. Horsley (org.), *Paul and Empire: Religion and Power in Roman Imperial Society* (Harrisburg: Trinity Press International, 1997), p. 221. Ver ainda Craig S. Keener, *Comentário Bíblico Atos: Novo Testamento* (Belo Horizonte: Atos, 2005), p. 612.

[26] James Hope Moulton, *A Grammar of New Testament Greek*, vol. 1 | Prolegomena (Edimburgo: T. & T. Clark, 1906, p. 162). Acréscimos entre colchetes nossos.

[27] Segundo Eadie, a conexão de *áksei* ("ele trará") com dois acompanhamentos, *dià toû Iêsoû* ("através de Jesus") e *sýn autô* ("com ele"), referindo-se a *Iêsoû* ("Jesus"), não é impossível, mas é muito improvável. Além disso, ele observa que *áksei* ("ele trará") adquire mais força quando conectado apenas com *sýn autô* ("com ele"), do que quando é acompanhado por um complemento repetitivo e, portanto, desnecessário. Ver John Eadie, *A Commentary on the Greek Text of the Epistles of Paul to the Thessalonians* (Londres: Macmillan and Co., 1877), p. 151.

que acabamos de mencionar (cf. item 4), é defendida com base nos seguintes argumentos: (1) o texto grego é ambíguo e, portanto, *dià toû Iêsoû* (literalmente "através de Jesus") pode combinar tanto com a cláusula anterior (*toùs koimêthéntas* — "os que dormiram/morreram") quanto com o verbo seguinte (*áksei* — "trará"), sendo preferível esta última alternativa;[28] e (2) a ideia de "morrer mediante Jesus" é compreendida como uma concepção sem sentido e sem paralelos no Novo Testamento.[29] Seja como for, o raciocínio paulino parece ser este: "assim também cremos que aqueles que dormiram por meio de Jesus e que, consequentemente, foram ressuscitados por Deus por meio dele, Deus os trará juntamente com ele".[30]

2. *A maneira da ressurreição dos santos (v. 15-17)*

a. Os mortos não estão em desvantagem (v. 15)

O versículo 15 continua a fornecer a razão da esperança dos cristãos tessalonicenses, em contraposição à desesperança dos pagãos (v. 14). A frase inicial, que traz o plural *legomen* ("dizemos"), remete à saudação no início da carta, que menciona "Paulo, Silvano e Timóteo" (1Ts 1.1). A fonte autoritativa do ensino que Paulo transmitirá na sequência é *logo kyriou* ("a/uma palavra do Senhor"). Não se sabe ao certo o que Paulo quis dizer com essa expressão. De forma geral, ela tem sido compreendida como: (1) um dito do Senhor (p. ex., Mt 24.30-31; Mc 9.1; Jo 6.39); (2) uma referência a 4Esdras 5.41; (3) uma revelação especial dada a Paulo; (4) uma opinião de

[28] Malherbe, *The Letters to the Thessalonians*, p. 266.

[29] Marshall, *I e II Tessalonicenses*, p. 152.

[30] George Milligan, *St Paul's Epistles to the Thessalonians*, The Greek Text with Introduction and Notes (Londres: Macmillan and Co., Limited, 1908), p. 57.

Paulo enquanto ele falava no Espírito (1Co 7.25-40); ou (5) um ágrafo, isto é, um dito não escrito atribuído a Jesus (veja At 20.35).[31] Embora a natureza precisa de tal *logo kyriou* seja desconhecida, chamam a nossa atenção os paralelos existentes entre 1Tessalonicenses 4.16—5.7 e Mateus 24, os quais podem ter contribuído de algum modo (ainda que parcialmente) para a composição da "palavra do Senhor". Eis os paralelos:[32]

	1Tessalonicenses	**Mateus**
Cristo retorna	4.16	24.30
do céu	4.16	24.30
acompanhado por anjos	4.16	24.31
com uma trombeta de Deus	4.16	24.31
crentes são reunidos a Cristo	4.17	24.31,40-41
nas nuvens	4.17	24.30
o tempo é desconhecido	5.1-2	24.36
a vinda é como um ladrão	5.2,4	24.43
os descrentes estão inconscientes do juízo vindouro	5.3	24.37-39
o juízo é como as dores de parto de uma mulher grávida	5.3	24.8
os crentes não são enganados	5.4-5	24.43
os crentes devem estar vigilantes	5.6	24.37-39
advertência *versus* embriaguez	5.7	24.49

Independentemente do significado exato da expressão "palavra do Senhor", vários estudiosos identificam o conteúdo

[31] R. H. E. Uprichard, "Exposition of 1 Thessalonians 4.13-18", *Irish Biblical Studies*, nº 1 (Belfast: Union Theological College Press, 1979), p. 153.

[32] Tabela baseada em Ben Witherington III, *The Problem with Evangelical Theology: Testing the Exegetical Foundations of Calvinism, Dispensationalism, and Wesleyanism* (Waco: Baylor University Press, 2005), p. 117.

dessa frase com 1Tessalonicenses 4.15b-17.[33] A primeira parte desse conteúdo, em 1Tessalonicenses 4.15b, diz que "nós, os vivos, os que ficarmos para a vinda do Senhor, de modo algum precederemos os que dormiram". Howard sugere que Paulo tenha lidado com esse tema a respeito da condição dos mortos em Cristo por duas razões: (1) é possível que os cristãos tessalonicenses não tenham sido adequadamente informados acerca do assunto; e (2) é possível que Paulo estivesse combatendo um ensino da época que defendia a vantagem das pessoas vivas em detrimento das pessoas falecidas, por ocasião da inauguração do reino messiânico (veja 4Esdras 13.22-24).[34] Seja como for, Paulo informa aos tessalonicenses que os crentes falecidos não estarão em desvantagem em relação aos cristãos que estiverem vivos durante "a vinda do Senhor" (*tên parousian toû kyriou*).

b. A conexão com a vinda de Cristo (v. 16)

O versículo 16 estabelece uma conexão entre os mortos em Cristo e a vinda do Senhor. Aqui, a vinda do Senhor é mencionada primeiro, sendo caracterizada por cinco elementos. Ela possui um caráter (1) *Pessoal*. Quem virá? O texto responde: *autòs ho kýrios* ("ele mesmo, o Senhor"). Por meio dessa expressão enfática, Paulo pode estar aludindo criticamente a algumas perspectivas judaicas que acreditavam que o Messias não desempenharia nenhum tipo de papel relevante nos fins dos tempos.[35] (2) *Autoritativo*.

[33] Gordon D. Fee, *The First and Second Letters to the Thessalonians*, The New International Commentary on the New Testament (Grand Rapids: William B. Eerdmans Publishing Company, 2009), p. 173.
[34] Tracy L. Howard, "The Literary Unity of 1 Thessalonians 4:13-5:11", *Grace Theological Journal* 9.2 (Winona Lake: Grace Theological Seminary Press, 1988), p. 168.
[35] Ernest Best, *A Commentary on the First and Second Epistles to the Thessalonians* (Londres: Harper & Row Publishers, 1972), p. 196.

Como o Senhor virá? Paulo esclarece: *en keleúsmati* ("com grito de comando"). O termo grego *kéleusma* era usado para "uma convocação para executar um procedimento, por exemplo, um engajamento no combate, no remo, na caça".[36] Aqui, a fala paulina remete a João 5.25. (3) *Angelical*. Com que voz o Senhor virá? O apóstolo explica: *en phonê archangélou* ("com voz de arcanjo"). Discute-se, neste ponto, se Paulo está se referindo à voz do arcanjo Miguel (veja Jd 1.9), por exemplo, ou à voz de Jesus que se parecerá "com uma voz como a de um arcanjo".[37] A primeira hipótese parece ser a mais provável (veja Mt 24.30-31; 25.31; Mc 8.38; 13.26-27; Lc 9.26). (4) *Sonoro*. Com que efeito sonoro o Senhor virá? O texto informa: "com trombeta de Deus" (*en sálpingi theoû*). Essa trombeta parece ser a mesma de Mateus 24.31 e 1Coríntios 15.52. (5) *Celestial*. Por fim, de onde o Senhor virá? Ele "descerá do céu" (*katabêsetai ap'ouranoû*). Essa expressão nos remete a Atos 1.9.

Em último lugar, Paulo menciona que a *parousia* deflagrará a ressurreição dos cristãos falecidos, uma vez que *hoi nekroi en Christo anastêsontai prôton* ("os mortos em Cristo ressuscitarão primeiro"). Deve-se esclarecer que os mortos em Cristo ressuscitarão primeiro em contraposição aos crentes vivos. Estes últimos se unirão aos primeiros e, então, juntos, se encontrarão com Jesus apenas na sequência do texto (v.17). Portanto, o apóstolo não está estabelecendo um contraste entre os mortos

[36] William Arndt et al., *A Greek-English Lexicon of the New Testament and Other Early Christian Literature* (Chicago: University of Chicago Press, 2000), p. 538.

[37] E. J. Bicknell, *The First and Second Epistles to the Thessalonians* (Londres: Methuen & Co. Ltd., 1932), p. 46. Embora a Bíblia cite apenas um arcanjo pelo nome, isto é, Miguel (Jd 1.9), 1Enoque 20.1-8 menciona o nome de sete arcanjos: Uriel, Rafael, Raguel, Miguel, Saraqael, Gabriel e Remiel. Ver R. H. Charles, *The Book of Enoch or 1 Enoch* (Oxford: Clarendon Press, 1912), p. 43-4.

em Cristo e os demais mortos, os quais não são objeto do pensamento paulino nesta ocasião.[38]

c. O encontro com o Senhor (v. 17)

O versículo 17 é introduzido com o advérbio *épeita* ("depois"), que entre o final do versículo 16 e o início do versículo 17 possui um sentido claramente temporal (*prôton*, "primeiro", cf. v. 16 → *épeita*, "depois", cf. v.17).[39] Esse advérbio é seguido pela locução *hêmeis hoi zôntes hoi perileipómenoi* ("nós, os vivos, os que ficarmos"). O emprego do pronome "nós" não significa que Paulo acreditasse que a vinda de Jesus fosse iminente e que ele pudesse estar vivo por ocasião da mesma.[40] Em vez disso, como Lightfoot bem observou, a fala de Paulo pode ser assim parafraseada: "Quando digo *nós*, quero dizer aqueles que estarão vivos, aqueles que sobreviverem até aquele dia".[41]

Na sequência do versículo, uma impressionante informação é adicionada. Paulo declara que, por ocasião da *parousia, háma sýn autois harpagêsómetha en nephélais* ("seremos arrebatados junto com eles nas nuvens"). A transformação dos crentes vivos (1Co 15.52) não é mencionada aqui. Quanto ao verbo grego *harpázo* ("arrebatar"), significa "agarrar ou apreender repentinamente de modo a remover ou obter controle, arrebatar / tirar de tal forma que nenhuma resistência

[38] Marshall, *I e II Tessalonicenses*, p.158.

[39] H. Balz, "*épeita*", in: Balz e Schneider (orgs.), *Diccionario Exegético del Nuevo Testamento*, vol. I, p. 1479-80.

[40] Paulo sabia que outros eventos deveriam anteceder a *parousia*, tais como, a sua prisão em Jerusalém (At 21.10-14,17-36), seu testemunho em Roma (At 23.11; 25.11-12; 27.1; 28.14-16) e a apostasia e a manifestação do Anticristo (2Ts 2.1-4).

[41] J. B. Lightfoot, *Notes on Epistles of St Paul* (Londres/Nova York: Macmillan and Co., 1895), p. 66.

seja oferecida".[42] O emprego de tal verbo no futuro do indicativo passivo, *harpagêsómetha*, isto é, "seremos arrebatados", indica que os mortos em Cristo ressuscitados e os crentes vivos "sofrerão" juntos a ação divina do arrebatamento, a qual será exercida ativamente pelo Senhor em sua segunda vinda. Essas pessoas serão arrebatadas "nas nuvens" (*en nephélais*), uma espécie de meio de transporte celeste e de procissão triunfal (Is 19.1; Ez 1.4-28; Dn 7.13; Mc 13.26; 14.62; At 1.9,11; Ap 1.7).[43] Ao que tudo indica, a esperança do arrebatamento nas nuvens encontra a sua origem em Daniel 7.13, em que o Filho do Homem é descrito vindo "nas nuvens do céu" (*'im-'ananê shmayya'*).[44] Esse evento tem como destino o "encontro do Senhor no ar". Aqui, o termo grego para "encontro", *apántesis*, pode ser "um termo técnico para um costume cívico da Antiguidade pelo qual uma recepção pública era concedida por uma cidade a visitantes importantes".[45] O bendito resultado desse encontro é fornecido no término do versículo: "e assim estaremos sempre com o Senhor".

3. O uso destas palavras para o encorajamento (v. 18)

O versículo 18 encerra o tratamento paulino da questão levantada inicialmente no versículo 13 por meio da conjunção

[42] Arndt, *A Greek-English Lexicon of the New Testament*, p. 134.

[43] James D. G. Dunn, *A teologia do apóstolo Paulo* (São Paulo: Paulus, 2003), p. 352.

[44] Oscar Cullman, *Cristologia do Novo Testamento* (São Paulo: Liber, 2001), p. 219.

[45] Essa perspectiva é defendida por Erik Petersen, "*apantesis*", in: Gerhard Kittel (org.), *Theological Dictionary of the New Testament*, vol. I | Alpha-Gamma (Grand Rapids: Wm. B. Eerdmans Publishing Company, 1995), p. 380-1. Para um posicionamento contrário, ver Michael R. Cosby, "Hellenistic Formal Receptions and Paul's Use of APANTHSIS in 1 Thessalonians 4:17", *Bulletin for Biblical Research*, vol. 4 (Overland Park: Institute for Biblical Research, 1994), p. 15-33.

conclusiva *hoste*, "portanto". Em razão da argumentação apresentada, Paulo espera que os crentes tessalonicenses "consolem uns aos outros" (*parakaleite allelous*). Aqui, o verbo *parakaléo* ("consolar") transmite o sentido de "incutir coragem ou ânimo em alguém, confortar, encorajar, animar".[46] Finalmente, o conteúdo de tal consolo é dado no término do arrazoado paulino: *en tois logois toutois* ("com estas palavras"), expressão que remete ao que foi dito anteriormente em 4.13-17.

Conclusão

Em vista do exposto, podemos chegar a duas conclusões principais. Em primeiro lugar, em 1Tessalonicenses 4.13-18, Paulo não proíbe aos cristãos tessalonicenses que fiquem enlutados por causa dos crentes falecidos, muitos dos quais podem ter sido seus parentes e amigos. Não há nenhum tipo de problema com o luto em si. O que ele espera, isto sim, é que a desesperança não dite a última palavra em seus corações, como costumava ocorrer com os pagãos (1Ts 4.13). Em segundo lugar, a conexão entre os mortos (e os vivos) em Cristo e a *parousia* nos incentiva a olharmos para esse evento futuro com profundo e sincero amor. Afinal, como disse Agostinho: "Quem ama a vinda do Senhor Jesus não é aquele que afirma que Ele ainda está distante nem aquele que diz que está perto. É aquele que, esteja distante ou próxima, aguarda-a com fé sincera, esperança firme e amor fervoroso".[47] Em suma, em 1 Tessalonicenses 4.13-18, o tema agridoce do luto-consolo encontra a sua máxima expressão. *Soli Deo gloria*!

[46] Arndt, *A Greek-English Lexicon of the New Testament and Other Early Christian Literature*, p. 765.

[47] Citado em John Blanchard, *Pérolas para a vida* (São Paulo: Vida Nova, 1993), p. 365.

7

Jesus Cristo: A lente indispensável para a leitura transformadora das Escrituras

· PHILIP ROUT ·

Britânico de origem, serve no Brasil como missionário da Latin Link (União Evangélica Sul-Americana). Formou-se em fisiologia pela University of Manchester, onde se envolveu com a missão estudantil, e posteriormente veio ao Brasil como obreiro da ABUB (Aliança Bíblica Universitária do Brasil). É pós-graduado em Ensino Bíblico pelo Cornhill Training Course, em Londres, e MDiv (Estudos Bíblicos e Pastorais) pelo Seminário Teológico Servo de Cristo. Atualmente é professor residente no Seminário Teológico Cristão Evangélico do Brasil, em Anápolis, Goiás. Phil e sua esposa, Carolina, têm três filhos.

> O principal objetivo da hermenêutica é relacionar o texto com a pessoa e a obra de Jesus Cristo [...] A teologia bíblica fornece o elo entre qualquer parte da Bíblia e seu centro em Cristo.
>
> Graeme Goldsworthy[1]

O que mais me marcou foi a ausência de ânimo. O elogio era frio, como se ela tivesse algo duro para me dizer, mas não queria. Era fevereiro de 2001, e eu havia acabado de pregar uma

[1] Graeme Goldsworthy, *Gospel-Centred Hermeneutics: Biblical-Theological Foundations and Principles* (Nottingham: Apollos, 2006), p. 312.

das primeiras mensagens da minha vida — a meu ver, uma obra-prima! Será que ela não concordava?

Tenho memórias nítidas daquele sábado. Depois de um ano na presidência do grupo da ABU (Aliança Bíblica Universitária), havia chegado a hora de transferir o bastão para a próxima liderança. Por isso, passei a tarde no meu quarto preparando a despedida. Selecionei um belíssimo texto de 2Samuel e, ao som da *Sinfonia Pastoral* de Beethoven, empreguei mente, alma e coração na elaboração de uma mensagem capaz de inspirar mais de cem universitários.

Doce engano da juventude! Infelizmente havia um descompasso gigante entre a autoconfiança do pregador e sua real capacidade. "O que você achou?", perguntei a Kay, obreira da ABU. Provavelmente ela teria conseguido listar prontamente dez pontos fracos naquilo que acabara de ouvir. Sabiamente, porém, ela disse uma coisa só: "Faltou relacionar a passagem com Jesus".

Demorei anos para entender o que estava por trás dessa reação, mas hoje compreendo: qualquer interpretação do Antigo Testamento que não contemple a relação do texto com Jesus é fatalmente deficiente, e não há zelo ou criatividade que compense essa deficiência.

Faço essa afirmação sem hesitar, mas sei que ela é controversa. Nem todo professor de hermenêutica está convencido disso, muito menos todo pastor. Então, meu objetivo principal neste artigo é demonstrar que a interpretação cristocêntrica é necessária. Além disso espero mostrar que ela pode ser realizada de modo saudável e responsável, e, por meio de um exemplo prático, quero demonstrar como ela é possível e transformadora.

Comecemos com uma pergunta basilar: Por que devemos ler o Antigo Testamento com Cristo em mente e com a expectativa de conhecê-lo mais? A resposta é curta e simples: pois foi isso que os apóstolos nos ensinaram. Paulo começa sua carta aos Romanos declarando que o evangelho de Deus acerca do Filho foi prometido de antemão pelos profetas (Rm 1.1-3). Em Gálatas, após deixar claro que não há outro evangelho a não ser o da graça de Cristo (Gl 1.6), ele diz que esse mesmo evangelho foi preanunciado a Abraão (Gl 3.8). João também nos apresenta Jesus afirmando que as Escrituras testificam a respeito dele (Jo 5.39) e comenta que, depois da ressurreição, os discípulos "não haviam compreendido as Escrituras segundo as quais era necessário que Jesus ressuscitasse dos mortos" (Jo 20.9). Ou seja, os apóstolos afirmam que, de algum modo, o evangelho de Jesus está presente no Antigo Testamento; é necessário apenas lê-lo corretamente. A mesma convicção pode ser observada nas pregações de Pedro, Paulo e outros no livro de Atos: para eles, o "evento Cristo" é nada menos do que o cumprimento das promessas antigas (At 13.32s), realizadas especialmente na morte de Jesus (At 3.18) e na sua ressurreição (At 2.31).

"Ah!", alguém dirá, "mas o fato de que o Antigo Testamento *contém* promessas que se cumprem em Cristo não significa necessariamente que as Escrituras na sua *totalidade* devam ser lidas de forma cristológica." Essa, de fato, é uma questão-chave. Afinal, devemos entender que *todo* o AT é cumprido em Cristo, ou esse princípio se aplica meramente a *algumas passagens*? Quem investiga esse tema descobre que há duas principais escolas de pensamento entre os estudiosos evangélicos. Ouçamos um representante de cada escola, a começar por Leland Ryken:

> Quando um texto do Antigo Testamento não é cristológico por natureza, deve ser permitido que ele seja o que realmente é e não forçado a dizer algo que não diz. Os pregadores, de fato, devem pregar Cristo, mas se um texto em si não possui esse elemento, a mensagem cristocêntrica deve ser claramente anunciada como um "acréscimo" ou aplicação do texto.[2]

Ryken claramente entende que nem todo o AT é cristológico: Cristo é considerado um "elemento" que pode não estar presente em determinado texto. Quem nos trará o outro lado do argumento é Graeme Goldsworthy:

> Jesus e os apóstolos consideravam todo o AT como testemunho ao Cristo; é *tudo* sobre Jesus. Assim, concluímos que não há dimensão da mensagem do AT que não prefigure Cristo de alguma forma. Se algum texto não é, em última análise, sobre Cristo, então sobre o que ele é?[3]

Qual é a perspectiva mais bíblica, a mais fiel ao Senhor Jesus? Essa é uma questão crucial, e para respondê-la, uma das passagens mais importantes a ser analisada é Lucas 24. Nesse capítulo encontramos o Jesus ressurreto conversando primeiro

[2] "A Bíblia como literatura: Entrevista com Leland Ryken", *Teologia Brasileira*, 22 de outubro de 2023, <https://teologiabrasileira.com.br/a-biblia-como-literatura-entrevista-com-leland-ryken/>.

[3] Goldsworthy, *Gospel-Centred Hermeneutics*, p. 251. Ênfase no original. Na sequência, Goldsworthy faz dois importantes esclarecimentos: "Primeiro, por 'texto' queremos dizer uma porção significativa de um determinado livro, entendida como parte desse livro e de sua mensagem geral [...] Segundo, dizer que um texto do AT é sobre Cristo é apontar para a dinâmica do cânon das Escrituras, não para alguma pressuposição literalista. Há sempre algum elemento de descontinuidade entre o AT e Cristo, mas há também o elemento de unidade. É a este último que nos referimos".

com dois discípulos na estrada de Emaús e depois com um grupo maior que incluía os Onze. Nota-se que ambas as conversas giram em torno da relação de Jesus com as Escrituras (v. 25-27 e 44-47), e que a preocupação do Mestre tem a ver, fundamentalmente, com a hermenêutica: ele está ensinando como interpretar o Antigo Testamento.

Do início ao fim, Lucas 24 é permeado pelo tema de palavras previamente ditas, porém não compreendidas ou cridas (v. 6-8 e 44-47). Pessoas não acreditam, mas ainda assim admiram (v. 11-12), são insensatas e lentas para crer, mas têm o coração ardendo no peito (v. 25,32). Jesus parece estar dizendo que os discípulos não deveriam estar surpresos em encontrá-lo ressurreto, pois o evangelho já havia sido revelado. Eles não entendiam o Antigo Testamento; precisavam ainda crer e perceber que Jesus havia acabado de cumprir tudo.

Mas até que ponto "tudo" é "tudo"? Em ambos os diálogos de Jesus com os discípulos que caminhavam para Emaús há elementos que parecem favorecer Goldsworthy, e outros que parecem favorecer Ryken. As frases "explicando o que as Escrituras diziam a respeito ele" (v. 27) e "tudo que a lei de Moisés, os profetas e os salmos diziam a meu respeito" (v. 44) podem indicar que há no AT material que *não* diz respeito a Jesus. Ao mesmo tempo, Lucas diz que Jesus estava abordando todas as Escrituras (v. 27), e a fórmula completa "a Lei de Moisés, os Profetas e os Salmos" (v. 44) aponta, claramente, para a totalidade do Antigo Testamento.[4]

[4] Embora contenha os mesmos livros do nosso Antigo Testamento, a Bíblia Hebraica, que Jesus conhecia, apresenta uma ordem diferente: depois dos cinco livros de Moisés (Gn a Dt) vêm os Profetas Anteriores (Js, Jz, 1 e 2Sm e 1 e 2Rs) e os Profetas Posteriores (Is, Jr, Ez e os 12 Profetas Menores); os demais livros estão agrupados na seção denominada Escritos, cujo primeiro e maior livro é Salmos.

Ao considerarmos qual posição é mais adequada, o versículo 45 merece nossa atenção especial. O fato de que, no contexto dessas afirmações hermenêuticas, Jesus enfim "lhes abriu a mente para que entendessem as Escrituras" é significativo: indica que o único jeito de interpretar corretamente o Antigo Testamento, de modo geral, é pela perspectiva do evento Cristo. A pessoa que não percebe a relação do Antigo Testamento com Jesus fundamentalmente não entende esse *corpus* literário.

É importante esclarecer que não estamos defendendo uma abordagem solta e irresponsável do Antigo Testamento, a exemplo dos pregadores que "saltam para Jesus" assim como o mágico tira um coelho do chapéu. Estamos afirmando que o manejo responsável das Escrituras inclui não só a análise cuidadosa do contexto histórico-cultural e a busca pelo significado pretendido pelo autor no seu contexto original; envolve também a consideração da relação de cada passagem com a Bíblia toda e com seu tema central e ápice: Jesus Cristo.

Teólogos e crentes responsáveis em ambos os lados da discussão afirmarão tanto a unidade da Bíblia quanto sua diversidade, e se preocuparão em analisar cada texto dentro de seu contexto. A questão é como entendemos esse contexto e a quais elementos damos mais prioridade. Barry Webb define assim a tarefa fundamental da teologia bíblica: "descrever, da maneira mais completa possível, a forma da teologia da própria Bíblia dada no cânone. Seu foco está na unidade das Escrituras, *ao mesmo tempo que faz plena justiça à sua diversidade*".[5] Ou seja, embora Webb defenda a sensibilidade à diversidade das Escrituras e

[5] Barry G. Webb, *Five Festal Garments: Christian Reflections on The Song of Songs, Ruth, Lamentations, Ecclesiastes and Esther* (Nottingham: Apollos, 2000), p. 15. Grifos do autor.

preze pelo tratamento justo de cada elemento, ele entende que a unidade das Escrituras deve ter a primazia no exercício da interpretação. Veja a explicação que ele oferece na sequência:

> A chave desta unidade na diversidade encontra-se no evangelho pregado por Jesus e seus apóstolos, do qual o Novo Testamento dá testemunho. Esse evangelho está em toda parte ancorado no Antigo Testamento, do qual é visto como o cumprimento. Em suma, o tipo de teologia bíblica que será praticada aqui é evangélico, não apenas no sentido de que (alguns) evangélicos a praticam, mas no sentido de que deriva sua lógica do próprio evangelho.[6]

A hermenêutica cristológica não se apoia, então, somente em algumas passagens-chave; tem alicerces mais amplos. Essa hermenêutica reconhece que Deus se revelou de forma suprema e evidente em Jesus de Nazaré (Hb 1.1-4) e que, portanto, a revelação anterior deve ser interpretada à luz do "evento Cristo".[7] Reconhece que Jesus, o Deus-homem, é o intérprete perfeito da Palavra divino-humana; é o salvador da hermenêutica, que redime o homem caído de seus pecados interpretativos. Por isso "a preocupação pela literatura da Bíblia nunca deve ser buscada à parte do reconhecimento de que Deus falou por meio de seu Filho, a quem ele fez herdeiro de todas as coisas".[8] E, ainda, devemos desenvolver "um método cristológico de interpretação que reconhece não apenas que todo texto de alguma forma testifica de Cristo, mas que a interpretação não pode ter êxito sem referência à realidade do evangelho".[9]

[6] Ibid., p. 15-16.

[7] Nesse parágrafo estou me referindo à obra *Gospel-Centred Hermeneutics* de Goldsworthy de forma mais geral, especialmente ao capítulo 2.

[8] Goldsworthy, *Gospel-Centred Hermeneutics*, p. 251.

[9] Ibid., p. 193.

Por essas razões devemos concordar com a afirmação de Stuart Olyott: "O que diremos a respeito de um pregador que abre a sua Bíblia e não prega a Cristo com base na passagem que tem diante de si? Esse pregador não entendeu o Livro; e, se não o entendeu, não deveria estar pregando!".[10]

Considerando a realidade do contexto evangélico brasileiro no século 21, essa última citação deveria suscitar grande temor em todo pregador. Quem nunca pregou um "sermão judaico"? A realidade é que, por mais que queiramos proclamar Cristo, a maioria de nós tem muita dificuldade para "enxergar Cristo" em boa parte do Antigo Testamento. Muitos nem foram encorajados a fazer isso — aprendemos hermenêutica pela metade. A hermenêutica é feita de perguntas, é saber fazer as perguntas certas para cada passagem. Contudo não aprendemos a fazer a pergunta mais importante: Qual é a relação desse texto com a pessoa e a obra de Jesus Cristo?

Por que será que fazemos essa pergunta tão raramente? Será que não conseguimos acreditar que encontraremos respostas? Será que estamos ensimesmados a ponto de imaginar que a Bíblia é primariamente sobre nós mesmos? Será que simplesmente não cremos nas palavras de Jesus: "as Escrituras apontam para mim!" (Jo 5.39)?

Felizmente, hoje em dia existe uma abundância de recursos para nos ajudar a encontrar boas respostas. É claro que não devemos abandonar as obras clássicas que ensinam os passos básicos da interpretação, nem as mais avançadas que nos ajudam a desenvolver sensibilidade com os diferentes gêneros literários, nem as obras de referência que nos possibilitam compreender os contextos históricos e culturais. Devemos

[10] Stuart Olyott, *Pregação pura e simples* (São José dos Campos: Fiel, 2008), p. 23.

continuar a valorizar tudo isso, bem como as línguas originais. Mas além disso temos de dar atenção aos mestres que nos ensinam a enxergar Cristo em toda a Escritura.[11] O trabalho é penoso, mas seu fruto é de valor inestimável: ouvir a voz de Deus e conhecer seu Filho, Jesus, ainda mais.

O primeiro passo nesse empreendimento é crermos que o AT testifica acerca de Jesus. Uma vez consolidada essa convicção, devemos nos aproximar das Escrituras veterotestamentárias com Cristo e sua cruz em mente, com a expectativa e o desejo de, por meio da cruz, conhecermos mais a Cristo. Vejamos a seguir um exemplo prático de como esse processo pode se desenvolver a partir do texto de 2Samuel 18.1—19.8. Por isso, recomendo que você leia essa passagem agora.

À primeira vista, essa história é um bom exemplo de uma passagem bíblica "obscura", em que podemos questionar se seria possível enxergar alguma relação proveitosa com Cristo e sua cruz. De fato, nas poucas ocasiões em que já vi alguma lição extraída dela, não houve menção a Jesus. Geralmente, o que se escuta em sermões sobre esse trecho são aplicações mais ou menos assim: "Na hora de evangelizar, não seja como Aimaás; cuide de saber todo o evangelho e de entregar a mensagem por completo", ou então, "cuide de não seguir o mau

[11] Seguem algumas sugestões de leitura de nível acessível sobre esse tema: Craig G. Bartholomew e Michael W. Goheen, *O Drama das Escrituras: encontrando o nosso lugar na história bíblica* (São Paulo: Vida Nova, 2017); Edmund P. Clowney, *Encontrando Cristo no Antigo Testamento* (São Paulo: Vida Nova, 2023); Graeme Goldsworthy, *Pregando toda a Bíblia como escritura cristã* (São José dos Campos: Fiel, 2013); David M. King, *O seu sermão no Antigo Testamento precisa ser salvo: Um manual para proclamar Jesus a partir do AT* (São Paulo: Vida Nova, 2023); Nick Roark e Robert Cline, *Teologia bíblica: Como a igreja ensina o evangelho com fidelidade* (São Paulo: Vida Nova, 2018); Christopher J. H. Wright, *Como pregar e ensinar com base no Antigo Testamento* (São Paulo: Mundo Cristão, 2018).

exemplo de Davi" e até mesmo algo como "seja um professor nota dez, elogie seus alunos e reconheça seu esforço".[12] Ainda poderíamos acrescentar: "Aprenda com Absalão e tome cuidado ao passar debaixo de árvores!". Essas são aplicações arbitrárias e um tanto aleatórias. Será que foi para ensinar esse tipo de coisa que Deus nos deu essa passagem? O que Jesus teria dito sobre 2Samuel 18 naquele domingo, a caminho de Emaús? Comecemos analisando o texto em seu contexto e depois prossigamos para considerar sua relação com o cânon e com Jesus Cristo.

A história se dá durante o reinado de Davi, e o assunto central é o destino de seu filho, Absalão. Embora Davi seja indiscutivelmente o herói dos livros de 1 e 2 Samuel, o autor deixou claro que Deus reprovou sua conduta no episódio com Bate-Seba e Urias (2Sm 11). Nos capítulos seguintes, aquele pecado segue gerando consequências doloridas à família do rei. Os pecados dos filhos de Davi espelham os seus: Amnon comete estupro, e Absalão, vingando sua irmã, assassinato (2Sm 13). Davi deixa de impor as devidas sanções a seu filho e, após um período de exílio, Absalão inicia uma campanha traiçoeira que culmina numa tentativa de tomar o trono do seu pai. Davi, então, decide fugir de Jerusalém às pressas e busca refúgio em Maanaim, no outro lado do rio Jordão. Ao fim de 2Samuel 17, Absalão está se aproximando de Maanaim com um exército gigante cujo único objetivo é matar Davi.

Para nossa surpresa, a batalha em si ocupa pouco espaço na narrativa do capítulo 18. O narrador está preocupado com o destino de Absalão e, especialmente, com a reação de Davi

[12] Esses exemplos são verídicos, mas escolhi não citar as fontes porque não são de publicações acadêmicas e porque estou citando-os em tom de crítica.

em relação a esse destino. Isso fica evidente pelos recursos literários usados, tais como: as repetições que ele emprega; o uso de suspense enquanto Davi aguarda notícias; e a dramática cena final em que Joabe dá uma bronca no rei.

Uma análise responsável dessa passagem requer que, antes de relacioná-la com Jesus, consideremos seu significado em seu contexto original. Assim, a primeira questão-chave é: "Qual era a intenção do autor ao escrever para seu público-alvo original?".[13]

Embora não saibamos ao certo quem foi o autor de Samuel,[14] é razoável supor que o livro tenha sido finalizado dentro de cinquenta anos após a morte de Davi.[15] Nessa época, Israel já havia se dividido, e ambos os reinos estavam abandonando a aliança com Yahweh. Portanto, qual a importância, nesse cenário, de uma história sobre um filho rebelde de Davi e sobre a reação do rei diante de sua rebeldia? A resposta pode estar no fato de que, desde o Êxodo, Deus chamava Israel de "meu filho" (Êx 4.22). Isso revela um paralelo: Deus também tinha um filho rebelde, e esse filho rebelde era o público-alvo do livro de Samuel.

Em resumo, o narrador está transmitindo pelo menos duas lições: (1) o caminho rebelde do povo leva, inevitavelmente, a um fim trágico, e (2) que Deus, em amor, se entristece amargamente com essa situação. A angústia do rei é muito evidente na narrativa (2Sm 18.33—19.4), mas a inevitabilidade da morte de

[13] Gordon D. Fee e Douglas Stuart, *Entendes o que lês? Um guia para entender a Bíblia com o auxílio da exegese e da hermenêutica*, 3ª ed. (São Paulo: Vida Nova, 2011). p. 25.

[14] 1 e 2 Samuel foi originalmente composto como um volume único.

[15] Raymond B. Dillard e Tremper Longman III, *Introdução ao Antigo Testamento* (São Paulo: Vida Nova, 2006); David Toshio Tsumura, "Introduction to 1-2 Samuel", in: *ESV Study Bible* (Wheaton: Crossway, 2008).

Absalão talvez não nos seja tão óbvia. À primeira vista questionamos as ações de Joabe em 2Samuel 18.11-18. Entretanto, quando levamos em conta que Davi era o representante ungido de Deus na terra (1Sm 2.10), e quando recordamos o quinto mandamento (Dt 5.16) e a pena estabelecida pela rebeldia de um filho (Dt 21.18-21), compreendemos que essa insurreição não poderia ter tido outro desfecho. Acabamos concordando com Joabe: esse filho narcisista que, à semelhança do povo de Babel, levantara uma coluna em sua própria honra, merecia ser pendurado em uma árvore (Dt 21.22) e ter seu cadáver coberto com um monte de pedras (Js 7.26), ambos símbolos de maldição.

Para o israelita de coração sensível, então, essa passagem constituía um chamado implícito para abandonar a rebeldia e lançar-se nas misericórdias do seu Deus compassivo. Feita essa análise, estamos prontos para responder adequadamente à segunda e principal questão: Como a passagem se relaciona com a pessoa e a obra de Cristo? Ou, em outras palavras, de que modo Cristo, em sua primeira vinda, cumpre essa passagem?

Quando nos aproximamos do texto previamente convencidos que a cruz de Cristo é o evento decisivo da história, é impossível não sermos impactados pela frase "Quem me dera que eu tivesse morrido em seu lugar" (2Sm 18.33). Muitos de nós estamos acostumados com a ideia de que Davi, o rei ungido, prefigura o ungido filho de Davi.[16] Talvez já tenhamos notado os paralelos entre o caminho de Davi em 2Samuel 15 e o de Jesus em João 18 e Marcos 14.[17] Mas essa passagem não parece encaixar no esquema: conforme argumentei acima, aqui Davi parece prefigurar Deus Pai.

[16] Tanto "Cristo" (grego) quanto "Messias" (hebraico) significam Ungido.

[17] Ambos atravessam o Cedrom e sobem o Monte das Oliveiras.

Em 2Samuel 18, Davi está diante de um enorme dilema: o filho rebelde merece morte e maldição, mas seu pai o ama de tal maneira que não consegue aceitar esse destino. Esse amor do pai pelo filho é tão intenso e profundo que, na opinião de Joabe, quase chega a causar um motim (2Sm 19.7). O autor encerra a narrativa sem resolver esse dilema (2Sm 19.8b). Ao contrário, ficamos com a pergunta pairando no ar: Quem tinha razão, Joabe ou Davi?

O dilema doloroso de Davi é também o dilema de Deus, diante do seu filho rebelde que somos nós (não apenas Israel, mas toda a humanidade — Lc 3.38): a justiça demanda morte e maldição, mas o amor pede compaixão e bênção. Qual é a solução? A solução é Cristo, que veio na plenitude dos tempos para cumprir as Escrituras: o eterno Filho de Deus, perfeitamente leal e sem pecado, morto para que rebeldes vivam (Rm 3.25), amaldiçoado para que traidores recebam bênção (Gl 3.13s). Davi *quis* morrer no lugar do seu filho; Deus, na pessoa do Filho Jesus, foi além e fez justamente isso.

A interpretação cristológica dessa passagem revela em cores vivas a natureza admirável e as dimensões inexprimíveis do amor de Deus por nós; nos faz perceber a gravidade do nosso pecado e apreciar melhor a grandeza da cruz; e nos convoca à adoração humilde e agradecida. Isso exemplifica a afirmação de Goldsworthy de que "todos os textos obtêm seu significado final do evangelho".[18] Em resumo, essa leitura nos leva a conhecer melhor a Deus e ao seu Filho e, convenhamos, o que pode ser mais importante do que isso? O apóstolo João disse que isso é a própria vida eterna (Jo 17.3), e Paulo disse que essa era a maior ambição de sua vida (Fp 3.8-11).

[18]Goldsworthy, *Gospel-Centred Hermeneutics*, p. 251.

Por vezes, questionamos por que falta compromisso à igreja, por que permanece tão imatura e por que não impacta mais a sociedade. Será que não é por conhecermos pouco a Deus? E será que isso não se deve, em grande parte, por lermos o Antigo Testamento como se fosse sobre nós, em vez de lê-lo como ele realmente é: o prenúncio do evangelho de Jesus Cristo.

Seguir a Jesus significa ler o Antigo Testamento como literatura que se cumpre na pessoa e obra dele, isto é, entendendo que o AT só pode ser compreendido corretamente por aquele cuja cosmovisão é centrada em Cristo e sua cruz. Não é meramente a aprovação de irmãos mais sábios (como a Kay, que mencionei no início) que está em jogo. É a maturidade dos servos de Deus, o cumprimento de sua missão na terra e a glória de Deus. Portanto, que Cristo e sua cruz inflamem nosso coração e dominem nossa mente, que tenhamos o desejo e a expectativa de conhecê-lo mais em toda a Escritura, e que Deus graciosamente atenda esse desejo quando perguntarmos, vez após vez: *Como esse texto se relaciona com Jesus?*

8

O protagonismo da Palavra na espiritualidade cristã

· TIAGO ABDALLA ·

MA em Teologia Bíblica pelo Seminário Teológico Servo de Cristo, ThM em Teologia e Exposição do Antigo Testamento pelo Seminário Bíblico Palavra da Vida e mestre em Ciências da Religião pela Universidade Metodista de São Paulo. Atualmente, cursa o PhD em Estudos Bíblicos no Puritan Reformed Theological Seminary. É professor e pesquisador de Estudos Bíblicos no Instituto Missionário Palavra da Vida, no Pará, pastor batista e autor dos livros *Amizade* e *A espiritualidade de Jesus*, publicados pela Mundo Cristão. É casado com Fabiana e pai de Katharina e Beatriz.

Quando relembro minhas aulas durante o mestrado no Seminário Teológico Servo de Cristo, uma cena bastante comum me vem à mente. Sentado em sua mesa está o dr. Estevan Kirschner. Diante dele há um Novo Testamento em grego. Ele abre o livro e faz a leitura de um trecho, que é acompanhada por nós; em seguida, traz uma breve reflexão, observando elementos linguísticos importantes, destacando as verdades da passagem bíblica e nos encorajando a aplicá-las em nossa vida. A centralidade da Palavra de Deus na vida do dr. Estevan Kirschner era evidente para todo aluno que participasse de suas aulas ou tivesse algum diálogo mais longo com ele durante os intervalos. As Escrituras não eram um mero objeto dissecado em sala de aula, mas o fundamento de sua vida e de seu ensino.

Neste capítulo, gostaria de observar o protagonismo da Palavra de Deus para o desenvolvimento de uma vida cristã profunda e autêntica. As Escrituras são o grande recurso e o maravilhoso guia concedidos por Deus para uma espiritualidade verdadeira.[1] Nossa vida e nosso ministério precisam ser cheios da Palavra de Deus, a fim de enfrentarmos os desafios do dia a dia orientados pela verdade que Deus nos revelou. Em um de seus textos, Martinho Lutero relembra como foi seu primeiro contato com as Escrituras:

> Eu tinha vinte anos de idade e nunca havia visto uma Bíblia. Eu pensava que não havia Evangelhos nem epístolas, a não ser aqueles escritos nos missais dominicais. Por fim, encontrei uma Bíblia na biblioteca e logo a levei comigo para o mosteiro. Comecei a ler, reler e ler novamente, para grande espanto do dr. Staupitz.[2]

Ao final de sua vida, Lutero reconheceu que a Bíblia — tão importante no começo de sua jornada espiritual — era o verdadeiro poder da Reforma iniciada por ele:

> Simplesmente ensinei, preguei e escrevi a Palavra de Deus; não fiz mais nada. E, então, enquanto eu dormia, ou bebia cerveja de Wittenberg com meu Filipe e meu Amsdorf, a Palavra enfraqueceu tão intensamente o papado que nenhum príncipe ou imperador jamais fez estrago assim. Não fiz nada. A Palavra fez tudo.[3]

[1] Peter Adam, *Hearing God's Words: Exploring Biblical Spirituality*, New Studies in Biblical Theology (Downers Grove: InterVarsity, 2004), p. 19.

[2] Citado em Timothy George, *Teologia dos Reformadores*, ed. revisada e ampliada (São Paulo: Vida Nova, 2017), p. 98.

[3] George, *Teologia dos Reformadores*, p. 71.

A autoridade e o poder da Palavra de Deus na vida de Martinho Lutero nos fazem lembrar do próprio Jesus. O início de seu ministério foi marcado por um embate com Satanás, do qual Cristo saiu vitorioso ao recorrer às Escrituras do antigo Israel. Este ensaio, portanto, pretende analisar o papel das Escrituras durante a tentação no deserto a partir da narrativa de Mateus 4.1-11 e destacar as implicações dessa passagem para a vida e o ministério cristão.

Jesus como o verdadeiro Israel no Evangelho de Mateus

O início do Evangelho de Mateus estabelece uma identificação marcante entre Jesus e Israel, mostrando como a história e o destino da nação são encarnados e vivenciados por Jesus.[4] Em 2.13-18, por exemplo, Jesus revive a história do povo de Deus ao ir para o Egito com seus pais e de lá voltar para a Terra da Promessa. Isso leva o Evangelista a dizer que "assim se *cumpriu* [*plēroō*]" a mensagem de Oseias 11.1: "Do Egito chamei o meu filho" (Mt 2.15).[5] Aqui, de forma tipológica, Jesus cumpre o destino da nação ao reviver o Êxodo e ser identificado como Filho de Deus, da mesma maneira que Israel é chamado de "primogênito" de Yahweh em Êxodo 4.22-23.[6] De maneira ainda mais explícita, Jesus será reconhecido como o Filho de Deus na cena do batismo: "Este é o meu Filho amado, em quem me agrado" (Mt 3.17; Sl 2.7; Is 42.1). O uso do

[4] Grant R. Osborne, *Matthew*, Zondervan Exegetical Commentary on the New Testament (Grand Rapids: Zondervan, 2010), p. 38-9; Richard B. Hays, *Echoes of Scripture in the Gospels* (Waco: Baylor University Press, 2016), p. 113.

[5] Todas as citações bíblicas deste artigo foram extraídas da Nova Versão Internacional, salvo indicações específicas.

[6] Hays, *Echoes of Scripture in the Gospels*, p. 113-4.

verbo *plēroō* ("cumprir") — agora na boca do próprio Jesus (Mt 3.15) — aponta para sua identificação com o Israel pecador ("ele salvará o seu povo dos seus pecados", Mt 1.21) que atravessa as águas e entra na Terra Prometida (Mt 3.15-17).[7]

Essa ligação tipológica entre Jesus e a nação de Israel continua no capítulo 4. Os "quarenta dias e quarenta noites" que Jesus passa em jejum no deserto remontam aos quarenta anos de peregrinação no deserto antes de os israelitas finalmente entrarem em Canaã.[8] Como veremos mais à frente, essa relação é reforçada pela primeira citação das Escrituras (Dt 8.3) feita por Jesus (Mt 4.3), uma vez que o texto deuteronômico relembra Israel de sua jornada pelo deserto como um período de prova em que o coração da nação foi testado (Dt 8.1-5).

> Recuperar o contexto deuteronômico nas palavras de Jesus implica lançar luz imediata sobre o significado da tentação de Jesus. Assim como Israel, ele está no fim de seu tempo no deserto; as propostas do diabo o testarão para ver se Jesus realmente tem se humilhado e se ele será obediente aos mandamentos de Deus. Se Jesus aceitar a sugestão de transformar pedras em pão, ele mostrará sua falta de confiança no Deus que pode fornecer maná do céu para aqueles que estão famintos. Mas se rejeitar a tentação, Jesus mostrará sua confiança na palavra de Deus, que é de fato perfeitamente representada por sua citação do que está escrito.[9]

Em Mateus 4.1-11, por meio de três propostas, o diabo tenta desviar Jesus da missão que o Pai lhe tinha reservado. Durante

[7] Ibid., p. 116-7.

[8] D. A. Carson, "Matthew", in: Tremper Longman III e David E. Garland (orgs.), *The Expositor's Bible Commentary: Matthew–Mark*, ed. rev. (Grand Rapids: Zondervan, 2010), p. 52-3.

[9] Hays, *Echoes of Scripture in the Gospels*, p. 118.

esse período de tentação no deserto, Jesus cita três vezes as Escrituras hebraicas em resposta às investidas do adversário, como observaremos na análise a seguir.

As Escrituras nos levam a uma vida dependente de Deus

> Então Jesus foi levado pelo Espírito ao deserto, para ser tentado pelo Diabo. Depois de jejuar quarenta dias e quarenta noites, teve fome. O tentador aproximou-se dele e disse: "Se és o Filho de Deus, manda que estas pedras se transformem em pães". Jesus respondeu: "Está escrito: 'Nem só de pão viverá o homem, mas de toda palavra que procede da boca de Deus'"
>
> Mateus 4.1-4

O mesmo Espírito que descera sobre Jesus no batismo, em Mateus 3.16, agora o guia para outro deserto, um local não tão populoso como o deserto da Judeia, onde João Batista anunciava a sua mensagem (Mt 3.1). De acordo com Mateus 4.1, o propósito do Espírito em levar Jesus até o deserto era para que ele fosse tentado pelo diabo (gr.: *diabolos*), termo usado na versão grega do Antigo Testamento, a Septuaginta, para traduzir a palavra "Satanás" (hebr.: *śāṭān*), o "adversário" de Deus (1Cr 21.1). Isso serve de alerta contra dois erros bastante comuns ao interpretar essa passagem: culpar Deus pela tentação (Mateus diz que "Jesus foi levado [...] para ser tentado *pelo diabo*") e creditar ao diabo o poder de agir independentemente de Deus (o Evangelista também diz que "Jesus foi levado *pelo Espírito* [...] para ser tentado").[10]

[10] Craig Blomberg, *Matthew*, The New American Commentary (Nashville: Broadman & Holman, 1992), p. 83.

O jejum estabelecido pelo culto judaico abrangia apenas o dia, ou seja, o período entre o nascer e o pôr do sol.[11] No entanto, Jesus passa quarentas dias em completa abstinência de comida, o que é destacado pela expressão "quarenta dias e *quarenta noites*" (Mt 4.2). Esse jejum, sem dúvida, envolvia um tempo de comunhão íntima com o Pai e de preparação para a tentação que logo mais enfrentaria. Os quarenta dias no deserto em que Jesus é tentado evocam também os quarenta anos em que o povo de Israel havia sido provado no deserto (Dt 8.2).[12]

Depois de tanto tempo sem comer, era natural que Jesus sentisse fome, como o texto nos informa. Aproveitando-se dessa situação, o "tentador" se aproxima e faz sua primeira proposta: "Se és o Filho de Deus, diga a estas pedras que se tornem pães" (Mt 4.2). Nessa abordagem diabólica há um questionamento acerca da declaração proferida por Deus na cena do batismo: "*Este é o meu Filho* amado, em quem me agrado" (3.17). Conforme seu *modus operandi* desde o Éden (Gn 3.1), o diabo aqui lança dúvidas sobre a Palavra de Deus.

A proposta para transformar as pedras em pães só é corretamente entendida quando vista à luz da resposta de Jesus. O tentador estava questionando a filiação divina de Jesus ao sugerir a incoerência de alguém que alega ter todo poder e suficiência à sua disposição e, mesmo assim, passa fome. Ele busca induzir Jesus a usar seu poder para satisfazer sua necessidade sem depender do Pai. "Elimine seu sofrimento agora, não espere pela ajuda do Pai. Você não precisa dele".

[11] Fritz Rienecker, *Evangelho de Mateus*, Comentário Esperança (Curitiba: Esperança, 1998), p. 67.
[12] Blomberg, *Matthew*, p. 83.

Afinal, se pedras podem se tornar filhos de Abraão (Mt 3.9) e até fornecer água para Israel no deserto (Êx 17.1-7), certamente também podem saciar a fome de Jesus.[13] Fugir do sofrimento implicava a fuga do autoesvaziamento que acompanhava a sua missão (Mt 26.53-54). Mais à frente no Evangelho de Mateus, um questionamento parecido acerca de filiação divina ocorre durante a crucificação: "Você que destrói o templo e o reedifica em três dias, salve-se! *Desça da cruz, se é Filho de Deus*!" (27.40, grifos meus).

Jesus, então, responde ao diabo não com base em algum tipo de argumento lógico, mas com a própria Palavra de Deus. "Está escrito: 'Nem só de pão viverá o homem, mas de toda palavra que procede da boca de Deus'" (Mt 4.4, cit. Dt 8.3). Assim como Deus levara Israel para o deserto para ensiná-lo a depender do Senhor para a sua provisão (p. ex., o maná em Dt 8.3), Jesus, ao ser tentado no deserto, deveria confiar e esperar no Pai, não dar o próprio jeito para eliminar seu sofrimento físico. Ao final da tentação, o Pai supre as necessidades do seu Filho por meio dos anjos que o servem (Mt 4.11). Ainda que fosse o Filho de Deus, ele também era homem, e como todo homem deveria depender da Palavra de Deus e se submeter a ela (Jo 4.34). Como o verdadeiro representante e cumprimento de Israel, Jesus tem êxito justamente onde a nação havia falhado (Êx 16.1-30)!

Portanto, a Palavra de Deus tem o poder de nos levar à dependência de Deus e de seu propósito para nossas vidas, em lugar de darmos nosso próprio jeito e confiarmos em nossas próprias forças. Jesus não vence Satanás com ideias humanas, mas pelo poder das Escrituras. Quão importantes são as

[13] Blomberg, *Matthew*, p. 84.

Escrituras para nós e de que forma elas nos levam a depender de Deus? Lutamos com um inimigo sobrenatural que só pode ser vencido pela Palavra sobrenatural de Deus. Se entrarmos nessa luta com nossas próprias forças, perderemos a batalha, mas se deixarmos a Palavra de Deus permear nossa mente e coração, conseguiremos vencer o diabo e o sistema que ele governa (1Jo 2.14). "Sair da dependência de Deus é aniquilar a confiança em Deus, é desonrar a Deus, é exaltar a vontade própria como causa determinante de tudo."[14]

Jesus estava disposto a depender da Palavra de Deus mais do que de seu sustento físico, e a sofrer privação de alimento para fazer a vontade do Pai. Portanto, essa primeira parte de Mateus 4.1-11 nos lembra que o caminho da obediência a Deus trará alguma medida de sofrimento e perdas. "O alvo da obediência ao Pai é alcançado não pela autoafirmação nem pelo exercício de poder e autoridade, mas paradoxalmente pelo caminho da humildade, do serviço e do sofrimento."[15]

Vivemos em uma cultura que nos chama a maximizarmos o conforto, mas trilhar o caminho de Jesus de obediência à vontade revelada de Deus implicará experimentar o sofrimento como parte do processo de conhecer melhor o Senhor e sermos moldados à imagem de seu Filho. Em vez de evitar o sofrimento a todo custo, podemos vê-lo como instrumento de Deus para nossa transformação. Precisamos de um coração permeado com a Palavra a fim de descobrirmos que o amor de Deus é melhor do que a vida (Sl 63.1-3)!

[14] Rienecker, *Evangelho de Mateus*, p. 69.

[15] Donald A. Hagner, *Matthew 1—13*, Word Biblical Commentary (Dallas: Word, 1993), p. 70.

As Escrituras nos conduzem a uma vida submissa ao propósito de Deus

> Então o Diabo o levou à cidade santa, colocou-o na parte mais alta do templo e lhe disse: "Se és o Filho de Deus, joga-te daqui para baixo. Pois está escrito: "'Ele dará ordens a seus anjos a seu respeito, e com as mãos eles o segurarão, para que você não tropece em alguma pedra'". Jesus lhe respondeu: "Também está escrito: 'Não ponha à prova o Senhor, o seu Deus'"
>
> Mateus 4.5-7

Diante da primeira proposta frustrada, Satanás, agora, tenta Jesus de outra forma. Ele conduz Jesus ao pináculo do templo. Há uma discussão sobre qual seria o ponto exato do santuário em que essa tentação ocorre.[16] No entanto, o elemento central é o fato de o templo ser considerado o lugar da habitação de Deus e onde sua presença gloriosa era manifesta. Ali, o diabo desafia Jesus a testar o cuidado paternal divino, lançando-se para baixo. O argumento satânico baseia-se em Salmos 91.11-12, em que Deus promete guardar o fiel em seu caminho. E se ele faz essa promessa ao fiel comum, quanto mais àquele que é chamado Filho de Deus pela voz celestial (Mt 3.17).

Jesus identificou um perigo por trás dessa proposta. Lançar-se de cima do templo era um modo de manipular Deus, testando quão real era seu cuidado por ele. Isso implicava desafiar a fidelidade de Deus de maneira indevida. Por isso, nosso Senhor, uma vez mais, cita as Escrituras, mostrando que um texto não pode ser usado à parte do todo. "Também está escrito: 'Não tentarás o Senhor, teu Deus'" (Mt 4.7, cit. Dt 6.16). Cristo cita uma passagem de Deuteronômio que

[16] Osborne, *Matthew*, p. 133, nota 20.

fazia referência a um evento anterior no qual os israelitas questionaram a fidelidade para suprir a água de que precisavam quando estavam no deserto (Êx 17.2). Exigir que Deus cuidasse de Jesus quando se lançasse templo abaixo era forçar Deus a usar seu poder cuidadoso de uma forma milagrosa que ele mesmo não prometera. "Ao repelir também essa tentação, Jesus declara que as medidas milagrosas de ajuda que lhe foram prometidas pelo Pai apenas serão utilizadas para socorrê-lo naquelas situações a que o Pai o conduzir e das quais ele novamente quiser salvá-lo."[17] Não era Jesus quem diria ao Pai quando este demonstraria o seu cuidado, mas sim, o próprio Pai em situações que ele mesmo estabelecesse na missão do Filho.

Jesus nos mostra que as Escrituras corretamente interpretadas nos conduzem a uma submissão confiante ao Pai, não à exigência sobre quando ele deve manifestar seu poder em nosso favor. Satanás usara o texto inapropriadamente, Jesus demonstrou que a Escritura deve ser interpretada com a própria Escritura.

Será que nos sentimos frustrados quando Deus não realiza alguma de nossas expectativas? Ou talvez façamos exigências a ele, uma vez que é nosso Pai? Não somos nós que determinamos quando Deus deve agir em nosso favor, mas precisamos confiar que ele há de cuidar de nós de forma poderosa conforme sua boa vontade. Pensar a vida com base na Palavra de Deus nos humilha e nos concede uma visão adequada da Soberania de Deus. Não somos nós que dizemos a Deus quando curar uma pessoa, conceder um trabalho a um amigo ou acabar de vez com algum tipo de oposição que sofremos em nosso ministério.

[17] Rienecker, *Evangelho de Mateus*, p. 69.

A teologia da prosperidade nada mais é que a segunda proposta de Satanás disfarçada de evangelho. Ela isola textos das Escrituras conforme lhe apraz e exige de Deus o momento e o milagre que ele tem a obrigação de realizar. A teologia da prosperidade utiliza textos do Antigo Testamento, que tinham um sentido específico para a nação de Israel na Terra Prometida, e os aplica, de modo indiscriminado, à igreja de Cristo nos dias de hoje. É uma teologia míope que desconhece passagens claras do Novo Testamento que nos ensinam o contentamento em qualquer condição dada por Deus, confiando em seu cuidado por nós (Fp 4.11-13).

O melhor antídoto para não sermos levados por esses ventos de doutrina é seguirmos a verdade de Deus em amor (Ef 4.14-15). Jesus usou as Escrituras corretamente, e nós também devemos cultivar uma visão ampla da Bíblia, a fim de não sermos enganados por ideias que transformam Deus no gênio da lâmpada mágica, que concede os desejos de nosso coração no momento em que desejamos. A Escritura não se contradiz, mas se complementa. Há um progresso na revelação e um modo específico de Deus tratar seu povo, conforme cada época da história da redenção.

Portanto, precisamos nos alimentar das Escrituras constantemente, lembrando que Jesus não usou sua filiação divina para testar a fidelidade de Deus, mas submeteu-se à vontade do Pai. Será que nos sentimos tentados a exigir de Deus um ministério de grande alcance e reconhecimento? Ou questionamos a fidelidade de Deus pois ele não curou alguma pessoa querida de uma doença terrível? Talvez duvidemos da bondade de Deus em razão das dificuldades que aparecem em na nossa família. Nesses momentos, devemos regar o jardim do nosso coração com as Escrituras e permitir que elas permeiem nosso coração, pois "bom é o SENHOR para os que esperam nele [...] bom é *aguardar* a Sua salvação" (Lm 3.25,26).

As Escrituras geram adoração exclusiva ao Criador, não ao deus deste mundo

> Depois, o Diabo o levou a um monte muito alto e mostrou-lhe todos os reinos do mundo e o seu esplendor. E lhe disse: "Tudo isto te darei, se te prostrares e me adorares". Jesus lhe disse: "Retire-se, Satanás! Pois está escrito: 'Adore o Senhor, o seu Deus, e só a ele preste culto'". Então o Diabo o deixou, e anjos vieram e o serviram.
>
> Mateus 4.8-11

Esse é o último teste lançado por Satanás. Ele conduz Jesus a um monte muito alto e dali mostra, por meio de uma visão, "todos os reinos deste mundo e a glória deles" (Lc 4.5,6). Como o "deus deste século" (2Co 4.3), Satanás oferece a Jesus o poder e as riquezas supremos que um homem poderia ter, mais do que o próprio imperador romano da época. Contudo, há uma condição para Jesus recebê-los: ele deveria não mais devotar sua lealdade exclusiva ao Pai, mas sim, ao próprio Satanás. Essa proposta do diabo não é mais gloriosa do que a promessa do próprio Pai ao Filho: "Pede-me, e eu te darei as nações por herança e as extremidades da terra por tua possessão. Com vara de ferro as regerás e as despedaçarás como um vaso de oleiro" (Sl 2.8-9). A grande diferença é que o reino garantido pelo Pai passava antes pela humilhação da cruz, ao passo que o diabo lhe garantia um atalho para a glória sem o sofrimento. Antes de assumir a *coroa* do Rei ungido, era necessário que Jesus assumisse a *cruz* do Servo Sofredor.

A condição estabelecida por Satanás colocava em xeque a lealdade e a adoração exclusivas de Jesus ao Pai. Para receber a dádiva diabólica Jesus passaria a adorar o mundo e seu deus e se desviaria da devoção exclusiva ao verdadeiro Deus. Assim, Jesus responde com Deuteronômio 6.13: "Ao SENHOR, teu Deus, adorarás e a Ele somente prestarás culto". A Escritura protege Jesus de ser levado pela ganância por poder e riquezas que Satanás oferece. Amar este mundo implicaria deixar de lado o amor do Pai (1Jo 2.15). Ceder aos desejos deste mundo seria uma escolha por aquilo que é passageiro em lugar do que permanece para sempre (1Jo 2.17), e um desprezo pelo Criador, que deve ser adorado, não a criatura (Rm 1.24ss.). A Escritura nos capacita a manter o foco em quem de fato deve ser adorado. Em lugar de prostrarmos nosso coração diante dos vários ídolos que ele pode criar, a Bíblia nos faz olhar para o único ser glorioso e digno do nosso culto.

A que Deus temos servido? Quem governa nossa vida? Quais desejos dirigem nossas afeições? No cotidiano, enfrentamos uma luta constante contra ídolos que nosso coração é capaz de produzir, pois ele é uma fábrica perpétua de falsos deuses.[18] Quais ídolos ameaçam tomar o controle do nosso coração? Sucesso ministerial? Dinheiro? Trabalho? Sexo? Pessoas?

Jamais podemos nos esquecer de que "a idolatria não é simplesmente uma forma de adoração ritual, mas toda uma sensibilidade e padrão de vida baseados em valores finitos e na conversão de coisas criadas em absolutos divinos".[19]

[18] João Calvino, *A instituição da religião cristã* (São Paulo: Unesp, 2007), p. 101 (I.xi.8).

[19] Timothy Keller, *Deuses falsos* (São Paulo: Vida Nova, 2018), p. 175.

A única maneira de derrotar esses ídolos funcionais é por meio de um coração devotado à Palavra de Deus, como o de Jesus. A Escritura foi a base de sua vitória, e certamente é essencial para homens e mulheres que desejam ter vidas e ministérios que manifestam o verdadeiro poder do evangelho. O apóstolo Paulo nos lembra de que "as armas da nossa milícia não são carnais, e sim poderosas em Deus, para destruir fortalezas, anulando sofismas e toda altivez que se levante contra o conhecimento de Deus e levando cativo todo pensamento à obediência de Cristo" (2Co 10.4-5, ARA).

A Bíblia nos traz recursos suficientes para vencermos a tentação de adorar outra pessoa ou objeto que não o Criador. Por isso, faremos bem em dar ouvidos ao chamado do salmo 119 para desejarmos e deleitarmo-nos na Palavra de Deus (Sl 119.20,24,40,47), meditarmos nela (119.15), dependermos dela (119.30-31) e guardá-la em nosso coração (119.11). Em uma mensagem dirigida aos novos alunos do Princeton Theological Seminary, em 1903, B. B. Warfield fez a seguinte exortação:

> Vocês devem provar da preciosidade dela, antes de aplicá-la às necessidades dos outros. Se quiserem que essas palavras subam espontaneamente aos seus lábios em seus momentos de necessidade ou nos de outros, vocês devem assimilar a Bíblia e torná-la sua em um sentido tão íntimo que fixará as palavras dela firmemente em seus corações. Leiam, estudem, meditem [...] até que a Bíblia esteja em vocês. Então a Bíblia brotará em vocês e sairá de vocês em cada momento de necessidade.[20]

[20] B. B. Warfield, "Spiritual culture in the theological seminary", in: *The Princeton Theological Review* (jan. de 1904), p. 78-9.

Conclusão

O texto de Mateus 4.1-11 apresenta o protagonismo marcante das Escrituras hebraicas no embate de Jesus com o diabo. O livro de Deuteronômio, tão importante para a vitória de Jesus contra o tentador, apresenta logo em seu início um chamado claro: "E agora, ó Israel, *ouça os decretos e as leis* que lhes estou ensinando a cumprir" (Dt 4.1, grifos meus). Nada deveria ser acrescentado ou retirado das palavras transmitidas por Deus — elas deveriam ser obedecidas (4.2). Jesus, como o Israel perfeito, é aprovado em sua tentação. Em vez de dar ouvidos às palavras do diabo, ele concentra sua atenção na Palavra de Deus e a ela obedece. De fato, para Jesus, não há vida sem a "palavra que procede da boca de Deus" (Mt 4.3).

Esse ouvir à Palavra está no centro da fé e da experiência cristã. "A espiritualidade bíblica não é a descoberta de apenas uns poucos, mas é a herança comum de todos os crentes."[21] Como Hans Urs von Balthasar observou: "O homem é o ser criado como ouvinte da Palavra, e somente ao responder à Palavra ele se eleva à sua plena dignidade. Ele foi concebido na mente de Deus como o parceiro em um diálogo".[22] Portanto, assim como o Mestre, sigamos com nossos ouvidos atentos para ouvir a voz de Deus nas Escrituras, entesourando-a em nosso coração e vivendo-a nas mais diversas experiências de nosso dia a dia (Sl 19.10-11,14).

[21] Adam, *Hearing God's Words*, p. 39.

[22] Citado em Ibid.

SEGUNDA PARTE:
... para o povo de Deus

9

A sinfonia da educação teológica: Uma reflexão sobre conhecimento, espiritualidade e missão

• ELIANE HO •

Diretora acadêmica do Seminário Teológico Servo de Cristo. Formada em Psicologia pela Universidade Presbiteriana Mackenzie com extensão em Neuropiscologia no Instituto Neurológico de São Paulo. É MDiv (Estudos Bíblicos e Pastorais), pós-graduada em Missões (Servo de Cristo) e em Educação Teológica (London School of Theology) e participou do programa Bridging Gaps, na Vrije Universiteit Amsterdam (Holanda). Membro da Igreja Metodista Livre, no bairro da Saúde, em São Paulo.

Um bom projeto pedagógico de um curso de teologia deve conciliar uma reflexão teológica que desemboca em uma prática reflexiva. A educação teológica deve ser um processo profundamente transformador, uma caminhada que vai muito além da memorização de passagens bíblicas ou doutrinas — seu objetivo é conduzir o aluno a uma compreensão profunda das Escrituras, da pessoa de Deus e da missão à qual é chamado. Assim, o convite ao estudo das Escrituras deve proporcionar o crescimento e o amadurecimento do aluno por meio de uma sucessão de processos: a busca pelo conhecimento aprofundado das Escrituras deve despertar a busca também por aquele que as inspirou, ou seja, pelo Criador. E o conhecimento e a comunhão com o Criador desembocam na resposta ao chamado para servi-lo. Nesse processo, as Escrituras — a Palavra do Deus vivo — são o alicerce da educação teológica; é a Bíblia que molda as decisões, os ministérios e a espiritualidade da igreja.

Quando falamos de educação teológica, não podemos nos esquecer da conexão intrínseca do ensino das Escrituras com a vida da igreja. Afinal, a teologia não é um estudo puramente acadêmico e intelectual — ela deve ter aplicação prática para a comunidade. A transformação teológica implica transformação de vida, ou seja, o conhecimento das Escrituras requer uma vida condizente com o evangelho e voltado para o serviço a Deus no mundo. Um bom exemplo disso é o chamado de Jesus aos seus discípulos — um chamado para a comunhão mas também para missão: "Escolheu doze e os chamou seus apóstolos, para que o seguissem e fossem enviados para anunciar sua mensagem" (Mc 3.14). O chamado de Jesus tinha propósitos maiores do que a simples convivência com ele: Jesus desejava que os discípulos continuassem o ministério que ele mesmo estava realizando.

O Evangelho de Marcos mostra Jesus como poderoso, capaz, sim, de curar as mais diversas doenças, ressuscitar mortos; mas que, voluntariamente, se rende às autoridades humanas para ser humilhado. Jesus é aquele que veio para servir a muitos e salvar muitos, um objetivo que o levou à cruz. Nesse sentido, conviver com Jesus significava também passar por situações de risco e por lugares áridos. O teólogo de Cristo é o teólogo da cruz, da fraqueza e dificuldade, e é nesse contexto que Deus mostra o seu poder. "Teologia se faz de joelhos" — essa frase ecoa com frequência na voz do vice-reitor do Seminário Teológico Servo de Cristo, o pr. Ziel Machado, e encontra ressonância na vida dos professores e alunos do seminário. Em outras palavras, temos a profunda compreensão da nossa limitação diante da responsabilidade e da tarefa que nos são confiadas; entretanto, temos também a plena convicção de que continuamos servos e que Deus continua sendo o Senhor de todas as coisas, transformando nossa fraqueza em glória para si. A verdadeira grandeza do homem está no serviço e não no seu status.

Portanto, a educação teológica se assemelha a uma sinfonia em que diferentes partes da obra musical se unem para uma experiência completa, coesa e transformadora. Utilizaremos a *Missa em Si Menor* de Johann Sebastian Bach[1] como uma rica metáfora, já que sua composição não apenas transmite conteúdo teológico profundo, mas também expressa a teologia através de uma complexidade musical que procura levar o ouvinte uma experiência transcendental. Essa composição de Bach pode ser apreciada pela maneira como ele organiza diferentes trechos litúrgicos, a saber: *Kyrie eleison, Gloria in excelsis Deo, Credo, Sanctus* e *Agnus Dei*, para organizar toda uma narrativa teológica que vai desde a súplica pela misericórdia de Deus à celebração da glória de Cristo.[2] Cada um desses movimentos é bastante impactante, poderoso e expressivo, porém é no conjunto e harmonia do todo que se revela a grandiosidade de Deus. Da mesma forma, Deus trabalha de maneiras diferentes (e em vidas diferentes) para conduzir o crente a uma compreensão profunda e harmoniosa da história da redenção e do impacto dessa realidade em suas vidas. Como educadores, somos apenas coparticipantes de um processo já iniciado, ou seja,

[1] Ver, por exemplo, execução pela Orquestra Barroca Casa da Música, em 2018: <https://www.youtube.com/watch?v=tjspvlMuPlA>.

[2] Os detalhes dessa composição bem como a tradução dessa obra de Bach podem ser consultados aqui: <https://www.bach-cantatas.com/Texts/BWV-232-Por2.htm>.

somos instrumentos através dos quais o Criador molda a vida de seus filhos para o conhecimento, a comunhão e o serviço.

Kyrie eleison ("Senhor, tem piedade de nós")

Bach, em sua composição *Missa em Si Menor*, uma de suas obras mais complexas, completas e marcantes, tenta traduzir os sentimentos em música, trazendo à tona uma profunda reverência e compreensão da nossa incapacidade e limitação: o trecho litúrgico *Kyrie eleison* suplica pela compaixão de Deus, semelhantemente à oração do publicano registrada em Lucas 18.13 "Deus, tem misericórdia de mim, pois sou pecador". O pedido pela misericórdia de Deus deve ser o ponto de partida para qualquer reflexão teológica, já que a verdadeira teologia começa com um coração quebrantado e uma súplica pela graça divina. A teologia, portanto, nos chama primeiramente à humildade e ao reconhecimento de nossa necessidade de perdão.

A responsabilidade da educação teológica não é somente transmitir conhecimento, mas desenvolver vidas de intimidade com Deus, num relacionamento profundo com o Criador. É fazer com que o aluno entenda o plano redentor de Deus ao longo da história, de maneira dinâmica e progressiva, mas também compreenda que seus estudos devem ser usados como uma ferramenta a serviço do reino. Nesse sentido, a necessidade de identificar o processo de Deus na vida do aluno é prioridade, pois compreender o que Deus já está fazendo em sua vida nos traz um sentimento de alegria e gratidão, uma vez que percebemos que somos parte de um processo já iniciado por Deus. E, à luz dessa realidade, somos impelidos a interceder pelo aluno em seus dilemas e aprendizados, e também pelos educadores — os responsáveis por apontar a direção do Senhor por meio de seus ensinos e também pelo seu exemplo de vida.

Gloria in excelsis Deo ("Glória a Deus nas alturas")

Bach continua seu hino litúrgico inspirado no cântico que os anjos entoaram na noite do nascimento de Jesus: "Glória a Deus nos mais altos céus, e paz na terra àqueles de que Deus se agrada!" (Lc 2.14). Se para Bach, a linha melódica, que começa com a nota baixa Ré e se eleva até a nota Lá, tinha o propósito de criar umas sensação de exaltação e ascensão; essa metáfora musical de elevação e progressão no reconhecimento da grandeza de Deus também acontece quando nos debruçamos nas Escrituras: quando estudadas e corretamente interpretadas, elas nos conduzem a uma vida de expressão contínua de adoração, louvando a Deus como os anjos fizeram naquela noite e entendendo que a paz não é para todos nem uma tranquilidade externa, mas o *Shalom* profundo e duradouro para os que creem e se entregam a Cristo. Ao mesmo tempo, a paz com Deus significa oposição por parte do inimigo à medida que o evangelho, e isso também se aplica à vida do aluno que decide se aprofundar no conhecimento de Deus e de sua Palavra.

Por isso, é necessário que a instituição de ensino seja também o suporte de oração para ajudar o aluno na caminhada. Abrir oportunidades, além do momento de aula, deve fazer parte da rotina dos professores e equipe do seminário, pois o estudante precisa se sentir acolhido em meio às suas dificuldades e questionamentos — em meio à sua batalha diária. Os espaços devem ser seguros o suficiente para que ele possa expor suas fraquezas e ideias, e devem ser preenchidos com compreensão, acolhimento e intercessão além de conteúdo acadêmico. Compreender o que Deus está realizando na vida dos seminaristas é também relembrar continuamente o chamado da instituição em capacitar, servir e mostrar o caminho para Cristo.

Nesse sentido, a caminhada e o momento de vida pessoal devem ser levados em conta na sugestão dos programas e das próprias disciplinas, que possuem uma sequência ideal para uma construção de um bom pensamento teológico, uma sequência que deve ser equilibrada tendo em vista o momento de vida pelo qual o aluno está passando e aquilo que Deus está fazendo em sua vida. Ou seja, o conteúdo deve ser condizente com a realidade de cada um. Na tentativa de respeitar esse processo de Deus na vida do aluno e conseguir ajudar naquilo que Deus já está fazendo, uma orientação individual de planejamento e sequência das disciplinas que acontece em todo início de cada semestre é algo estrategicamente pensado — um processo realizado de joelhos que se dobram diante do Senhor pedindo por misericórdia e sabedoria.

Credo ("Creio")

Conhecer os desafios atuais é imprescindível. Quais perguntas estão sendo feitas hoje? Essas perguntas não são as mesmas da geração anterior, nem serão as mesmas da geração futura. Saber ler o contexto atual e dar as respostas adequadas é um desafio que a educação teológica deve ensinar a partir das bases de fé. As declarações de fé serviram, ao longo dos anos, como um pilar para as igrejas acerca do entendimento das verdades que a Bíblia ensina. Os credos, consequentemente, surgiram também para rejeitar as heresias.

O terceiro movimento da *Missa em Si Menor* de Bach ressoa para trazer à memória aquilo em que se crê. Da mesma forma, o trabalho da educação teológica é trazer à consciência aquilo em que de fato se crê, e qual a profundidade de cada trecho recitado numa declaração de fé. Esse trabalho começa com um debruçar intelectual sobre as Escrituras, lendo-a e buscando conectar o sentido das palavras a partir das aulas, estudos sobre textos originais, contextos das passagens, comentários e leituras. Aos poucos, a partir do trabalho do Espírito Santo, as verdades da Palavra passam a fazer sentido e gerar uma transformação gradativa na vida pessoal do aluno, um coração sedento por Deus, em que a erudição se encontra com a piedade.

Se, por um lado, Bach traduz a fé cristã em notas musicais, por outro, o estudante vai descobrindo ao longo da construção de seu pensamento teológico o significado de cada uma das doutrinas, não apenas intelectualmente, mas na convivência com o Senhor e com sua comunidade de fé. É em meio ao seu contexto que o aluno deve ser capaz de articular as doutrinas e transformá-las em respostas às perguntas que estão sendo feitas. É por isso que dois movimentos são essenciais no ensino teológico: fixar bem na mente do aluno as bases da fé cristã e seus referenciais, mas também capacitá-lo a ler o contexto em que está inserido. Saber detectar as filosofias vigentes do mundo que nos cerca, bem como a cosmovisão das pessoas ao nosso redor e seus marcos ideológicos, são grandes desafios no ensino das Escrituras. Uma boa teologia nos desafia a ir muito além da intelectualidade, do academicismo e do bom preparo, pois exige que retiremos nossas máscaras espirituais e intelectuais, e reajustemos nossa visão de mundo e sociedade através das lentes de Cristo.

Sanctus ("Santo, Santo, Santo")

Inspirado em Isaías 6.3 ("Santo, santo, santo é o SENHOR dos Exércitos; toda a terra está cheia de sua glória!"), o *Sanctus* de Bach traduz em música a santidade de Deus e a confiança de seu povo em sua presença, manifestada em atos gloriosos. Esse trecho da liturgia inicia-se com a declaração da santidade infinita de Deus, e também registra a resposta do homem diante da glória de Deus: "Hosana no mais alto céu" e "Bendito é o que vem em nome do Senhor", expressões de louvor citados em Mateus 21.9, na entrada triunfal de Jesus em Jerusalém. O louvor da multidão que reconhecia Jesus como o Messias e clamava por salvação deve ser também a nossa expressão de adoração quando entendemos a profundidade da nossa crença num Deus infinitamente santo que se esvaziou e veio como um homem limitado em tempo e espaço, para padecer pelos nossos pecados, ser crucificado, morto, mas que ressuscitou ao terceiro dia.

Diante dos atos gloriosos de Deus ao longo da história de redenção, percebemos que somos parte da história que Deus está escrevendo. Vivemos na interseção entre dois momentos, o *já* e o *ainda não*. Enxergamos o cumprimento das promessas na vida, morte e ressurreição de Cristo, mas ainda aguardamos a plena instauração do reino escatológico de Deus. Portanto, a forma como enxergamos esse futuro escatológico e nosso papel nele influencia e molda a forma como enxergamos e encaramos nosso presente. A perda de visão desse aspecto futuro ocasiona também a perda do significado e da missão de nossa vida no presente. Ensinar o aluno a remodelar sua vida em função da expectativa escatológica é como ensiná-lo a enxergar o *Santo, Santo, Santo*, o Senhor do final da história, e reconhecê-lo como Soberano sobre nosso momento presente. Assim, poderemos clamar por salvação e misericórdia, e ajustar nossa caminhada para terminar a corrida da fé, a fim de estarmos em comunhão eterna com o Criador.

Agnus Dei ("Cordeiro de Deus")

O *Agnus Dei* é a última parte da *Missa em Si Menor* de Bach e invoca o Cordeiro de Deus, uma referência a Cristo e à forma como ele é descrito por João Batista: "Vejam! É o Cordeiro de Deus, que tira o pecado do mundo!" (Jo 1.29). Bach é extremamente habilidoso nesse trecho ao usar o "contraponto", uma técnica musical que combina duas ou mais linhas melódicas independentes. Em *Agnus Dei,* as diferentes vozes se entrelaçam de maneira harmoniosa, mantendo a independência musical, mas contribuindo com a melodia toda, por meio de complexidade e riqueza. As vozes que se movem simultaneamente de forma intrincada, mas equilibrada — as chamadas *fugas* na técnica musical —, podem ser comparadas com as diferentes vidas dos alunos, que se movem simultaneamente em seus diferentes contextos, culturas, maturidade, capacidades e momento de vida, mostrando a complexidade do processo. Mas, assim como Bach, nossa responsabilidade é tornar essas vozes diferentes, belas e complexas, em uma harmonia polifônica que declara a glória ao Cordeiro de Deus e que traz significado ao mundo.

Uma das passagens mais emocionantes desse trecho ocorre durante o momento em que Bach expressa o sofrimento do Cordeiro. A melodia suspensa e lenta desce progressivamente em padrão cromático, expressando o sofrimento do Cordeiro de Deus de forma dramática, evocando o sacrifício de Cristo e sua redenção. Por outro lado, quando chega o momento da ressureição de Cristo, Bach usa instrumentos como trompetes e tímpanos juntos, associados a muitos melismas (técnica vocal em que uma única sílaba de texto é cantada num movimento de várias notas diferentes em sucessão), para mostrar a alegria nos céus, e glória e paz na terra. A música em *Agnus*

Dei é a mesma de *Gloria in excelsis Deo*, agora compreendendo a profundidade do Deus Santo que desce, padece, passa por momentos dramáticos, mas também ressuscita e nos livra do pecado. Assim, a ressurreição é a confirmação da posição de autoridade de Jesus, declarado como Filho de Deus.

No contexto da encarnação, a própria divindade de Cristo torna-se limitada, mas, a partir da ressurreição, a autoridade de Jesus ganha ênfase, sendo uma autoridade absoluta como profetizada por Daniel: "Recebeu autoridade, honra e soberania, para que povos de todas as raças, nações e línguas lhe obedecessem. Seu domínio é eterno; não terá fim. Seu reino jamais será destruído" (Dn 7.14). Se a autoridade de Jesus é sobre céu e terra, seus discípulos também têm essa autoridade para expandir o evangelho; portanto, a missão universal decorre da autoridade universal de Jesus. O "vão e façam discípulos", em Mateus 28.19, é uma ordem que está alicerçada nesta promessa de Jesus: "Estou sempre com vocês, até o fim dos tempos" (Mt 28.20). Isso nos mostra que a base da missão é uma obediência à ordem de Jesus de proclamar o seu senhorio sobre todas as nações, uma missão que nasce no coração de Deus e não do homem, para ser realizada até a consumação. É a presença do Cristo ressurreto que nos garante que a missão alcançará êxito: sem Cristo não poderemos fazer a missão, é por isso que ele estará conosco até o fim. O agir de Deus vai além de nossas forças e consciência, mas o evangelho é a ação sobrenatural de Deus, é o milagre que Deus opera além das nossas capacidades: "Pois não me envergonho das boas-novas a respeito de Cristo, que são o poder de Deus em ação para salvar todos os que creem, primeiro os judeus, e também os gentios" (Rm 1.16).

Se não temos recursos para isso, precisamos entender que é Deus quem restaura o ser humano por completo, não apenas nos livrando da condenação, mas dando sentido à nossa existência. Nosso papel é anunciar a Palavra, mas a responsabilidade de alcançar, converter e salvar é de Deus. E da mesma forma que anunciamos o evangelho e nos debruçamos sobre as Escrituras, entendemos que é de Deus o realizar — somos instrumentos que participam da transformação em nós, através de nós e apesar de nós, homens e mulheres cantando em uníssono o refrão: "Cordeiro de Deus, tem misericórdia de nós".

Nunca podemos enxergar a teologia como uma atividade apartada, isolada da vida da igreja — teologia deve ser vivida dentro da comunidade. Assim como Paulo compara a igreja a um corpo com membros e funções específicas, mas interdependentes (1Co 12.12-13) a teologia deve sempre desembocar em serviço integrado à vida da igreja, a fim de fortalecer os membros para o serviço e a missão designados por Deus. Em suma, a boa teologia deve edificar o corpo de Cristo.

Conclusão

A educação teológica deve ser sustentada por uma base sólida que integra teologia, espiritualidade e missão. Esse tripé é essencial para uma formação que não seja apenas intelectual, mas também espiritual e prática. Ou seja, as Escrituras não devem ser apenas estudadas, mas também vividas e proclamadas. A espiritualidade, alimentada pela Palavra, deve resultar em práticas diárias de adoração, oração e serviço.

Assim como a *Missa em Si Menor* de Bach é considerada uma obra profunda, complexa e integrada, que expressa a teologia através da música, a educação teológica também deve ter por finalidade a formação integral, que alia o conhecimento, a espiritualidade e a missão, entendendo que cada parte do processo se conecta, como uma linda sinfonia. O labor teológico, com base nas Escrituras, prepara a igreja para cumprir a missão de fazer discípulos de todas as nações até o retorno de Cristo e a consumação de seu reino.

A *Missa em Si Menor* é uma obra monumental que combina elementos da liturgia cristã com a profundidade emocional da música barroca. Ela trata temas como misericórdia, louvor e sacrifício, acreditando que a teologia não deve ser algo abstrato ou distante da realidade, mas uma realidade prática com impacto na vida e na ética dos cristãos, interferindo em suas escolhas e relacionamentos. Deus trabalha no ordinário e o transforma em sinfonia. É o que Bach fez: transformou uma missa e suas cinco partes tradicionais em um espetáculo musical recheado de significado, harmonia e expressão sentimental usando notas musicais, acordes, instrumentos, vozes, combinações e uma enorme gama de recursos técnicos. Há organização no plano redentor de Deus, assim como há organização nas diferentes partes da *Missa em Si Menor*, por isso o ensino teológico deve ter como premissa de que somente a Bíblia pode oferecer autoridade e segurança num mundo instável.

Bach escreveu a *Missa* ao final de sua vida, praticamente como um "testamento musical" de tudo o que ele fizera até então. Sua música continua ecoando, sendo tocada por diferentes orquestras, em diferentes contextos. Assim também são os ensinamentos de Deus, através da vida de professores que nos inspiram a aliar a erudição à piedade, como visivelmente o fazem em suas vidas. Os ensinamentos das Escrituras proferidos por esses servos do Senhor ecoam por diferentes facetas e diferentes momentos de nossa vida. E isso pôde ser observado nesta breve reflexão, que se baseia prioritariamente em comentários e aulas de professores do Servo de Cristo, em especial as anotações das aulas do prof. Estevan Kirschner entre 2003 e 2004.[3] São aulas que continuam trazendo significado cada vez mais profundo ao longo dos anos na minha caminhada de amadurecimento e comunhão com o Senhor que, graciosamente, coloca mestres assim como canais de bênção em nossas vidas.

[3] Principalmente as aulas das disciplinas: Teologia do Novo Testamento (2003), Romanos (2004) e Evangelhos (2004). Aliás, basta assistir a uma aula do professor Estevan para perceber que ele é um grande apreciador de música clássica, já que adora ilustrar seus ensinos sobre a Bíblia com referências a Bach, à *Sinfonia Inacabada* de Schubert, entre outras.

10

As implicações para a igreja de uma missiologia distante das Escrituras

---

· MARCOS AMADO ·

Graduado em Teologia e Missões pelo All Nations Christian College, na Inglaterra, e mestre em Missiologia com especialização em Estudos Islâmicos pelo mesmo seminário. Cursou Estudos Avançados em Culturas e Religiões do Oriente Médio pelo Institute of Middle East Studies, em Beirute, no Líbano. É professor de Missões e Estudos Islâmicos no Seminário Teológico Servo de Cristo. É casado com Rosângela, tem dois filhos e três netas.

Ao longo dos séculos, uma simples palavra, "missão", tem gerado muita discussão acadêmica entre cristãos ortodoxos, católicos e protestantes. Milhares de livros, nos mais diversos idiomas, foram escritos sobre o assunto. Contudo, é interessante observar que esse termo, cuja origem está na palavra latina *mittere*, "enviar", só passou a ser utilizado pelos cristãos a partir do século 4 e estava relacionado às discussões envolvendo a doutrina da Trindade. Foi apenas no século 16, com Inácio de Loyola, que a palavra começou a adquirir uma conotação semelhante à que a maioria dos cristãos evangélicos reconhece hoje: o envio de missionários para pregar o evangelho entre aqueles que ainda não o ouviram.[1]

[1]David J. Bosch, *Transforming Mission: Paradigm Shifts in Theology of Mission*, American Society of Missiology Series (Nova York: Orbis Books, 1991), p. 543-7.

Obviamente, mesmo sem usar o termo, os cristãos nunca deixaram de "fazer missões".[2] Desde a época dos apóstolos, pessoas de todas as tradições cristãs iam (ou eram enviadas) para todos os cantos do mundo a fim de anunciar o evangelho, e, hoje, existem cristãos em todos os continentes como resultado desse esforço. À medida que esses cristãos iam por todo o mundo, eles proclamavam a Palavra e não se esqueciam do mandamento de amar a Deus sobre todas as coisas e ao próximo como a si mesmos.

Esses cristãos demonstravam misericórdia por meio de atos de caridade e apoio comunitário. Os ensinamentos de Jesus enfatizavam a compaixão e o cuidado com os necessitados, e isso se tornou fundamental para a prática cristã. O conceito de *diakonia*, ou serviço, era parte essencial da identidade da igreja primitiva, e inspirou os cristãos a se dedicar ao cuidado com os doentes, os pobres e os marginalizados. Isso não era apenas uma obrigação social, mas um reflexo de sua fé e missão — eles acreditavam que servir aos outros era equivalente a servir ao próprio Cristo.[3]

No entanto, a partir do final do século 19 e começo do século seguinte, passou a haver um acirramento de posições (principalmente entre as denominações oriundas da Reforma Protestante) sobre qual era a definição verdadeiramente bíblica da palavra "missão". Esse acirramento não ocorreu em um vazio histórico e social, mas foi o resultado de mudanças paulatinas na cosmovisão ocidental ao longo dos séculos, trazendo à tona um novo paradigma epistemológico. Lesslie Newbigin afirma que, com

[2] Muitos missiólogos dão diferentes definições para as palavras "missão" e "missões". No entanto, para o propósito deste texto, elas serão usadas de forma indistinta.

[3] Chak-Kwan Chan e Kung lap-Yan, "Christian Welfare Ideologies: the Basis of Human Welfare", *Social Thought*, vol. 19, nº 4, 2000, p. 53-73.

o surgimento desse novo paradigma, as estruturas de plausibilidade foram desafiadas e as verdades do cristianismo — que davam sustentação à sociedade — deixaram de ser vistas como verdades e passaram a ser consideradas apenas como valores, como crenças pessoais, não como fatos. Fatos podiam ser cientificamente verificados e considerados como verdades absolutas. Crenças religiosas, não. E dizer o contrário passou a ser visto como arrogância.[4] O que alguns chamam de "o particularismo escandaloso" do cristianismo[5] passou, paulatinamente, a ser rejeitado pela maior parte das pessoas dos países do Hemisfério Norte que antes eram considerados parte da cristandade.

Para o cristianismo, uma das consequências dessa transição foi o surgimento de uma teologia liberal, acomodada à nova ordem estabelecida. Essa teologia, pouco a pouco, trouxe à tona um evangelho que se preocupava com os aspectos sociais, mas que se distanciava do que, até então, era considerado inegociável pela maioria dos cristãos: a autenticidade histórica dos eventos relatados na Bíblia, a importância de uma experiência espiritual transformadora, piedade, evangelização etc. E esse suposto liberalismo teológico se fortalecia justamente na mesma época em que o comunismo (que também enfatizava os aspectos da justiça social) se tornava uma força política inegável no cenário europeu, ameaçando tornar-se também uma força importante nos Estados Unidos. Em pouco tempo o liberalismo teológico cristão passou a ser associado à esquerda política, e até mesmo ao comunismo.

[4] Lesslie Newbigin, *O evangelho em uma sociedade pluralista* (Viçosa: Ultimato, 2016).

[5] Ver Timothy C. Tennent, *Invitation to World Missions: a Trinitarian Missiology for the Twenty-First Century, Invitation to Theological Studies Series* (Grand Rapids: Kregel Publications, 2010).

Diante dessa situação, um setor da igreja norte-americana entendeu ser importante esclarecer e fortalecer os fundamentos da fé cristã (daí o nome "fundamentalistas"), o que, de acordo com seus representantes, incluía a necessidade de definir adequadamente qual era a missão de todo crente.

Tim Keller e Phil Vischer ajudam-nos a entender como essas transformações afetaram os protestantes.[6] Os fundamentalistas reagiram ao liberalismo das igrejas históricas tentando se proteger dos ataques vindos de um mundo cada vez mais secularizado. Tinham uma atitude anti-intelectual, sectarista e legalista (com grande ênfase em doutrinas secundárias ou terciárias), eram profundos defensores do binômio "Deus e Pátria" e tendiam ao pietismo e ao individualismo, o que os levava a uma rejeição da necessidade de um envolvimento com a reforma social ou cultural.

No entanto, entre as décadas de 1930 e 1950, surgiu um "movimento neoevangélico" (liderado por Carl Henry e Billy Graham) que não se identificava com os cristãos fundamentalistas. Esse novo movimento buscou promover o estudo acadêmico sério da Bíblia, um pensamento intelectual mais profundo e um chamado de volta à responsabilidade social. E

[6] O texto dos próximos quatro parágrafos é uma síntese das ideias de Keller e Vischer. O conteúdo completo pode ser lido nos seguintes links: Tim Keller, "The Decline and Renewal of the American Church: Part 1 – The Decline of the Mainline", *Gospel in Life*, outono de 2021, <https://quarterly.gospelinlife.com/decline-and-renewal-american-church-the-decline-of-the-mainline/>, e "The Decline and Renewal of the American Church: Part 2 – The Decline of Evangelicalism", *Gospel in Life*, inverno de 2022, <https://quarterly.gospelinlife.com/the-decline-of-evangelicalism/>; e "What is an 'Evangelical'?", Holy Post (YouTube), 11 de dezembro de 2020, <https://www.youtube.com/watch?v=NiiRnO7UTTk&t=176s>.

tudo isso sem deixar de ser fiel às crenças protestantes ortodoxas históricas defendidas pelos fundamentalistas.

Vischer fez uma interessante síntese sobre esses dois grupos: se você acreditava que a Bíblia era a palavra inerrante de Deus e que os darwinistas — assim como aqueles que pensavam que a Bíblia precisava ser "reescrita" para se acomodar aos novos tempos — deveriam ser evitados "tanto quanto a peste negra", você era fundamentalista. Por outro lado, se você acreditava que a Bíblia é a Palavra de Deus inerrante, mas não aprovava o separatismo, ou seja, não queria dar as costas para a cultura, para a ciência e para a vida da mente (*life of the mind*), e cria que cooperar com aqueles que não compartilhavam exatamente das mesmas crenças não era um problema, então você era um neoevangélico.

Com o passar do tempo fundamentalistas e neoevangélicos passaram a ser vistos pela sociedade norte-americana simplesmente como evangélicos. E, assim como os chamados liberais eram identificados com a esquerda política, no final dos anos 1970, alguns setores do evangelicalismo estadunidense passaram a identificar-se, cada vez mais, com a direita cristã (*Moral Majority*), estabelecida em 1979 e fortemente alinhada ao Partido Republicano norte-americano.

Diante desse cenário, e reagindo ao fato de que tanto os cristãos liberais quanto a esquerda política (incluindo o comunismo) promoviam uma forte consciência social, os cristãos mais fundamentalistas passaram a se distanciar da compreensão de que parte da nossa missão inclui o cuidado com os necessitados e passaram a enfatizar que a missão abrangia exclusivamente a proclamação do evangelho, o discipulado e o estabelecimento de novas igrejas. O objetivo era alcançar aqueles que ainda não haviam escutado as boas-novas do evangelho, e tudo isso com o louvável objetivo de glorificar a Deus por meio de seus esforços missionários.

Essas tensões ocorridas na Europa e nos Estados Unidos exerceram um grande impacto no cenário evangélico brasileiro e nos demais países latino-americanos, principalmente pela influência dos milhares de missionários oriundos do Hemisfério Norte que chegavam às nossas terras, trazendo consigo uma forte produção literária de autores anglo-saxões. Todo esse contexto contribuiu para cristalizar, na mente do evangélico brasileiro, uma compreensão menos abrangente da missão.

Entretanto, alguns líderes evangélicos da América Latina e da Europa (que moldaram significativamente uma corrente da missiologia latina contemporânea) contrapuseram-se à ideia de que a missão se limitava à proclamação do evangelho. De acordo com esse grupo, se nossa definição sobre missão incluísse exclusivamente os aspectos da evangelização e do discipulado, estaríamos cumprindo uma parte importante do que a Bíblia nos ensina, mas de forma incompleta. Eles defendiam um posicionamento que ficou conhecido como *Missio Dei*. Deus está, em Cristo, reconciliando o mundo para consigo mesmo e, portanto, o próprio Deus é o principal agente da missão, da qual ele nos convida a sermos partícipes como embaixadores da reconciliação por ele oferecida (2Co 5.20).

Esses líderes não comungavam com as ideias dos cristãos liberais, mas afirmavam que era imprescindível incluir em nossas considerações missiológicas o aspecto de amar o próximo como a nós mesmos. Temos de proclamar o evangelho, diziam eles, mas também temos de viver o evangelho, denunciando as injustiças sociais, aliviando o sofrimento dos mais pobres, cuidando da natureza e levando a igreja a ter um papel mais abrangente no mundo. Essa vertente do evangelicalismo passou a ser conhecida como os defensores da "Teologia da Missão Integral". Os proponentes da TMI tinham a convicção de que

> aqueles que sabem que Deus, um dia, enxugará todas as lágrimas não aceitarão com resignação as lágrimas dos que estão sofrendo.[7] Qualquer pessoa que sabe que, um dia, não haverá mais enfermidade pode e deve antecipar ativamente a subjugação das doenças em indivíduos e na sociedade agora.[8] E qualquer pessoa que acredita que o inimigo de Deus e dos seres humanos será derrotado já se oporá a ele agora em suas maquinações na família e na sociedade.[9] Pois tudo isso tem a ver com a salvação.[10]

O desafio é que essa tentativa de resgatar o sentido histórico mais amplo do escopo da missão (seguindo o exemplo dos cristãos dos primeiros séculos) ocorreu nas décadas de 1970 e 1980, justamente quando a Teologia da Libertação exercia forte influência em setores importantes da Igreja Católica na América Latina. Essa teologia — que defendia até mesmo o direito de promover revoluções armadas — revelava uma

[7] Apocalipse 21.4: "Ele lhes enxugará dos olhos toda lágrima, e não haverá mais morte, nem tristeza, nem choro, nem dor. Todas essas coisas passaram para sempre"; Romanos 12.15: "Alegrem-se com os que se alegram e chorem com os que choram".

[8] Mateus 10.8: "Curem os doentes, ressuscitem os mortos, purifiquem os leprosos e expulsem os demônios. Deem de graça, pois também de graça vocês receberam".

[9] Tiago 4.7: "Portanto, submetam-se a Deus. Resistam ao diabo, e ele fugirá de vocês".

[10] João 10.10: "O ladrão vem para roubar, matar e destruir. Eu vim para lhes dar vida, uma vida plena, que satisfaz"; Efésios 6.12: "Pois nós não lutamos contra inimigos de carne e sangue, mas contra governantes e autoridades do mundo invisível, contra grandes poderes neste mundo de trevas e contra espíritos malignos nas esferas celestiais". A citação foi extraída de Bosch, *Transforming Mission*, p. 400.

nítida influência de ideias marxistas provenientes da Europa e colocava grande ênfase na necessidade de "libertar" os pobres, oprimidos e injustiçados da sociedade. Isso levou os cristãos fundamentalistas a confundirem a Missão Integral com a Teologia da Libertação, acreditando equivocadamente que os defensores da Missão Integral endossavam e compartilhavam as premissas teológicas e os ideais da Teologia da Libertação. Com todas essas idas e vindas, o imbróglio estava formado: os fundamentalistas, mais conservadores, alinharam-se politicamente à direita, enquanto os defensores da Missão Integral foram rotulados de esquerdistas ou comunistas.

A triste realidade é que todo esse processo histórico resultou em um crescente envolvimento dos evangélicos com o poder temporal. Com o vertiginoso crescimento da igreja evangélica no Brasil, líderes cristãos passaram a promover a ideia de que parte da missão seria apoiar determinados líderes políticos para "dominar" diferentes esferas-chave da sociedade, como o poder executivo, legislativo e judiciário, além das fontes de onde emana a cultura popular. Tudo isso com o objetivo de impor conceitos cristãos sobre uma sociedade plural, democrática e secular.

Essa compreensão equivocada sobre a missão para a qual Deus nos chamou e nos enviou produziu — e continua produzindo — consequências nefastas para a igreja de Cristo no Brasil e em diferentes partes do mundo. Se é certo que, ao inaugurar o reino de Deus entre nós, Jesus esperava que seus discípulos fizessem todo o possível para que a sociedade fosse impregnada pelos valores desse reino, temos de entender que nosso papel nesse processo é o de impregnar a sociedade com esses valores, e não tentar impô-los por meio do controle de instituições governamentais.

Por isso, uma definição equivocada de missões tem consequências negativas na vida da igreja assim como na sociedade, o que acaba afetando outros aspectos das convicções teológicas pessoais e comunitárias de uma grande parte dos cristãos evangélicos. De acordo com Keller, há hoje uma cristalização do moralismo separatista e sectarista caracterizado pela tendência de dividir pessoas e grupos com base em padrões morais rígidos, gerando exclusão. Um dos resultados negativos dessas divisões é o que tenho chamado de "Tribos Eclesiásticas Globais". São grupos que surgem e sobrevivem principalmente através da internet e que podem ser chamados de tribos porque são herméticos e porque compartilham as mesmas crenças e pontos de vista sobre o que significa ser cristão, retroalimentando-se através de novos fatos (falsos ou verdadeiros) para reforçar esses pontos de vista.

Essas tribos são *eclesiásticas* pois, em muitos sentidos, estão tomando o lugar da igreja. A identidade cristã dos membros de uma mesma tribo já não está relacionada ao posicionamento teológico da sua denominação ou igreja local, mas sim aos grupos digitais aos quais estão associados. O que o pastor prega no domingo tem cada vez menos importância, já que a mente do cristão está sendo impregnada pelo que é alardeado 24 horas por dia, sete dias por semana, pelos "youtubers" evangélicos. E elas também são *globais* porque, em uma mesma tribo, há o engajamento de pessoas de todo o mundo, pertencentes a diversos grupos étnicos, que falam diferentes idiomas, apresentam variados níveis socioeducacionais, mas compartilham as mesmas crenças e interesses. Estão dispostas a aceitar o que, até pouco tempo atrás, era considerado inaceitável, desde que possam continuar buscando compreender um mundo em constante evolução e manter o senso de pertencimento em meio a intensas inseguranças identitárias e mudanças de paradigmas.

É bem possível que a igreja evangélica brasileira nunca tenha estado tão polarizada e fragmentada teologicamente como agora. Embora já tenhamos enfrentado crises de grande envergadura e profundas diferenças teológicas e missiológicas no passado, a criação e universalização do uso das mídias sociais torna mais fácil a promoção do tribalismo eclesiástico global. Em outras palavras, os misteriosos algoritmos criados pelas empresas de tecnologia que controlam as mídias sociais promovem uma exacerbação das semelhanças e das discrepâncias e o confronto entre as diferentes compreensões teológicas e eclesiásticas. Isso está comprometendo negativamente o testemunho cristão, impedindo que transformemos em oportunidades os desafios trazidos pelas novas realidades.

Não tenho dúvida de que precisamos refletir seriamente sobre esse cenário, uma vez que ele já promoveu grande polarização e disputas no meio cristão evangélico, enfraquecendo nosso testemunho e afastando-nos do cumprimento da verdadeira missão. Já não faz sentido, portanto, continuar discutindo se somos calvinistas ou arminianos ou sobre a ordem da predestinação. Pode até ser que teólogos ou líderes denominacionais estejam preocupados com questões assim, mas as polarizações estão ocorrendo por questões muito diferentes.

Se vamos fazer cumprir nossa parte na Missão de Deus, e fazer frente aos desafios e oportunidades que temos diante de nós, precisamos levar em conta vários aspectos importantes.

Relação entre fé e política

- A questão da colaboração entre o Estado e a Igreja. Isso

ocorre com cada vez mais frequência, mesmo que de maneira não oficial.

- As alianças mais do que reprováveis que líderes evangélicos fazem com líderes políticos, por acharem que o cristianismo e seus valores devem ser impostos sobre a sociedade com o apoio do poder estatal. Segundo a percepção desses setores do evangelicalismo, o objetivo é transformar nosso país em "uma nação cujo Deus é o Senhor", mesmo que para essa finalidade seja necessário usar governos e governantes que fazem com que a justiça seja posta de lado, o direito seja afastado, a verdade tropece no tribunal, a honestidade e a verdade desapareçam e os que procuram ser honestos sejam perseguidos (Is 59.14-15).
- Ter bem presente que a missão foi dada à igreja, e não a nenhum governo temporal. Parece que em algum momento não muito bem definido dos últimos anos, nós, evangélicos, decidimos — como num inconsciente coletivo — que somos incapazes de fazer aquilo que o Senhor espera da sua igreja e achamos que é possível delegar a um governo (seja ele qual for) a missão de impor um modelo moral.
- Estamos maravilhados com os "imperadores" de nossa época e com a adulação dos políticos ao povo evangélico. Estamos nos comportando como quando o imperador Constantino, interrompendo três séculos de perseguição, convocou os bispos para o Concílio de Nicéia e "alguns dos bispos que compareceram não conseguiram conter a admiração diante daquela nova realidade, a ponto de afirmarem que o imperador presidiu como 'um mensageiro celestial de Deus'".[11]

[11] Marcos Amado, *A Igreja Ortodoxa: Breve história até o século 12* (São Paulo: Martureo, 2019).

Valores bíblicos e responsabilidade social

- Como vamos cumprir a missão na sua integralidade sem levar em conta seriamente as implicações de passagens como Gênesis 1.28 e Romanos 8.19-22 em relação ao cuidado com a natureza?
- É possível contribuir para a diminuição da pobreza e a erradicação da fome se cremos na capacidade da "mão invisível do mercado" para solucionar tais problemas, fazendo de conta que Isaías 58.6-7 não se aplica a nós, cristãos do século 21?
- Muitos evangélicos passaram a incluir na sua lista de "valores pétreos" o incentivo ao uso de armas. Mas, em uma região com as nossas condições sociais, como vamos contribuir para a diminuição da violência se desprezamos o ensino de Mateus 5.9: "Felizes os que promovem a paz, pois serão chamados filhos de Deus"?

Postura e unidade da igreja

- É necessário lidar com o orgulho denominacional. Será que em algum momento vamos entender que, apesar de existirem diferentes tradições e interpretações teológicas, podemos ser mutuamente edificados, tendo em vista o testemunho cristão, sem que um se sinta superior ao outro?
- A discórdia entre a integralidade da missão[12] e a proclamação entre os povos não alcançados[13] continua sendo

[12] Lucas 4.18-19: "O Espírito do Senhor está sobre mim, pois ele me ungiu para trazer as boas-novas aos pobres. Ele me enviou para anunciar que os cativos serão soltos, os cegos verão, os oprimidos serão libertos e que é chegado o tempo do favor do Senhor".

[13] Atos 1.8: "Vocês receberão poder quando o Espírito Santo descer sobre

real em muitos círculos evangélicos. Parece que ainda não nos convencemos de que a *Missio Dei*, da qual somos convidados a participar, abrange ambos os aspectos.

- Precisamos entender que, seja qual for a nossa escatologia, não podemos coadunar com a violência, opressão e injustiça, sejam elas perpetradas pelo moderno Estado de Israel ou pelos árabes palestinos.[14] O Compromisso da Cidade do Cabo, derivado do Movimento de Lausanne, nos exorta a nos arrependermos por, muitas vezes, termos sido cúmplices da violência étnica, da injustiça e da opressão "através do silêncio, da apatia ou de presumida neutralidade ou ainda oferecendo falsa justificativa teológica para tais atos".[15]
- A prepotência religiosa tem nos transformado em pessoas hostis em relação aos seguidores de outras religiões[16] e àqueles que são membros de grupos minoritários. Parece que isso está nos levando à crença de que nossa religião ou igreja salva. Mas nós bem sabemos que em nenhum lugar da Bíblia somos convocados a defender e proclamar uma religião, mas sim a anunciarmos uma pessoa, Jesus Cristo, o único Senhor e Salvador.

vocês, e serão minhas testemunhas em toda parte: em Jerusalém, em toda a Judeia, em Samaria e nos lugares mais distantes da terra".

[14]Gálatas 3.28-29: "Não há mais judeu nem gentio, escravo nem livre, homem nem mulher, pois todos vocês são um em Cristo Jesus. E agora que pertencem a Cristo, são verdadeiros filhos de Abraão, herdeiros dele segundo a promessa de Deus".

[15]Compromisso da Cidade do Cabo, <https://lausanne.org/pt-br/recursos-multimidia-pt-br/ctc/compromisso>.

[16]1Pedro 3.15: "Em vez disso, consagrem a Cristo como o Senhor de sua vida. E, se alguém lhes perguntar a respeito de sua esperança, estejam sempre preparados para explicá-la".

Posicionamento profético

- Ao temermos ser identificados com determinadas ideologias, acabamos deixando de defender importantes valores bíblicos. É possível ser verdadeiramente partícipes da *Missio Dei* tendo essa postura?
- A igreja precisa recuperar sua voz profética e afirmar com veemência que Deus não coaduna com a tortura, não aceita a escravização, se opõe àqueles que, ao negociar, exigem suborno, aumentam o preço, usam balança enganosa e vendem "gato por lebre".[17]
- Ainda como parte da voz profética, vamos declarar que Deus se posiciona contra a deportação injusta, contra aqueles que odeiam os que defendem a justiça no tribunal, contra os que vendem o justo por prata, contra os que pisam na cabeça do necessitado, contra os ricos que roubam e saqueiam os pobres, contra os que impedem que se faça justiça aos pobres nos tribunais?[18]

Nacionalismo e patriotismo

- Aparentemente há, no nosso meio, uma forte tendência à "idolatria de Estado", que leva a um patriotismo

[17] Em Amós 2.6-7, o profeta diz: "Assim diz o SENHOR: Os habitantes de Israel pecaram repetidamente; não deixarei que fiquem impunes! Vendem por prata o justo e, por um par de sandálias, o pobre. Pisoteiam a cabeça dos indefesos no pó e empurram os oprimidos para fora do caminho. Pai e filho dormem com a mesma mulher e assim profanam meu santo nome".

[18] Em 5.11-12, Amós declara: "Oprimem os pobres e roubam seu trigo com impostos injustos. Por isso, ainda que construam belas casas de pedra, jamais morarão nelas. Ainda que plantem videiras verdejantes, jamais beberão o vinho delas. Pois eu sei que seus atos de rebeldia são muitos, e seus pecados são grandes. Afligem o justo aceitando subornos e não fazem justiça ao pobre nos tribunais".

exacerbado e a um nacionalismo perigoso. Corremos o risco de nos esquecermos de que nossa cidadania é celestial e transcende fronteiras terrenais.[19]

Humanidade e tecnologia

- Aprenderemos a lidar, de forma propositiva, com a desumanização trazida pela avassaladora rapidez no desenvolvimento de novas ferramentas tecnológicas e pelo uso massivo e impróprio das mídias sociais? Isso traz um grande desafio tendo em mente que somos portadores da *imago Dei*.

Os desafios são muitos, e a dimensão das oportunidades trazidas por eles no que se refere à nossa participação na *Missio Dei* é enorme. Quando penso em todos esses aspectos, me preocupo com a nossa aparente incapacidade de discernir os tempos e abrirmos os olhos para os sinais e evidências que estão diante de nós. Com isso, às vezes contribuímos para que a mentira e o engano prevaleçam, trazendo, entre outras coisas, a tão temida escuridão que nos cega e nos leva a aceitarmos situações, afirmações, ações e posicionamentos que, até pouco tempo atrás, eram inadmissíveis para um cristão evangélico, fosse ele de direita ou esquerda, conservador ou progressista.

Mesmo assim, como povo de Deus impregnados pelo Espírito, e com uma presença numérica tão marcante, estamos em uma situação privilegiada para deixarmos as marcas do evangelho do reino por onde passarmos. Contudo, antes de enfrentarmos os desafios externos, é imprescindível voltarmos

[19] Filipenses 3.20: "Nossa cidadania, no entanto, vem do céu, e de lá aguardamos ansiosamente a volta do Salvador, o Senhor Jesus Cristo".

nosso olhar para nosso interior e responder a algumas questões complexas, demonstrando humildade e arrependimento ao reconhecer nossas falhas, e retornando ao primeiro amor. Apenas dessa forma seremos capazes de afirmar com convicção: "Aqui estou; envia-me".

11
A bênção dos salmos imprecatórios

• LUIZ FERNANDO ARÊAS •

Graduado em Tecnologia de Dados pela Faculdade de Administração e Informática de Santa Rita do Sapucaí (MG), é MDiv pelo Seminário Teológico Servo de Cristo, onde atualmente cursa o DMin. É pastor e professor de Salmos no Servo de Cristo. Casado com Romilda e pai de Timóteo.

O título (propositalmente provocativo) deste capítulo busca mostrar que os salmos imprecatórios — aqueles que contêm maldições — são uma bênção para os cristãos e podem ser usados para ajudar o povo de Deus a cultivar uma espiritualidade sadia, desde que se entenda como e por que empregá-los na devoção pessoal. Por isso, vamos discutir o que são os salmos imprecatórios, seu uso no contexto do Antigo Testamento e sua legítima aplicação na prática espiritual do cristão contemporâneo.

O livro dos Salmos talvez seja o mais querido da Bíblia e um dos mais citados no Novo Testamento. O Saltério nos orienta a como nos expressar diante de Deus e nos ensina a lidar com as mais variadas emoções. João Calvino inicia assim seu comentário dos Salmos:

> Tenho por costume denominar este livro — e creio não de forma incorreta — de: "Uma anatomia de todas as partes da alma", pois não há sequer uma emoção da qual alguém porventura tenha

participado que não esteja aí representada como num espelho. Ou, melhor, *o Espírito Santo, aqui, extirpa da vida todas as tristezas, as dores, os temores, as dúvidas, as expectativas, as preocupações, as perplexidades, enfim, todas as emoções perturbadas com que a mente humana se agita.*[1]

Assim como o espelho nos mostra como estamos por fora, os salmos nos mostram como estamos por dentro. Todas as emoções humanas estão descritas ali, do louvor à depressão; da exultação à ira incontida; da perplexidade ao contentamento. Em outras palavras: os salmos nos ajudam a expressar nossas emoções a Deus, sejam elas quais forem.

Entre essas emoções "extirpadas pelo Espírito Santo" estão manifestações de fúria, ira, ódio e indignação. E justamente por lidarem com matéria tão complexa, os salmos contêm as porções bíblicas mais controversas e constrangedoras — *as imprecações* (ou maldições) —, textos em que o salmista ora ao Senhor por vingança e retribuição contra aqueles que cometeram atos de maldade ou injustiça.

Eugene Peterson, em sua bela obra *A oração que Deus ouve*, descreve assim os salmos:

> as melhores ferramentas para exercitar a fé — 150 orações cuidadosamente desenvolvidas para lidar com a grande variedade de operações que Deus realiza em nós, adequadas a todas as áreas de nossas vidas, que variam em diferentes momentos e distintas maneiras entre a rebeldia e a confiança, entre a agressividade e o louvor.[2]

[1] João Calvino, *Salmos*, Série Comentários Bíblicos, vol. 1 (São José dos Campos: Fiel, 2009), p. 26. Grifos meus.

[2] Eugene Peterson, *A oração que Deus ouve: O livro de Salmos como guia básico de oração* (Brasília: Palavra, 2007), p. 12.

Procurando unir as declarações de Calvino e Peterson, podemos dizer que se o Saltério contém todo o espectro das emoções humanas, é de se esperar que todos os destemperos emotivos também sejam refletidos ali. E se os salmos são ferramentas para lidar com todos os aspectos da nossa vida, precisamos conhecer qual ferramenta usar para cada tipo de situação. Os salmos imprecatórios são valiosos para lidarmos com nossas emoções, inclusive as mais destemperadas, diante daquele que melhor as entende, pois Deus nos fez com todas essas emoções. Sobre esses salmos, C. S. Lewis comenta:

> Em alguns salmos, o espírito de ódio que nos atinge no rosto é como o calor da boca de uma fornalha [...] uma maneira de lidar com esses salmos terríveis ou (ousamos dizer?) desprezíveis é simplesmente deixá-los em paz. Mas infelizmente as partes ruins não podem ser ignoradas com facilidade [...] E, se ainda crermos que tudo na Sagrada Escritura "para nosso ensino foi escrito" (Rm 15.4) [...] e se lembrarmos que a mente e a linguagem de Nosso Senhor foram claramente mergulhadas no Saltério, preferimos, se possível, fazer algum uso deles. Que uso pode ser feito?[3]

A abordagem de Lewis está certa. Algumas obras sobre os salmos preferem nem tratar dos salmos imprecatórios. Essas passagens são tão veementes que fizeram com que muitos cristãos se afastassem delas e rejeitassem sua linguagem por considerá-la inadequada.[4] Os salmos imprecatórios são um problema para as igrejas que gostam de iniciar o culto sempre com a leitura de um salmo, contudo eles são

[3] C. S. Lewis, *Reflexões sobre Salmos* (Rio de Janeiro: Thomas Nelson Brasil), p. 27-9.
[4] David M. Howard Jr., autor das notas de estudo de Salmos, in: D. A. Carson (org.), *Bíblia de Estudo Thomas Nelson* (São Paulo: Thomas Nelson Brasil, 2021), p. 1022.

inspirados pelo Espírito Santo e fazem parte das Escrituras para nosso benefício.

Porém, é evidente que orá-los simplesmente desejando a vingança ou o julgamento divino sobre os inimigos vai de encontro ao ensino do Novo Testamento. O Senhor Jesus nos ensinou com ênfase quádrupla o que fazer com nossos inimigos: amá-los, fazer o bem a eles, abençoá-los e orar por eles (Lc 6.27-28). Portanto, como entender os salmos imprecatórios e seu papel nas Escrituras? Como lidar com eles?

Para responder a essas perguntas precisamos, primeiramente, "calçar as sandálias do salmista" e nos colocar em seu lugar, em um contexto em que não havia o Novo Testamento e a cruz de Cristo. Em seguida, para compreender como podemos utilizar os salmos imprecatórios, "calçaremos as sandálias do salmista cristão", ou seja, de todos nós que vivemos à sombra da cruz e desejamos utilizar os salmos como ferramentas de devoção, adoração e edificação.

Os salmos imprecatórios

Os salmos imprecatórios também são chamados *salmos de vingança*, por autores como Walter Brueggemann[5] e Derek Kidner.[6] Parece contraditório, mas o livro dos Louvores (*tehilim*, nome do livro de Salmos no hebraico) tem imprecações em quase um terço de seus capítulos.[7] Essa lista varia na opinião

[5] W. Brueggemann, "Psalms of Vengeance", Pete Miko (YouTube), 8 de fevereiro de 2010, <https://www.youtube.com/watch?v=rDfzzJD8IpI>.

[6] D. Kidner, *Salmos 1—72: Introdução e comentário* (São Paulo: Vida Nova, 1981), p. 38.

[7] Antônio Renato Gusso fornece uma relação de quarenta salmos que proferem algum tipo de maldição: 3, 5, 6, 7, 9, 10, 12, 17, 25, 28, 31, 35, 40, 54, 55, 56, 58, 59, 68, 69, 70, 71, 72, 74, 79, 83, 94, 97, 104, 109, 115, 119, 129, 135, 137,

dos estudiosos porque há certa discordância sobre alguns textos serem imprecatórios ou não. Por exemplo, à primeira vista, o salmo 120 deveria se classificado como um salmo de vingança: "*Ó língua mentirosa, o que Deus fará com você? Como aumentará seu castigo? Ele a atravessará com flechas afiadas e a queimará com brasas vivas*" (Sl 120.3-4). Porém, uma interpretação bastante plausível desse salmo é que os versículos 3 e 4 não são imprecações, mas uma resposta de Deus revelada ao salmista acerca do que ele fará com os mentirosos: "Em minha angústia, clamei ao SENHOR, *e ele respondeu à minha oração*. Livra-me, SENHOR, dos mentirosos e dos enganadores" (Sl 120.1-2, grifos meus).

O salmista clamou a Deus pelo livramento dos mentirosos que assolam sua vida e Deus lhe respondeu: "Você entregou sua causa a mim; eu não o livrarei agora, mas cuidarei deles no meu tempo. Eis o que farei com eles...". Isso demonstra a dificuldade de se fechar uma lista definitiva sobre esses salmos.

Há várias tentativas de explicá-los e até mesmo de desqualificá-los como Palavra de Deus. John J. Owen (não confundir com o teólogo puritano) disse sobre os salmos de imprecação: "essas formas de expressão são de uma crueldade fria e maligna, que nos impedem de considerar, por um momento sequer, que foram inspiradas por Deus".[8] Alguns simplesmente eliminaram os salmos imprecatórios do registro da inspiração divina, insistindo que os salmistas estão expressando literalmente sua própria vingança contra seus inimigos, e que Deus não

139, 140, 141, 143 e 144; *As maldições no livro de Salmos: Pedido de castigo divino para os opressores dos justos e para os inimigos de Deus* (São Paulo: Vida Nova, 2023), p. 129-31.

[8] J. E. Adams, *War Psalms of the Prince of Peace*, 2ª ed. (New Jersey: P&R Publishing, 2016), p. 7.

inspirou essas palavras.[9] Por isso, argumentos semelhantes são recorrentes entre aqueles que buscam remover o caráter divino desses salmos: "eles nos mostram, não o preceito de Deus, mas as orações defeituosas do homem",[10] e "esses salmos não são pronunciamentos de Deus sobre sua ira contra os ímpios; mas são as orações de um homem pedindo vingança contra seus inimigos, exatamente o oposto do ensinamento de Jesus de que devemos amar nossos inimigos".[11]

Sabemos que toda a Escritura é inspirada por Deus (2Tm 3.16), inclusive os textos que temos dificuldades de compreender. Deus colocou os salmos imprecatórios no Saltério. Aliás, dezessete desses salmos incluem orientações musicais em sua epígrafe (algo como "ao regente do coral"), indicando que eles seriam cantados no culto público[12] — até mesmo os salmos 58, 69 e 109, aqueles que apresentam as imprecações mais ácidas. Será que conseguimos nos imaginar no culto com a congregação cantando as seguintes palavras?

> Quebra os dentes dos perversos, ó Deus!
> Despedaça, SENHOR, a mandíbula desses leões!
> Que desapareçam como água em terra sedenta,
> que se tornem inúteis as armas em suas mãos.
> Que sejam como a lesma que se desmancha em lodo,
> como a criança que nasce morta e nunca verá o sol.
>
> Salmos 58.6-9

[9] C. H. Bullock, *Encountering the Book of Psalms*, 2ª ed. (Grand Rapids: Baker Academic, 2018), p. 361.

[10] Citado em S. Storms, "Imprecations in the Psalms", <https://www.samstorms.org/all-articles/post/imprecations-in-the-psalms->.

[11] Ibid.

[12] Ver Gusso, *As maldições no livro de Salmos.*

Que seus filhos se tornem órfãos,
e sua esposa, viúva.
Que seus filhos andem sem rumo, como mendigos,
e sejam expulsos de suas casas em ruínas.
Que todos os seus descendentes morram;
que o nome de sua família seja apagado na geração seguinte.
[...]
Que o SENHOR nunca se esqueça dos pecados de seus antepassados;
que os pecados de sua mãe jamais sejam apagados.
Que o SENHOR se lembre sempre de sua culpa;
que seu nome seja de todo esquecido.

Salmos 109.9-10,13-15

A resposta óbvia é não. Por isso, precisamos compreender o contexto em que esses salmos eram orados e cantados.

O contexto dos salmos no Antigo Testamento

O conceito de "justiça retributiva" era muito claro no Antigo Testamento. Os ímpios, inimigos de Deus e do salmista, deveriam receber de volta o mal que cometeram. O salmista não tomava a vingança em suas mãos, mas pedia a Deus que exercesse o juízo devido:

> Davi nunca prometeu vingar-se pessoalmente. As imprecações são orações pedindo a Deus para despertar e agir contra os ímpios. Davi mostrou grande comedimento pessoal no trato com Saul, por exemplo, e recusou-se a vingar-se dele mesmo quando teve oportunidade (1Sm 24; 26). Ele deixou o destino de Saul nas mãos de Deus, não nas suas, apesar de muitas vezes ter lamentado a perseguição de Saul (p. ex., Sl 7; 18; 34; 52; 54; 57; 59).[13]

[13] Howard Jr., "Salmo 69.22-28", in: Carson (org.), *Bíblia de Estudo Thomas Nelson*, p. 1022.

O discurso imprecatório expressa a confiança de que Deus, no final, prevalecerá sobre o mal e aqueles que o praticam.[14] Waltke, analisando o salmo 5, afirma que Davi assume o papel de advogado de justiça, convoca o júri celestial — que não pode falhar — e clama por um veredito favorável.[15] Por isso, não deve causar espanto o fato de esses salmos fazerem parte da liturgia do povo de Israel no tempo do Antigo Testamento. O povo de Deus está clamando ao Senhor, o Justo Juiz, por justiça sobre os seus inimigos: "Deus é justo juiz; todos os dias ele mostra sua ira contra os perversos" (Sl 7.11), e "Levanta-te, ó Juiz da terra, dá aos orgulhosos o que merecem (Sl 94.2).

O contexto dos salmos no Novo Testamento

O Novo Testamento é impregnado pelos Saltério, especialmente os salmos 2, 22, 110 e 118. Sobre a relevância dos Salmos no Novo Testamento, Wenham escreve:

> Entre os Manuscritos do Mar Morto, os manuscritos dos Salmos são mais frequentes do que qualquer outro tipo, atestando seu uso difundido entre os judeus na época do Novo Testamento. Os Evangelhos descrevem a entrada triunfal de Jesus em Jerusalém e as multidões saudando-o com o salmo 118: "Hosana! Bendito o que vem em nome do Senhor!" (Mc 11.9; cf. Sl 118.25-26). O próprio Jesus e seus discípulos cantaram este salmo e os que o precedem imediatamente durante a Última Ceia. A igreja primitiva continuou a prática de cantar os salmos. Paulo pressupunha que os coríntios, colossenses e efésios cantavam os salmos: "Que a

[14]E. Zenger citado em W. Brueggeman, *Psalms* (Nova York: Cambridge University Press, 2014), p. 176.

[15]B. Waltke, J. M. Houston e E. Moore, *Os Salmos como lamento cristão* (São Paulo: Shedd Publicações, 2018), p. 61.

> palavra de Cristo habite ricamente em vocês, ensinando e aconselhando uns aos outros com toda a sabedoria, cantando salmos, hinos e cânticos espirituais, com gratidão em seus corações a Deus" (Cl 3.16; cf. 1Co 14.26; Ef 5.19).[16]

Atanásio de Alexandria (c. 296-373 d.C.), um dos pais da igreja, tinha enorme apreço pelos Salmos. Em sua obra *Carta a Marcelino sobre a interpretação dos Salmos*,[17] ele expressa o papel central que os Salmos desempenham na vida espiritual e na oração cristã.

O uso legítimo dos salmos imprecatórios

A igreja reivindicou os Salmos como seu próprio livro de orações. Porém, há algum uso legítimo para os salmos imprecatórios? Podemos orar esses salmos e fazer nossas essas palavras que expressam ódio e vingança? As respostas a essas perguntas variam: alguns defendem que esses salmos não devem ser lidos no contexto do culto público, outros, como C. S. Lewis, dizem que é possível encontrar alguma palavra de instrução nesses salmos, e, por fim, há aqueles que até mesmo defendem seu uso na adoração pública (J. G. Vos[18]). A meu ver, a resposta depende da intenção com que o salmo é usado.

Se o propósito for usar as imprecações desejando que alguém sofra as maldições, é evidente que não devemos orá-los

[16] G. Wenham, *The Psalter Reclaimed: Praying and Praising with the Psalms* (Wheaton: Crossway, 2013), p. 13-4.

[17] Atanásio de Alexandria, *Carta a Marcelino sobre a interpretação dos Salmos*, <https://www.veritatis.com.br/carta-a-marcelino-sobre-a-interpretacao-dos-salmos/>.

[18] J. G. Vos, "The Ethical Problem of the Imprecating Psalms," in: Andrew J. Schmutzer e David M. Howard Jr (orgs.), *The Psalms* (Chicago: Moody Publishers, 2013), p. 62.

(e provavelmente essa seja a intenção mais frequente dos que perguntam se é permitido orar esses salmos). Todavia, o cristão pode e deve fazer uso dos salmos imprecatórios na sua espiritualidade, pois, certamente, esses textos podem contribuir no processo de santificação. Esses salmos podem ser usados para nos expressarmos ao Senhor com sinceridade, como *autodenúncia*, uma confissão de que há sentimentos em nosso coração que não agradam ao Senhor, que estamos nos sentindo irados e nutrindo desejos de ódio ou vingança por alguém, mesmo sabendo que, como cristãos, não deveríamos nos sentir assim.

Walter Brueggemann, um dos mais influentes estudiosos da Bíblia e autor de pelo menos oito livros sobre os salmos, incluindo um comentário, tem uma abordagem particular em relação aos salmos imprecatórios. Ele defende que esses salmos não devem ser ignorados ou suavizados, mas sim compreendidos em seu contexto teológico e pastoral:

> Os cristãos não devem usar estes salmos porque os cristãos não deveriam se sentir assim [...] mas acontece que nos sentimos assim. De vez em quando temos anseios por vingança. Então a questão não é se devemos nos sentir assim, mas quando você se sente assim, o que vai fazer com isso? Penso em três coisas [...] Você pode agir, pegar uma arma, e temos visto isso acontecer. Mas pessoas como nós não fariam isso. Você pode negar esse sentimento, mas quando o fazemos, isso tende a aparecer em outro lugar que você não planejou, na sua família ou em outro lugar. A terceira coisa que você pode fazer é entregar ao seu terapeuta [...] entregar a Deus, e eu proponho que seja isso que eles (os salmistas) estão fazendo nessas músicas.[19]

[19] Brueggemann, "Psalms of Vengeance".

Esses salmos dão voz ao sofrimento humano em sua forma mais crua, proporcionando um espaço onde as pessoas podem expressar suas emoções intensas de dor, raiva e desejo de justiça. Para Brueggemann, esses salmos não são uma incitação à violência, mas uma forma de liberar esses sentimentos diante de Deus, reconhecendo que ele tem a autoridade final sobre a justiça e o julgamento.[20]

Brueggemann ainda vê os salmos imprecatórios como uma maneira de evitar a negação ou repressão de sentimentos negativos, que podem ser prejudiciais se não forem tratados. Ao permitir que esses sentimentos sejam expressos em oração, os salmos ajudam os fiéis a não ficarem presos ao ódio ou ao desejo de vingança, mas a entregar esses sentimentos a Deus, confiando que ele lidará com eles de maneira justa.

Assim, os salmos imprecatórios têm uma função importante tanto na espiritualidade pessoal quanto comunitária, pois lidam com a realidade do sofrimento e da injustiça, mantendo a esperança em um Deus que ouve e age.[21] A seguir, apresento como esses salmos podem ser ferramentas preciosíssimas para a igreja e o ministério pastoral:

1. Os salmos imprecatórios nos ensinam a lidarmos com nossas emoções. Elas não devem ser suprimidas nem ignoradas, como defendem algumas seitas orientais; antes, devem ser derramadas diante daquele que melhor as entende, como fez nosso Senhor na cruz: "Meu Deus, meu Deus, por que me

[20] Esse ponto de vista é endossado por outros autores, como D. B. Allender e T. Longman III, *The Cry of the Soul: How our Emotions Reveal our Deepest Questions about God* (Colorado Springs: NavPress, 1999), p. 49.

[21] Brueggemann faz essa análise nos seus livros *Praying the Psalms: Engaging Scripture and the Life of the Spirit*, 2ª ed. (Oregon: Cascade Books, 2007), p. 65-9, e *Message of the Psalms: A Theological Commentary* (Minneapolis: Augsburg, 1984), p. 68-77.

abandonaste? Por que estás tão distante de meus gemidos por socorro?" (Sl 22.1).

Nunca é errado expressarmos nossos verdadeiros sentimentos a Deus. Jesus expôs seu pavor diante das iminentes provações pelas quais passaria, mas também reafirmou seu compromisso de fazer a vontade de Deus (Mt 26.39). Nessa passagem, o "cálice" significava a terrível agonia que ele teria de suportar — não apenas o horror da crucificação, mas ainda pior: a total separação de Deus uma vez que ele carregaria os pecados do mundo inteiro.[22]

2. Os salmos imprecatórios nos dão voz para expressarmos nossas dúvidas e questionamentos a Deus: "Por que reténs tua forte mão direita? Estende-a com poder e destrói-os!" (Sl 74.11). Uma das grandes lições que aprendemos com os salmistas é que podemos ser absolutamente sinceros com Deus, como observa Longman III:

> O que devemos fazer com as imprecações? Elas são expressões pecaminosas de seres humanos irados que nunca serão repetidas pelo povo de Deus, especialmente vivendo à luz do amor redentor de Cristo? Elas devem ser extirpadas de nossas orações e da liturgia da igreja? Em nossa opinião, tal movimento seria um erro grave [....] os Salmos refletem todas as emoções humanas e nos ajudam a articulá-las em oração a Deus. Deus convida nossas orações honestas. Quando somos profundamente prejudicados e nossa raiva ferve, seria infrutífero (Deus lê nossos corações) e perigoso suprimir essas emoções em vez de entregá-las a Deus.[23]

[22] "Luke 22.41-42", *Life Application Study Bible NIV*. Versão eletrônica em Olive Tree.

[23] T. Longman III, *Psalms*, Tyndale Old Testament Commentaries (Nottingham: IVP, 2015), p. 55-6.

3. Por meio dos salmos imprecatórios, podemos colocar para fora aquilo que está nos consumindo por dentro, num movimento de catarse — uma "lavagem" da nossa alma[24] mediante a liberação de emoções outrora reprimidas: "Estou exausto de tanto gemer; à noite inundo a cama de tanto chorar, e de lágrimas a encharco" (Sl 6.6) Após essa dramática expressão de dor, há uma mudança de tom no salmo: "O Senhor ouviu minha súplica; o Senhor responderá à minha oração" (Sl 6.9).

Nesse movimento catártico, Gerstenberger vê o salmo 137 como exemplo de um desabafo de alguém traumatizado pela guerra — pessoas assim podem cair em depressão e perder o controle sobre si mesmas.[25] Por isso, é necessário exteriorizar esses sentimentos, assim como fez o salmista: "Ó Babilônia, você será destruída; feliz é aquele que lhe retribuir por tudo que fez contra nós. Feliz aquele que pegar suas crianças e as esmagar contra a rocha" (Sl 137.8-9).

4. Por fim, há ainda uma última lição que podemos aprender com os salmos imprecatórios: entregue sua raiva a Deus! O salmo 3 pode ser um exemplo nesse sentido: "Levanta-te, Senhor! Salva-me, Deus meu! Acerta meus inimigos no queixo e quebra os dentes dos perversos" (Sl 3.7). Longman III resume bem esse conceito:

> E esse é o ponto importante: as imprecações não são apenas expressões de raiva; elas nos permitem entregar nossa raiva a Deus para que ele aja como achar melhor. Essas orações não pedem a Deus os recursos e a oportunidade de se vingar de nossos

[24] R. F. Hurding, *A árvore da cura: Fundamentos psicológicos e bíblicos para aconselhamento cristão e cuidado pastoral* (São Paulo: Vida Nova, 1995), p. 133.

[25] E. S. Gerstenberger, *Como estudar os Salmos?* (São Leopoldo: Sinodal, 2015), p. 54.

inimigos; elas pedem a Deus para fazer isso e reconhecer sua liberdade de agir ou não agir como achar melhor.[26]

Conclusão

O Espírito Santo incluiu os salmos imprecatórios na Bíblia pois eles têm um papel importante a cumprir na agenda do cristão e na comunidade da fé. Eles são ferramentas poderosas nas mãos de um pastor que deseja ajudar suas ovelhas a lidarem e exteriorizarem suas emoções, dúvidas e queixas diante do Senhor.

Jesus é nosso maior exemplo de como devemos tratar os inimigos. Ele tinha todo o direito de orar as imprecações dos salmos, rogando maldições sobre seus algozes. Contudo, uma de suas sete frases na cruz foi: "Pai, perdoa-lhes, pois não sabem o que fazem" (Lc 23.34). Esse é o alvo de todo cristão: amar o próximo, e não sentir ódio ou ira por ele. Contudo, às vezes nos sentimos assim. Quando isso acontecer, podemos utilizar os salmos imprecatórios como um instrumento de autodenúncia para nos aproximarmos de Deus e pedirmos socorro a ele. Por exemplo:

> *Senhor, sei que devo amar o próximo e que o amor é fruto do Espírito Santo que habita em mim. Mas infelizmente o que estou sentindo por essa pessoa é raiva, ódio, ira, assim como o salmista muitas vezes se sentiu. Por isso, Pai, peço-te perdão. Tira esse sentimento do meu coração e dá-me um coração semelhante ao do teu Filho, um coração amoroso e perdoador. Eu não consigo fazer isso sozinho.*

Que a bênção dos salmos imprecatórios seja profusamente desfrutada por todo o povo de Deus.

[26] Longman, *Psalms*, p. 56.

12
Como fazemos a Palavra chegar lá

· VALDEMAR KROKER ·

Professor na Faculdade Fidelis e no Seminário Teológico Servo de Cristo, membro das comissões de tradução da NVT, NVI e A Mensagem, e editor de Edições Vida Nova. Graduado em Matemática pela Universidade Federal do Paraná, com formação pastoral e teológica pelo Instituto e Seminário Bíblico Irmãos Menonitas (hoje, Faculdade Fidelis), mestre em Ministérios Pastorais com concentração em Línguas Bíblicas pelo Mennonite Brethren Biblical Seminary (Fresno, Califórnia) e doutorando em Antigo Testamento pela Trinity Evangelical Divinity School (Bannockburn, Illinois). É pastor na Igreja Irmãos Menonitas do Boqueirão (Curitiba) e casado com Simone, com quem tem três filhos, dois genros e dois netos.

Somos todos peregrinos que caminham pelo grande enredo da história. Somos coparticipantes e, em certa medida, até coprotagonistas nessa emocionante trama que é o reino de Deus. E estamos no palco da história para viver e transmitir uma mensagem, cujo propósito é transformar espectadores em atores nessa trama do reino que se desenrola no palco da vida.

Os atores dessa trama, certamente, têm lançado mão de múltiplos recursos para fazer a mensagem "chegar lá", isto é, alcançar seu público. Rudolf Otto Wiemer, dramaturgo alemão, escreveu a peça *O processo continua*, ambientada em uma grande sala de tribunal. No centro da sala, está o juiz; de um lado, o promotor; do outro, o advogado de defesa. Ao lado da mesa do juiz, está o réu, Meyer, aguardando seu julgamento. Contudo, quando chega o momento de introduzi-lo na cena, quem aparece não é Meyer, mas Barrabás, nosso velho conhecido.

De acordo com a criativa imaginação de Wiemer, foi isto o que aconteceu no dia do julgamento de Jesus: na prisão, do lado do pátio em que Pilatos está julgando Jesus, encontra-se Barrabás. Ele percebe o alvoroço lá fora, ouve a multidão e até mesmo Pilatos, mas não entende o que o governador romano diz. Contudo, Barrabás consegue ouvir com clareza o refrão entoado pela multidão.

O que está acontecendo lá fora? Pilatos pergunta quem o povo quer ver livre: "Barrabás!". Em seguida, pergunta o que deve fazer com o Cristo. E o povo, instigado pelos líderes judeus, grita: "Crucifica-o". O que Barrabás está ouvindo lá dentro? Só os gritos do povo: "Barrabás... Crucifica-o". Para ele está claro: sua hora chegou. Apavorado, aguarda que os guardas venham buscá-lo para começar sua *via crucis*. Mas, para sua enorme surpresa (e incredulidade), ele ouve uma voz clara e firme: "Você está livre. Pode ir".

Atônito, ele sai da prisão. Em seguida, vê o crucificado e algumas pessoas em volta da cruz. Depois, foge noite adentro, mundo afora. Ele sabe que algo está profundamente errado, que aquilo é injusto. Ele é o culpado. O crucificado é inocente. Mesmo livre, Barrabás não consegue se libertar da culpa. Quem vai ajudá-lo a receber esse perdão, a aceitar que um inocente pagou a pena no lugar de um assassino? Como a Palavra viva vai "chegar lá", ao coração dele, para que seja liberto?

Se queremos fazer a Palavra "chegar lá" para — graciosamente — ressuscitar pessoas para uma vida de graça, restaurar relacionamentos que resultem em comunhão vibrante, dar vida e frescor a um mundo viciado em entretenimento e emoções superficiais, precisamos responder a estas perguntas: Que mensagem vamos levar? Quem vai levá-la? E como?

Que mensagem vamos levar: o reino de Deus

Assim como o universo foi criado pela palavra, também pela palavra começa a concretização dos desígnios de Deus para a história do universo. Encontramos a palavra de Deus nos lábios e na vida do "Deus Conosco". Marcos registra, nas primeiras palavras de Jesus, dois convites do Mestre. O primeiro anuncia o reino de Deus e chama a uma atitude de contrição e à fé na boa notícia: "'O tempo é chegado', disse ele. 'O reino de Deus está próximo [está aí]! Arrependam-se e creiam nas boas-novas'" (Mc 1.15).[1] Há consenso de que a expressão "reino de Deus" (ela e seus equivalentes ocorrem mais de setenta vezes nos Sinóticos) foi "uma característica distintiva do estilo de ensino de Jesus", uma expressão que "encapsula um (talvez *o*) foco central sobre a sua missão e sobre a vida de discipulado".[2] O segundo convite é o chamado a seguir aquele que proclama essa feliz novidade: "Sigam-me, e eu os farei pescadores de homens" (Mc 1.17).[3]

Assim, a "palavra", cujo tempo de proclamação é chegado, é que o reino de Deus está à porta. Esta é sua mensagem fundacional e central: (a) a palavra está sintetizada no chamado

[1] Todas as citações bíblicas deste artigo foram extraídas da Nova Versão Internacional, salvo indicações específicas.

[2] R. T. France, "Kingdom of God", in: K. J. Vanhoozer (org.), *Dictionary for Theological Interpretation of the Bible* (Grand Rapids: Baker, 2005), p. 420.

[3] Ou "pescadores de gente", como traduz, de maneira muito apropriada, a Nova Versão Transformadora.

ao arrependimento e na aceitação da boa notícia de que há misericórdia curadora e graça renovadora para quem se arrepende; e (b) desemboca na missão de imitar aquele que faz de nós pescadores de gente, discípulos de Jesus.

A palavra a ser levada é que o reino de Deus está aqui entre nós, e é constituído de pessoas que se arrependem, creem na mensagem daquele que as chama e o seguem; pessoas que são transformadas em pescadores de gente e envolvem-se, com base na ajuda e no treinamento que recebem, na obra de formar novos pescadores.

Mas se Jesus simplesmente disse que "o reino de Deus está aí", o que esse reino significa para os discípulos? Certamente, a concepção que eles tinham do reino estava fundamentada na constituição do povo de Israel, mais de mil anos antes, quando seus antepassados receberam esta incumbência do próprio Senhor, no monte Sinai — uma declaração de identidade que deveria ser transmitida ao povo recém-liberto da escravidão: "Embora toda a terra seja minha, vocês serão para mim um reino de sacerdotes e uma nação santa" (Êx 19.6). A expressão "vocês serão para mim um reino de sacerdotes e uma nação santa" certamente encontrou ressonância na mente dos hebreus, em todas as épocas subsequentes, e os discípulos devem ter feito essa conexão, quando a ouviram ser pronunciada por Jesus.

O que é o reino de Deus?

A palavra "reino" remete a termos como "soberania", "domínio", "trono", mas de forma mais concreta e prática evoca a associação com "governo". Evidentemente, o reino de Deus não é físico, em contraste marcante com os impérios deste mundo. Por certo, é adequado dizer que o reino de Deus está presente onde o governo de Deus é a medida e o propósito de todas as coisas. Ou, segundo G. E. Ladd, "o *reino de Deus* significa primariamente o governo de Deus, a autoridade real divina", que enfrenta — e vence — um outro reino: "É o domínio de Deus invadindo ativamente o reino de Satanás".[4]

A compreensão que os discípulos tinham do reino de Deus havia sido forjada pela atuação e pelo domínio de Deus na história de seu povo e por formulações que resultaram dessa condução. Antes mesmo de Deus anunciar que seu povo seria um "reino de sacerdotes" (Êx 19.6), Moisés, junto com o povo, já havia afirmado no cântico que entoaram após a travessia do mar: "O SENHOR reinará eternamente" (Êx 15.18). Os salmistas também foram pródigos anunciadores da soberania de Deus, como, por exemplo, os coraítas: "Pois o SENHOR Altíssimo é temível, é o grande Rei sobre toda a terra" (Sl 47.2). Os profetas, inúmeras vezes, defenderam esse grande Rei de toda a terra contra a ilusão de inimigos supostamente capazes de destroná-lo. E muitos séculos antes da vinda do Messias, já apontavam para ele. O tema central e norteador de Daniel, por exemplo, é o reinado de Deus. No final de uma impressionante visão em sonho, o profeta conclui: "Seu domínio é um domínio eterno que não acabará, e seu reino jamais será destruído" (Dn 7.14). E nessa visão, Daniel já aponta para a ampliação dos detentores e da duração desse reino: "Mas os santos do Altíssimo receberão o reino e o possuirão para sempre; sim, para todo o sempre" (Dn 7.18) — uma sinalização inequívoca de que haveria seguidores do Messias vários séculos depois.

[4]G. E. Ladd, "Reino de Cristo, de Deus, do céu", in: W. A. Elwell (org), *Enciclopédia histórico-teológica da igreja cristã* (São Paulo: Vida Nova, 2009, reimpr. em volume único), p. 263-4.

Então, com Jesus, chegou o momento crucial na linha do tempo do estabelecimento desse reino. O rei do reino chegou! O "rei *de jure* estava se tornando o rei *de facto*".[5] Essa chegada não caiu em um vácuo. Ela era esperada por boa parcela da população judaica da época: "José de Arimateia, membro de destaque do Sinédrio, *também esperava o reino de Deus*" (Mc 15.43). O reino é o tema central da pregação de Jesus, como fica patente no seu ensino em geral, e mais especificamente em grande parte das parábolas: "Com que compararemos o reino de Deus? Que parábola usaremos para descrevê-lo?". Nesse caso, Jesus compara o reino a "um grão de mostarda, que é a menor semente que se planta na terra. No entanto, uma vez plantado, cresce e se torna a maior de todas as hortaliças, com ramos tão grandes que as aves do céu podem abrigar-se à sua sombra" (Mc 4.30-32). Embora essas comparações não definam o reino, Jesus usa esse recurso para dar concretude a esse conceito, até então abstrato. E é por meio das parábolas — e de sua própria vida — que Jesus ajuda os discípulos a entenderem o que é o reino de Deus.

O fato de Jesus começar a usar a expressão com frequência não causou espanto, pois ela já era conhecida por seus ouvintes. "Jesus sabia que prestariam atenção, que ele não seria mal-compreendido",[6] e a maneira que a empregou chamou a atenção especial dos ouvintes, pois agora ele dizia: "O tempo é chegado; o reino de Deus está próximo". Isso é explicitado quando os fariseus lhe perguntam "sobre quando viria o reino de Deus". Jesus, então, responde-lhes que esse reino não vem "de modo visível. Tampouco se dirá: 'Aqui está ele!' ou 'Lá

[5] France, "Kingdom of God", p. 421.

[6] Ibid.

está!'. Porque o reino de Deus está entre vocês" (Lc 17.20-21). Os líderes religiosos queriam ver algum sinal espetacular da entrada em ação do reino de Deus, mas estavam diante do maior sinal de todos: Jesus. Onde está Jesus, ali está o reino.

Esse reino se estabelece por etapas, ou seja, é o reino "já e ainda não": em parte já está estabelecido, e em parte ainda é futuro; em parte já pode ser compreendido claramente, e em parte ainda está envolto em mistério, e não é visível a todos. Só quem tem "olhos dados por Deus" consegue enxergá-lo.[7] É uma semente que cresce em segredo (Mc 4.26-29).

É um reino cujo acesso é permitido apenas aos que são como uma criança (Mc 10.14-15). Um reino em que o rico só entra se estiver disposto a abrir mão de suas posses (Lc 18.24-25), e que só pode ser encontrado por aqueles dispostos a abrir mão de tudo para obtê-lo (Mt 13.44). Em resumo, para entrar e viver no reino de Deus, é preciso "responder a ele [Jesus] para encontrar sua presença e seus benefícios".[8] O chamado de Jesus "foi de enorme urgência, um chamado a uma decisão radical a favor desse reino. O reino está *aí*, está *à mão* [...] Ele transcende todos os interesses terrenos (Mt 6.33)".[9]

A mensagem do reino de Deus associada à vinda e à pessoa de Jesus Cristo se tornou a base da pregação dos primeiros apóstolos, como mostra Atos 8.12: "quando Filipe lhes pregou as boas novas do reino de Deus e do nome de Jesus Cristo, creram nele, e foram batizados, tanto homens como mulheres".

O que é preciso fazer, então, para que esse reino — que

[7] Ibid.

[8] Darrell L. Bock, *Luke*, Baker Exegetical Commentary on the New Testament, 2 vols. (Grand Rapids: Baker Academic, 1994, 1996), p. 1418.

[9] John Bright, *The Kingdom of God* (Nashville: Abingdon, 1953, 24ª impr. 1987), p. 219.

germina em alguns solos mas não em outros (Mc 4.3-8), e que age como um punhado de fermento que, aos poucos, leveda a massa toda (Mt 13.33) — se espalhe e realize o propósito de Deus para expandir a sua soberania? É necessário um agente, na verdade, *muitos agentes*, para fazer essa notícia "chegar lá".

Quem vai levar a mensagem: os agentes do reino, os sacerdotes

A quem é delegado esse reino?

Como vimos, já em Êxodo 19.5-6 o povo de Deus é chamado de "reino de sacerdotes". Essa expressão é ecoada em algumas ocorrências no Novo Testamento como "sacerdócio real" (1Pe 2.9) e "reino e sacerdotes" (Ap 1.6), nas quais é usada claramente para descrever a identidade e a missão dos novos sacerdotes no período da nova aliança. E Jesus faz uma transferência formal dessa missão aos discípulos, quando diz: "Não tenham medo, pequeno rebanho, pois foi do agrado do Pai dar-lhes o reino" (Lc 12.32).

Com essa afirmação, Jesus está passando aos discípulos a missão de aumentar a presença do reino no mundo, por meio de mais discípulos. Se Marcos registra o primeiro convite de Jesus — para que os primeiros discípulos o seguissem a fim de se tornarem pescadores de gente —, é Mateus quem relata a última missão dada por Jesus: "Vão e façam discípulos". E como conseguiremos cumprir essa missão? Precisamos de servos do reino que sejam conscientes, comprometidos, bem preparados e se empenhem na tarefa de fazer de cada pessoa um discípulo. Em outras palavras, "reino de sacerdotes" significa que todos estão envolvidos na missão de fazer discípulos, todos são sacerdotes.

Para isso, precisamos seguir e imitar nosso Mestre, tanto no seu caráter quanto no seu método de trabalho. Para imitá-lo no caráter, nada melhor do que seguir o manual do Sermão do Monte, "o manifesto para a vida no reino dos céus".[10] Para imitá-lo no método de fazer discípulos, precisamos percorrer os caminhos dos Evangelhos e aprender com a maneira que ele interage com seus seguidores: como os encoraja, corrige, como os incentiva e os envia a pastorear suas ovelhas. Para isso, contudo, é preciso que esses "pescadores" se reúnam em grupo, agora sem a presença física do seu Mestre, para encorajamento e fortalecimento mútuo.

Como e onde os discípulos se agrupam para serem preparados?

O povo de Deus, chamado de "reino de sacerdotes", é a igreja, a entidade projetada por Deus para reunir os redimidos e construir laços íntimos de apoio e encorajamento entre eles, para que sejam sacerdotes também uns para os outros. Nela, vivemos os muitos mandamentos associados à expressão "uns aos outros" (amem-se uns aos outros, sirvam uns aos outros etc.) que nos fortalecem e nos fazem crescer. É nessa convivência que aprendemos a nos incentivar a praticar a Palavra, fazendo-a "chegar lá", pois é nesse contexto que ela se transforma em caráter e ação restauradora.

Mas qual é a relação entre reino e igreja?

É fácil concordar com Herman Ridderbos, quando ele diz que o reino e a igreja "não são coisas idênticas", mesmo que haja entre eles "certa conexão", ou, segundo Ladd, "uma relação

[10] France, "Kingdom of God", p. 421.

indissolúvel".[11] "O reino é a totalidade da atividade redentora de Deus, em Cristo, neste mundo; a igreja é a assembleia daqueles que pertencem a Jesus Cristo", continua Ridderbos.[12] Já Ladd acrescenta mais um aspecto: "o reino de Deus cria a igreja. O domínio redentor de Deus traz à existência um povo novo que recebe as bênçãos do reinado divino".[13]

Outra maneira de representar essa relação seria esta: reino e igreja são como dois círculos concêntricos em torno do centro, que é Cristo: o círculo menor é a igreja e o maior é o reino.[14]

O que é a igreja?

A igreja é "a assembleia daqueles que aceitaram o evangelho do reino mediante a fé [...] em cuja vida o reino toma forma visível [...] que tomaram sobre si mesmos o jugo do reino [...] que vivem conforme os mandamentos de seu rei".[15] Há dezenas de termos, metáforas e imagens que são usadas para se referir à igreja no Novo Testamento. Podemos defini-la basicamente como um agrupamento local de cristãos que, reunidos para adoração e edificação mútua ou espalhados por uma localidade, atuam unidos em torno do propósito de fazer crescer seus membros em amor e caráter e de alcançar mais discípulos. Algumas das imagens bíblicas preferidas pelos cristãos para retratar esse agrupamento são:

(1) *templo (1Co 3.16-17)*: referência ao fato de que, como comunidade dos discípulos, somos a habitação de Deus;

[11] Ladd, "Reino de Cristo, de Deus, do céu", p. 266.

[12] Herman Ridderbos, "Reino de Deus, Reino dos Céus", in: J. D. Douglas (org.), *Novo Dicionário da Bíblia*, 3ª ed. (São Paulo: Vida Nova, 2006), p. 1150.

[13] Ladd, "Reino de Cristo, de Deus, do céu", p. 267.

[14] Ridderbos, "Reino de Deus, Reino dos Céus", p. 1150.

[15] Ibid.

(2) *corpo (1Co 12.27):* referência ao fato de que somos uma unidade funcional e viva, não só quando reunidos, mas também quando espalhados no dia a dia, unidade da qual Cristo é a cabeça, e nós, os membros, em que há diversidade e multiplicidade de funções para que seja de fato um corpo no qual cada membro é necessário para os outros membros e para o bom funcionamento do todo;

(3) *casa/família (Hb 3.6; Rm 8.15-17):* referência ao fato de que somos uma unidade de pessoas próximas e íntimas, da qual Deus é o Pai, o irmão mais velho é o Senhor Jesus, o Filho, e todos nós, os demais, somos irmãos.

O que faz a igreja?

O propósito para o qual Jesus chamou a igreja é fazer discípulos. Para alcançar esse objetivo, primeiro nos encontramos, como corpo e família, com nosso Criador e Pai e com nosso Senhor Jesus Cristo, pela mediação e habitação em nós do Espírito Santo, em adoração ao Deus triúno e para edificação do corpo todo. Depois, somos enviados, cada um de volta para o seu lugar e ambiente de atuação.

Na adoração, nos prostramos em submissão ao nosso Senhor, como uma espécie de "ensaio" da atitude que queremos adotar durante os outros dias da semana. No encontro, admiramos a grandeza do nosso Deus e declaramos nossa confiança em sua condução poderosa para a continuação da caminhada. Na edificação, por meio da Palavra pregada e do encorajamento mútuo, somos incentivados a incorporar a vontade de Deus em nossa vida. No encontro, a ordem de pregar "todo o desígnio de Deus" (At 20.27) é posta em prática. É também no encontro que praticamos o que Hebreus nos ensina: "E consideremos uns aos outros para nos incentivarmos ao amor e às boas obras", procurando "encorajar-nos uns aos outros" (Hb 10.24-25). Por meio desses relacionamentos, discipulamos e somos discipulados, e dessa forma contribuímos para que a palavra "chegue lá".

Assim preparados e encorajados, somos dispersos e vamos "pescar gente", trazer mais "desabrigados" para essa casa, estreitando laços com outros interessados, e trazendo-os para mais perto do Mestre, com o propósito de fazer deles novos pescadores e verdadeiros discípulos do Senhor Jesus, irmãos dessa família.

Podemos representar também, e de forma muito apropriada, esse agrupamento de pessoas como uma "companhia de teatro": estamos encenando e representando, e, mais do que apresentando um drama, estamos vivendo um *teodrama*, fazendo parte do que Deus está fazendo na história. É assim — teodrama — que Kevin Vanhoozer chama "a autoapresentação de Deus na Palavra e em suas obras".[16] Essa "comunidade de discípulos, a igreja, é uma parábola do reino — uma encenação viva de como a vontade de Deus deve ser feita na terra, assim como é feita no céu".[17] E a igreja faz isso como "uma embaixada local do reino de Deus",[18] representando e difundindo os interesses do reino de Deus — afinal, somos os agentes desse reino.

A única maneira de haver um crescimento verdadeiro e saudável dessa agência do reino é mediante a combinação de três fatores: a pregação sólida e saudável; o envolvimento máximo de todos os sacerdotes no cuidado uns dos outros; e a união de esforços em torno da missão de fazer mais discípulos.

[16] Kevin Vanhoozer, *Discipulado para a glória de Deus* (São Paulo: Vida Nova, 2022), p. 169, 177.

[17] Ibid., p. 279.

[18] Ibid., p. 151.

Como vamos levar a mensagem: discipulado, o *modus operandi* dos agentes do reino

A necessidade: falta maturidade, falta crescimento

Há enormes deficiências no processo de fazer discípulos. E esses problemas ficam cada vez mais nítidos na quantidade de escândalos nas igrejas, nas brigas públicas entre irmãos de fé, na elevada taxa de casamentos em crise e de famílias destruídas, na acomodação dos cristãos a princípios nada bíblicos no mercado de trabalho, bem como em outras áreas, e, especialmente, na falta de paixão por resgatar pessoas dos descaminhos da vida e da perdição eterna. Em resumo, a qualidade dos discípulos deixa a desejar, e ainda há muitos discípulos por fazer.[19]

Solução: cuidarmos uns dos outros

Para solucionar essas deficiências, devemos seguir as orientações práticas muito apropriadas que temos na Bíblia sobre como fazer discípulos, como esta de Paulo a Timóteo: "E as palavras que me ouviu dizer na presença de muitas testemunhas, confie-as a homens fiéis que sejam também capazes de ensinar outros" (2Tm 2.2). E o exemplo da vida do próprio Timóteo — que também fora discipulado em casa, pela vovó Loide e pela mamãe Eunice — nos mostra que o discipulado é um dever e uma honra confiada não só a "homens fiéis", mas igualmente a mulheres fiéis, ou seja, a esse reino de sacerdotes que ensinam e edificam uns aos outros.

As dezenas de ordens "uns aos outros" que encontramos nas Escrituras (p. ex. Rm 12.10-16; Ef 4.32; Cl 3.12-17) são uma grande caixa de ferramentas essenciais nesse trabalho. Paulo nos aponta

[19] Mark Dever, *Discipulado* (São Paulo: Vida Nova, 2016), p. 63.

ainda o alvo do discipulado: "que apresentemos todo homem perfeito em Cristo" (Cl 1.28-29). Na sua carta aos Romanos, o mesmo apóstolo também encoraja seus leitores com uma grande certeza: "Meus irmãos, eu mesmo estou plenamente convencido de que vocês estão cheios de bondade e plenamente instruídos, sendo capazes de aconselhar-se uns aos outros" (Rm 15.14).

Mas, afinal, o que é discipular?

Discípulo "é simplesmente um seguidor que, assumindo um compromisso radical, trilha o caminho da obediência fiel por amor".[20] Discipular, por consequência, é ajudar alguém a seguir a Jesus, é "exercer intencionalmente uma boa influência espiritual sobre a vida de alguém".[21] É caminhar com outro discípulo ou candidato a discípulo, seja no crescimento pessoal pelo estudo da Palavra e pelo encorajamento mútuo, seja nas atividades de ministério e de ajuda aos necessitados.

Discipular, obviamente, não diz respeito apenas a ajudar outros a crescer. Quando nos empenhamos em ajudar outros a amadurecer, nós mesmos crescemos — às vezes, até mais do que a outra pessoa. Ou seja, "parte de ser discípulo, na verdade, é discipular. Parte do processo de crescimento em maturidade é ajudar o próximo a crescer em maturidade".[22] Discipular também tem o seu custo, o qual Jonas Madureira classifica como uma disposição que se desdobra em três categorias: disposição ao amor, ao sofrimento e ao desapego.[23]

[20] D. Augsburger, "Discipulado", in: W. A. Dyrness e V.M. Kärkkäinen (orgs.), *Dicionário global de teologia* (São Paulo: Hagnos, 2016), p. 249.

[21] Dever, *Discipulado*, p. 81.

[22] Ibid., p. 23.

[23] Jonas Madureira, *O custo do discipulado* (São José dos Campos: Fiel, 2019), p. 35.

Discipular consome tempo, exige disciplina e intercessão incessante, demanda estudo e aprofundamento, requer esforço constante para o crescimento pessoal — implica colocar seus bens e sua vida a serviço do reino. Em resumo, significa amar no real sentido da entrega abnegada que não espera recompensa.

Como nos ensina Dietrich Bonhoeffer: "O amor não deve perguntar se é correspondido, mas procurar quem carece dele", mesmo que seja nosso inimigo. E continua: "Quem mais necessita de amor senão aquele que, sem amor, vive no ódio? Quem, portanto, seria mais digno de amor que meu inimigo? Onde seria o amor mais glorificado do que entre seus inimigos? Esse amor não faz distinção entre os tipos de inimigos; reconhece apenas que, quanto mais inimigo o inimigo é, mais carece de meu amor".[24]

Servir ao próximo é genuína expressão de amor. E, segundo Mark Dever, "nada demonstra tanto esse amor de Deus e ao próximo como o ato de discipular outras pessoas: exercer uma boa influência espiritual sobre elas, de modo deliberado, para ajudá-las a seguir Cristo".[25] A melhor recompensa que podemos receber é simplesmente o privilégio de participar desse ministério. A expectativa que devemos ter é a mesma dos primeiros cristãos, como ensina F. F. Bruce: "Mas eles não deveriam pensar que a promoção no reino significaria privilégios, posição e o direito de dar ordens aos que servem; em seu reino a honra viria pelo caminho do serviço abnegado e humilde; na realidade, o serviço *era* a honra".[26]

[24] Dietrich Bonhoeffer, *Discipulado* (São Paulo: Mundo Cristão, 2016), p. 114.

[25] Dever, *Discipulado*, p. 20.

[26] F. F. Bruce, *História do Novo Testamento* (São Paulo: Vida Nova, 2019), p. 171.

Qual é o papel da liderança pastoral nesse processo?

A função primordial da liderança pastoral é seguir à frente do rebanho, como exemplo em tudo, tanto na vida pessoal quanto na condução do corpo. Em seu *Plano mestre de evangelismo* (publicado há décadas e ainda relevante), Robert Coleman nos ensina como Jesus escolheu seus discípulos, conviveu com eles, ensinou-lhes a obedecer e a se doar, demonstrou como se vive o reino de Deus e, depois, delegou a eles a prática da missão.[27] Mas não sem supervisioná-los e ajudá-los a crescer, especialmente após alguns "escorregões". E, ao final desse processo, ele os encarregou da impressionante tarefa de discipular todas as nações — descobri na minha experiência pastoral o quanto é útil e produtivo, na igreja local, seguir a Jesus nesses passos.

Para tornar isso realidade, a liderança pastoral tem a nobre tarefa de anunciar "todo o desígnio de Deus" (a doutrina sadia e completa) na pregação e no ensino. E, nessa tarefa, precisa adotar duas atitudes bem destacadas por Estevan Kirschner: "Respeito à voz do escritor bíblico, sem lhe impor pressuposições ou preconceitos que lhe sejam estranhos" e "respeito à revelação bíblica como um todo".[28]

A liderança pastoral precisa também conviver proximamente com o povo da igreja, em especial com os demais líderes, "com o fim de preparar os santos para a obra do ministério, para que o corpo de Cristo seja edificado" (Ef 4.12), ou seja, para assim de fato fazer a palavra "chegar lá" e para

[27] Robert Coleman, *O plano mestre de evangelismo* (São Paulo: Mundo Cristão, 2006).

[28] Estevan F. Kirschner, *O protagonismo da Bíblia: Reflexões sobre o papel das Escrituras em nossos dias* (São Paulo: Mundo Cristão, 2022), p. 28.

que todos "cheguemos à maturidade, atingindo a plenitude da medida de Cristo" (Ef 4.13).

Contudo, nesse empenho de instituir e ampliar na igreja toda essa cultura de cuidado mútuo visando ao amadurecimento espiritual, encontramos um grande obstáculo, que são os "imaginários sociais" que influenciam pesadamente os cristãos.[29] E nossa grande luta como pastores e líderes será sempre recuperar o "imaginário social" fundamentado na Bíblia. Assim, é imprescindível que se crie na igreja local uma cultura de discipulado, na qual todos sejam encorajados e capacitados a participar. Como bem expressa Mark Dever: "As igrejas não precisam tanto de programas especiais quanto carecem de culturas de discipulado, nas quais cada membro priorize a saúde espiritual do outro".[30]

Conclusão: Qual é a nossa tarefa?

Como pastores, precisamos difundir o "imaginário bíblico", ou seja, "a verdadeira história do que o Deus triúno está fazendo no mundo".[31] Nossa luta, como pastores-teólogos, não é "contra a carne e o sangue, e sim contra os poderes sociais e principados ideológicos" que dominam o presente século.[32] A melhor maneira de travar essa luta e difundir o imaginário bíblico é contar histórias. "Jesus foi um incomparável contador de histórias. E as histórias que ele contava destinavam-se a transformar o imaginário social dos discípulos".[33]

E como "A Bíblia [...] é uma história unificada que abrange toda a realidade, precisamos resgatar a Bíblia como nossa

[29] Vanhoozer, *Discipulado para a glória de Deus*, cap. 2.

[30] Dever, *Discipulado*, p. 79.

[31] Vanhoozer, *Discipulado para a glória de Deus*, p. 42.

[32] Ibid.

[33] Ibid.

história controladora".[34] Para que isso aconteça, é preciso enxergar, ler e ensinar a Bíblia como uma história inteira e completa, na qual estamos entrando quando aceitamos o convite para participar do reino de Deus. Assim, estamos "encontrando o nosso lugar na história bíblica", como dizem Goheen e Bartholomew, no subtítulo do seu *O drama das Escrituras*.[35] Não somente isso, mas quando encontramos nosso lugar nessa história, começamos a "aprender a habitar a história da Bíblia", o que significa "ouvir e praticar [...] o estranho mundo novo e bendito da Bíblia".[36] E dessa forma confrontamos a noção vigente de que o que conduz a história são "processos históricos naturais", e afirmamos claramente que o fio condutor da história é "a providência divina".[37]

O que queremos, portanto, é "formar nos fiéis não somente um entendimento, mas também o desejo de ser parte [dessa] história".[38] Para que isso se torne realidade, quanto mais "atores" dessa grande companhia se envolverem no grande drama e quanto mais cada "ator" estiver comprometido com sua missão, melhores serão os resultados. No reino de sacerdotes todos são importantes e necessários.

O desafio é grande

Mas como podemos enfrentar o enorme problema dos imaginários sociais predominantes da atualidade? Além da preocupação enorme com saúde, beleza, bem-estar, vemos que "imagens

[34] Ibid.

[35] C. G. Bartholomew e M. W. Goheen, *O drama das Escrituras: Encontrando o nosso lugar na história bíblica* (São Paulo: Vida Nova, 2017).

[36] Vanhoozer, *Discipulado para a glória de Deus*, p. 151.

[37] Ibid., p. 48.

[38] Ibid., p. 175.

de sucesso disseminadas por escolas de negócios e programas de televisão não se insinuaram para dentro de nosso inconsciente cristão coletivo, mas, sim, arrombaram-no".[39] Portanto, os pastores agora "têm o privilégio e levam nos ombros a responsabilidade de desenvolver culturas cristãs" para então colocá-las no lugar daquelas "imagens de sucesso".[40] A imaginação que o reino de Deus e o evangelho nos proporcionam "é o poder de habitar uma realidade que não podemos ver empiricamente"[41] (em Hebreus 11 temos exemplos disso em grande quantidade). Assim capacitamos o povo de Deus a "viver não na terra da fantasia e sim no único mundo real que existe".[42]

Essa é, então, a nossa grande tarefa: levar nosso rebanho — que também é um reino de sacerdotes — a habitar esse drama do "já e ainda não" e envolver nesse enredo cada ovelha do rebanho, cada discípulo do Mestre, cada pescador de gente, cada sacerdote do reino. Barrabás, na peça *O processo continua*, aproveita a ocasião no tribunal para suplicar ao juiz que o condene. Exige o "direito" de ser condenado e crucificado, pois não suporta mais viver debaixo do peso dessa culpa. O juiz já não sabe mais o que fazer e o manda embora. Ele se nega, grita para que a vítima venha depor contra ele, mas "os mortos são mudos", ouve do juiz. Então, pergunta se a vítima não tem um parente que fale em seu nome... e eis que entra em cena uma mulher — "Eu sou a mãe do rapaz que foi morto por Barrabás" —, outra mãe que também estava ao pé da cruz naquele dia fatídico e que exigia do crucificado uma explicação do indulto

[39] Ibid., p. 143.
[40] Ibid., p. 142.
[41] Ibid., p. 147.
[42] Ibid., p. 149.

ao assassino. Porém, o que ela ouviu não foi uma explicação, mas uma breve frase: "Eis aí o teu filho", palavras carregadas com tanto amor que se transformaram em uma espada de luz que lhe atravessou o coração. Quando ela se virou, viu o assassino atrás dela e olhou-o nos olhos. Acompanhemos então o desfecho da trama no diálogo entre essa mãe e Barrabás

MÃE: Eu sabia que o encontraria. Procurei você pelo mundo todo. Até que enfim o encontrei, Barrabás.

BARRABÁS: Eu... eu matei o seu filho.

MÃE: Todos nós matamos o Filho.

BARRABÁS: Eu sou culpado.

MÃE: Todos nós somos culpados.

BARRABÁS: Eu... eu fui condenado.

MÃE: Todos nós fomos condenados. Todos nós fomos libertados.

BARRABÁS: Eu também?

MÃE: Você também, meu filho Barrabás.

BARRABÁS: Então não foi o povo que me libertou? Não foi o sumo sacerdote? Nem Pilatos daquela vez, diante do tribunal?

MÃE: Não, Barrabás. Você não estava livre — até este momento, em que você é perdoado no nome dele.

BARRABÁS: Perdoado...

MÃE: Ninguém é livre, se ele não o libertar antes. Você não procurava os seus direitos, Barrabás?

BARRABÁS: Procurava.

MÃE: E agora você os achou. O direito de aceitar a misericórdia. Como eu. E todos nós. Vá, Barrabás.

BARRABÁS: Mas para onde devo ir... mãe?

MÃE: Para ele. Venha, eu vou acompanhar você.

Fazer a palavra "chegar lá" é levar e acompanhar nosso "co-sacerdote", caminhando juntos em direção do Filho. E, nesse processo, todos nós crescemos.

13

O florescimento da comunidade em torno do evangelho

• ZÉ BRUNO •

MDiv pelo Seminário Teológico Servo de Cristo onde atualmente cursa o DMin. Iniciou seu ministério pastoral em 1994 e, desde 2010, é pastor da igreja Casa da Rocha. É também professor de Introdução às Escrituras e de Teologia Bíblica, autor do livro *Diálogos com Jesus*, além de vocalista, guitarrista e compositor da banda Resgate, formada em 1989. É casado com Blanche e pai de três filhos: Lucca, Vitória e Guilherme.

Foi com grande surpresa e tremenda alegria que recebi o convite para participar de uma *Festschrift* que homenageia nosso querido mestre Estevan Kirschner. Suas aulas, seu conhecimento e seu exemplo na jornada cristã se tornaram referências em minha maneira de enxergar o texto bíblico, em meu ministério pastoral e em minhas aulas e conversas de discipulados, durante as quais sempre cito seus exemplos.

Introdução: a Covid-19

A pandemia da Covid-19 movimentou muita coisa na vida das nossas comunidades. O isolamento, o fechamento das atividades presenciais, o distanciamento, a solidão e as notícias desencontradas no início da pandemia fizeram com que todos nós ficássemos abalados e um tanto perdidos sobre como conduziríamos nossas comunidades à distância. Lembro-me dos primeiros dias da pandemia em que fui tomado por uma preocupação: Como manter a comunidade acesa, em comunhão e na viva esperança? Como permanecer perto de cada um ainda que distante no isolamento?

Minhas primeiras ideias foram a transmissão das pregações de domingo, a gravação de vídeos devocionais diários e uma *live* de comunhão e oração semanal. Transmissões pelo YouTube e *lives* pelo Instagram se tornaram parte do nosso dia a dia. Termos como Zoom, Google Meet, OBS Studio, Web Broadcast e outros saíram do campo do desconhecido e passaram a fazer parte de nosso vocabulário. Eu acreditava que deveria aumentar minha presença on-line de forma acessível para que o calor da comunhão da comunidade pudesse, de alguma forma, ser mantido. Eu estava certo, mas apenas em parte.

Houve grande discussão sobre o isolamento, e muitas instituições evangélicas debatiam com o poder público sobre o retorno dos ajuntamentos e a necessidade de manter igrejas abertas mesmo com o risco do contágio, a fim de atender pessoas e socorrê-las espiritualmente. Nesse coro pelo retorno das aglomerações, havia igrejas verdadeiramente bem-intencionadas, gente de Deus e preocupada com o povo, mas havia também pastores que tinham perdido seu poder de persuasão e seu poder arrecadatório, uma vez que não podiam reproduzir na internet os movimentos catárticos que emocionam multidões e movem a roda do negócio religioso. Não é meu papel fazer juízo de valor, nem julgar as intenções, mas a constatação de que havia gente boa e gente não tão bem-intencionada no mesmo coro é um fato.

De qualquer forma, o cenário nos ensinou algo, ou melhor, nos gritou algo precioso, e quem teve ouvidos para ouvir, ouviu o que Deus estava a nos ensinar. Aprendemos a trabalhar em softwares de edição de vídeo, criamos intimidade com as câmeras, nos especializamos em transmissões pela internet e nos tornamos mais conectados do que nunca. E isso foi um avanço, sem dúvida, contudo jamais podemos deixar de atentar para aquilo que verdadeiramente nos une e nos faz o povo de Deus: a boa-nova.

Hoje há uma busca quase doentia pelo tal "avivamento". Uma enormidade de livros contendo métodos e fórmulas para produzir esse movimento podem ser encontrados nas livrarias. Todos querem avivar a igreja, um desejo que, a princípio, não possui nada de errado, mas nos enganamos quando pensamos que métodos de comunicação ou ferramentas de marketing podem fazer a comunidade viver, reviver ou florescer. Não podem. Esses métodos de gestão de pessoas podem até proporcionar um ajuntamento organizado, mas apenas o Espírito é capaz de promover a verdadeira comunhão, e isso acontece por meio do anúncio do evangelho. A pandemia trouxe à tona uma realidade triste de se encarar: muitas comunidades sobreviviam de atividades e eventos. No momento de tensão e de desespero, em que a vida foi exposta, muita gente procurou ferramentas para manter a comunidade viva, esquecendo-se de que apenas a proclamação do evangelho é capaz de fazer isso. Todas as ferramentas da tecnologia digital, a tradição educacional clássica, todos os elementos didáticos, nossa homilética e força retórica não serão suficientes se não compreendermos o evangelho e não o transmitirmos "quer a ocasião seja favorável, quer não" (2Tm 4.2). A comunidade só ganha vida no evangelho. De forma misteriosa e inexplicável, o anúncio de que estamos mortos e de que a ressurreição de Cristo sepultou a nossa morte nos faz florescer para uma nova vida. Nossa velha vida neste mundo, marcada pela morte, perde seu sentido, e uma nova vida a partir da vida de Cristo em seu reino, passa a ser nossa. A verdadeira comunidade floresce em torno da mesa sobre a qual o evangelho é servido. A vida está no evangelho.

O que é a vida?

A biologia tem uma definição de vida focada nas atividades biológicas de um organismo. Na ótica da química, a vida é um conjunto de reações em processos orgânicos nas atividades internas de um ser vivo. A filosofia tem um conceito sobre a vida, a psicologia também tem sua definição. Para a medicina a vida se resume às atividades cerebrais de um ser, que só é considerado vivo enquanto há sinapses ocorrendo. Mas o que é a vida e quem pode defini-la de maneira definitiva? Jesus requereu para si essa prerrogativa quando disse: "Eu sou o caminho, a verdade e *a vida*" (Jo 14.6). A vida é uma pessoa, Cristo. Quem tem Cristo, tem a vida.

Essa é uma verdade que aprendemos ao longo da caminhada cristã, ouvimos em sermões, cantamos em canções do nosso cancioneiro, aprendemos nas escolas bíblicas e repetimos quase no modo automático: "Cristo é a nossa vida". Mas acreditamos mesmo nisso? A razão de fazermos tudo que fazemos, de nos levantarmos da cama todo dia, a razão do nosso trabalho, da nossa família, do nosso ministério, a razão dos nossos sonhos e planos, nossas relações e nossa alegria de viver, tudo isso gira mesmo em torno da vida, que é Cristo?

Como pastor, vivo sempre com a responsabilidade de anunciar o reino de Deus com clareza e objetividade, preciso falar do evangelho a cada domingo de forma simples e direta. Sei que o evangelho é poderoso na vida de quem crê e, uma vez anunciado, ele vai produzir grandes transformações no coração que estiver pronto para recebê-lo. Muitas são as fórmulas, os métodos de multiplicação e os sistemas prontos que prometem saúde ao rebanho, mas hoje, nada mais me ilude: preciso falar do evangelho, afinal essa foi a única tarefa que Cristo nos deixou: "Vão ao mundo inteiro e anunciem as boas-novas a todos" (Mc 16.15).

Onde começa a vida?

Concordamos que a vida é uma pessoa, que ela começou em Cristo e estava com Deus desde o princípio. É isso que o apóstolo João nos ensina sobre o surgimento de todas as coisas — o início do cosmos e o princípio de toda a existência têm origem no *logos*.

> No princípio, aquele que é a Palavra já existia. A Palavra estava com Deus, e a Palavra era Deus. Ele existia no princípio com Deus. Por meio dele Deus criou todas as coisas, e sem ele nada foi criado. Aquele que é a Palavra possuía a vida, e sua vida trouxe luz a todos.
>
> João 1.1-4

Jesus é Deus e estava no princípio, antes de tudo existir. Ele é a razão de tudo que existe, e o princípio de tudo que há. Ele sempre foi o Filho, ele sempre foi o amor sacrificial — ele já era o que é desde antes de tudo passar a ser. A história recebeu o Cristo no tempo, e Cristo se manifestou na história e no tempo para que o homem entendesse onde a história teve início, isto é, antes de haver tempo.

Olhar para Jesus é ver o Deus que não podemos ver e o ser humano que não conseguimos ser. Ele se fez carne para que entendêssemos o que significa uma vida em Deus, para que vislumbrássemos como poderíamos viver se a palavra (*logos*) de Deus, o Verbo, que é a verdade, de fato encarnasse em nós. O Verbo se fez carne para que toda a carne visse, cresse, se rendesse e vivesse Deus. Jesus encarnou e viveu entre nós para que entendêssemos nossa origem, nosso propósito e nosso destino. Portanto, se o Verbo estava no princípio e se tudo foi feito por intermédio dele, então a criação é cruciforme. O cosmos tem a forma de Cristo, pois tudo foi idealizado para que funcionasse sob as bases do amor sacrificial, sob as bases do amor perfeito. Tudo que existe foi idealizado para que a palavra da verdade, a vontade de Deus, o Verbo, fosse o fundamento de tudo que existe — a lógica de como opera a vida neste universo.

Essa é a razão pela qual Deus diz a Adão que ele morreria se comesse do fruto da árvore do conhecimento do bem e do mal. Após a Queda, o homem passa a agir de acordo com sua própria lógica. Deus sai da equação, o Verbo é substituído pela vontade humana, o cosmos morre. Estamos assistindo dia após dia à sua agonia.

> Pois toda a criação aguarda com grande expectativa o dia em que os filhos de Deus serão revelados. Toda a criação, não por vontade própria, foi submetida por Deus a uma existência fútil, na esperança de que, com os filhos de Deus, a criação seja gloriosamente liberta da decadência que a escraviza. Pois sabemos que, até agora, toda a criação geme, como em dores de parto. E nós, os que cremos, também gememos, embora tenhamos o Espírito em nós como antecipação da glória futura, pois aguardamos ansiosos pelo dia em que desfrutaremos nossos direitos de adoção, incluindo a redenção de nosso corpo.
>
> Romanos 8.19-23

Há uma esperança escatológica em todo o cosmos, a esperança de que o homem colocado no jardim desde o Éden finalmente se manifeste e passe a reger a criação segundo a mente de Cristo e não de acordo com a corrupção do seu coração — é por isso que toda a existência geme nessa espera. E nós, que vivemos uma vida morta, também gememos numa agonia aparentemente sem solução e sem cura que toma conta de todo ser que respira neste sistema. Nada nos satisfaz, nem as riquezas, nem a fama, nem o poder, nem o sexo, nada, absolutamente nada pode remover a angústia da morte que engoliu toda a existência humana.

É o evangelho que nos anuncia que essa angústia só pode ser resolvida por Cristo. Estávamos mortos em nossos delitos e pecados, mas Jesus, ao ressuscitar, também nos deu não apenas uma nova vida mas também um vislumbre de seu reino escatológico, que colocará em ordem tudo o que pensamos, sentimos e fazemos.

De onde brota a vida?

Concordamos que vida é Cristo, e que Cristo, de si mesmo, traz tudo à existência. Também vimos que a criação morreu na Queda, mas a verdadeira vida voltou a ser vista na encarnação de Cristo. A partir dele a vida pode então voltar a brotar em todos os que creem:

> Eu sou a videira verdadeira, e meu Pai é o lavrador. Todo ramo que, estando em mim, não dá fruto, ele corta. Todo ramo que dá fruto, ele poda, para que produza ainda mais. Vocês já foram limpos pela mensagem que eu lhes dei. Permaneçam em mim, e eu permanecerei em vocês. Pois, assim como um ramo não pode produzir fruto se não estiver na videira, vocês também não poderão produzir frutos a menos que permaneçam em mim.
>
> João 15.1-4

A metáfora da videira é um dos mais lindos discursos de Jesus, um resumo de sua obra e de seu propósito entre os homens. Ele é a videira e é a partir dele que a vida brota, cresce e se espalha. É a partir do Cristo na cruz, da vida que foi crucificada, que a videira viva surge sobre a terra. E a cada dia somos vivificados e limpos pelas palavras do evangelho que Jesus nos legou. A metáfora da videira revela a razão que sustenta a vida de Deus entre os homens, a saber, seu amor sacrificial.

Para o povo que cercava Jesus e que estava habituado com os textos de Salmos 80.8-19 e Isaías 5.1-7, a videira era o Israel de Deus, o povo escolhido que falhou em sua missão. Quando Jesus diz: "Eu sou a videira verdadeira", tudo passa a fazer sentido. Israel havia sido a videira plantada por Deus no mundo, mas falhou em dar seus frutos, o que desagradou a Deus. Jesus agora revela aos discípulos uma verdade que estava encoberta: Deus estava plantando seu Filho na terra numa cruz fincada no chão. Essa nova videira daria uvas boas e mostraria seu amor ao mundo. A videira verdadeira é Jesus, não Israel. E essa videira não está ligada a uma etnia, nem a uma terra, povo, nem a uma religião. Portanto, nós também podemos fazer parte dessa videira como ramos enxertados que só produzem frutos se estiverem ligados ao sacrifício da cruz — um sinal de morte para o mundo, mas sinônimo de vida para nós (Fp 1.28).

A vida na comunidade

Ainda sobre a metáfora da videira, Jesus diz aos discípulos como eles poderiam ser purificados: "Vocês já foram limpos pela mensagem que eu lhes dei" (Jo 15.3). Suas palavras, isto é, o evangelho, limpam, podam e preparam o ramo para ser frutífero. Ao longo dos últimos catorze anos tenho dedicado meu tempo no púlpito da igreja a expor continuamente o evangelho.

Minha tarefa tem sido percorrer as Escrituras a fim de demonstrar o evangelho anunciado, vivido e propagado. É nessa narrativa viva que nos encontramos com o florescimento da verdadeira vida entre os homens — a igreja de Cristo.

Decidi ser um pregador expositivo, pois só a exposição do evangelho permite o florescimento da vida no seio da comunidade da fé. Isso não significa o total abandono das séries de sermões temáticos, pois vivemos em um mundo em que somos requeridos a dar respostas aos mais diferentes impasses da sociedade. Porém, compreendi que as perguntas podem mudar ao longo dos anos, mas a resposta sempre vem do mesmo lugar: do evangelho do reino. Assim, quando um tema me parece premente e necessário, recorro à lógica narrativa do evangelho para ajudar a igreja a compreender o que o Senhor tem a nos dizer sobre tal dilema.

Temas e *clickbaits*

Certa ocasião, um irmão que trabalhava com cursos pela internet me convidou a entrar nesse ramo. Não tenho nada contra e até cheguei a produzir dois cursos on-line mais tarde. Porém, no momento do convite, não me senti confortável em comercializar meu conteúdo, até porque grande parte dele não era propriamente meu, mas dos livros que li, e outra parte estava ainda em amadurecimento.

Na minha mente, a palavra "conteúdo" sempre significou algo consistente. Quando ouvia alguém dizer: "Fulano é uma pessoa de conteúdo", para mim, isso significava que essa pessoa tinha algo importante e relevante em suas ideias. Mas essa minha compreensão mudou quando esse irmão me mostrou a enormidade de cursos que estavam à disposição na internet. Descobri que a palavra "conteúdo" havia mudado de significado, agora significava "qualquer coisa". Qualquer coisa que se fala diante de uma câmera é conteúdo. Pouco importam a profundidade, a veracidade, a consistência ou a relevância de tal "conteúdo", basta preencher o espaço de um vídeo. É a realidade da lógica da informação que nos engoliu. É triste, mas é a verdade. Vivemos na era digital em que a busca por relevância foi substituída pela busca por cliques, *likes* e seguidores. A relevância de uma mensagem é medida por sua capacidade de gerar engajamento e não por sua consistência. Como pastores, nosso púlpito não busca engajamento, aprovação de um auditório ou adesão institucional — nossa mensagem vive da fundamentação no evangelho. Anunciamos as boas-novas para que a vida brote, e não para que uma pseudovida apareça.

Durante as muitas viagens com o Resgate ao longo de 35 anos, tenho visto muitos pastores procurando a fórmula mágica, a estratégia correta, o método perfeito para a edificação da igreja. Além de um método mágico, muitos parecem procurar um tema chamativo, um assunto polêmico, uma nova revelação, uma palavra ainda não dita; algo que chame a atenção das pessoas. Muita gente se perde no distanciamento do simples — mas não raso — e poderoso anúncio do evangelho. Cliques e seguidores podem até gerar engajamento, mas nem sempre significam vida.

Eu não me espantaria se o livro de Atos dos Apóstolos fosse retirado do cânon do Novo Testamento hoje. Sim, não me espantaria. A lógica dos dias de hoje é contrária ao que diz a narrativa de Atos. Segundo o pensamento contemporâneo, o anúncio do evangelho da ressurreição relatado em Atos jamais teria dado certo. Para a lógica da religião evangélica dominante nos dias de hoje, a igreja não poderia ter surgido da maneira que surgiu. Como a igreja poderia ter dado certo sem um planejamento estratégico e sem uma metodologia para engajamento e desenvolvimento? Não quero dizer que uma comunidade deve viver sem planejamento ou metodologia de gestão, mas sim que nada disso faz a vida brotar. Sem a proclamação contínua do evangelho, não haverá vida verdadeira.

Hoje, muitos acreditam que o anúncio do evangelho não é suficiente para que a vida brote como um renovo no meio da terra seca, parece que é necessário um "algo mais", sendo que, na verdade, o que todos procuram é apenas o "algo mais", pois perderam a fé na proclamação do evangelho. Tudo se passa como se o ministério pastoral tivesse se esquecido do valor daquilo que Jesus fez. Lembre-se: Jesus proclamou seu reino, seu messianato, sua morte, ressurreição, segunda vinda, o juízo final e a vida eterna por meio de pequenas histórias e parábolas. Esquecemos que Jesus fez uma revolução na terra contando histórias, falando da boa-nova do evangelho de maneira simples, profunda e clara. Esquecemos que a igreja de Cristo atravessou séculos enfrentando perseguição, frieza espiritual e todo tipo de filosofias, firmando-se na teologia das epístolas e dos Evangelhos.

O evangelho é o poder de Deus, e só o evangelho tem poder (Rm 1.16-17). Precisamos voltar a crer que o evangelho é poderoso e que leva o ser humano ao mais profundo mergulho na consciência de seus pecados, a um encontro doloroso com a sua condição decaída, a um reconhecimento da dependência de Cristo, a um verdadeiro arrependimento e ao ressurgimento para uma nova vida. Todo o restante da vida humana, suas decisões e escolhas, sua firmeza e esperança, sua devoção e santificação, tudo é decorrente do florescimento da verdadeira vida dentro de si, do fruto da divina semente na terra fértil do coração humano. Não há resposta para nenhum dilema humano fora do evangelho. Se a igreja não estiver cheia do evangelho não haverá vida. Para o homem natural, as coisas de Deus lhe parecem loucura, mas para nós que cremos na loucura da pregação, a vida está na mensagem da cruz (1Co 1.18-25).

A teologia bíblica e a comunidade da fé

Pessoas se ajuntam em comunidades em torno de ideais comuns. Comunidades podem surgir a partir de teorias sobre lutas de classe, ideologias políticas, sociais, econômicas. Comunidades podem surgir em torno de *hobbies*, do esporte e até mesmo do consumo e do mercado — incluindo o mercado da fé. O fenômeno da religião é indecifrável, não podemos equacioná-lo nem dissecá-lo, e isso se aplica também à fé cristã.

A igreja de Cristo é um fenômeno difícil de discernir. Pessoas de diferentes nacionalidades, vivendo em diferentes locais do planeta, pertencentes a diversas culturas e classes sociais e com idades variadas creem no mesmo Cristo e, ainda que estejam a milhares de quilômetros de distância e nos mais diferentes fusos horários, mesmo assim e ao mesmo tempo, são a Igreja de Cristo. O Espírito de Cristo que neles habita os torna um só corpo. Esta é a Igreja (com "I" maiúsculo mesmo) espalhada pela face da terra, a união de terras férteis, de corações que receberam a divina semente do evangelho, creram e tiveram dentro de si o brotar de uma nova vida.

Essa Igreja se manifesta em diferentes lugares através das comunidades locais, também chamadas "igrejas". A comunidade local deve ser um recorte do fenômeno do Espírito que gerou a grande Igreja espalhada pela terra. Pessoas pelo mundo vieram à nova vida através do evangelho, e é o evangelho que deve guiá-las em um novo estilo de vida. Timothy Keller dizia que o anúncio do evangelho é o meio de entrada no reino de Deus, bem como a maneira como se deve viver nesse novo reino. Muita gente pensa que não precisa mais ouvir o evangelho pois já se converteu, mas essas pessoas se enganam ao pensar que evangelho é apenas um anúncio da salvação para perdidos, não percebem que o evangelho é uma nova lei messiânica que gera uma nova lógica de vida, uma nova mente e um novo coração dentro de cada ser humano.

Não me canso de ler e ouvir sobre o evangelho. A cada dia sou mais edificado e percebo a vida florescer em pessoas que desabrocharam e se libertaram por ouvirem a Palavra sendo ministrada. Por isso, precisamos voltar nossos olhos à teologia bíblica, realinhar o leme do nosso ministério na direção da pregação expositiva. A narrativa neotestamentária é o cerne nossa mensagem. Devo anunciar insistentemente esses 27 livros quantas vezes tiver oportunidade, pois minha tarefa é me debruçar na teologia do Novo Testamento e levá-la ao púlpito domingo após domingo, enquanto tiver fôlego, pois pregar o evangelho é nossa missão, e usando as palavras de Paulo: "Ai de mim se não anunciar as boas-novas" (1Co 9.16).

Amigo pregador, Jesus nos ordenou a anunciar o evangelho a toda criatura, e é isso que devemos fazer. O evangelho nos mata e nos ressuscita, nos faz cair de joelhos e nos levanta, mostra quão somos enfermos e, logo depois, nos cura. O evangelho nos dá esperança do reino vindouro e nos alimenta de esperança no presente, nos faz experimentar o reino futuro hoje. O evangelho faz brotar a vida na comunidade escatológica, que não é deste mundo, mas vive nele dizendo ao mundo que há um amanhã.

14

Nova geração e comunidade de fé: Uma perspectiva bíblica

• ANA LUCIA BEDICKS •

Doutora em Ministério de Adolescentes, Família e Cultura pelo Fuller Theological Seminary, nos Estados Unidos. É professora do Seminário Teológico Servo de Cristo e membro da Igreja Batista Nações Unidas, em São Paulo. É casada e mãe de três filhos.

Como tem sido a relação das comunidades da fé com a nova geração no contexto contemporâneo brasileiro? Qual é o fundamento para essa relação: tradição, necessidades sociológicas e culturais das famílias e das novas gerações ou as Escrituras? Responder a essas questões é urgente e necessário para que sejamos a igreja que Jesus planejou, a família de Deus na terra.

A meu ver, o fato de que os primeiros trabalhos com as novas gerações no contexto da comunidade da fé no século 18 não tenham sido resultado de uma conscientização bíblica e teológica, mas sim de uma necessidade sociológica e cultural, ainda exerce grande influência sobre a relação entre a comunidade da fé e a nova geração. Em 1780, na cidade de Gloucester, na Inglaterra, Robert Raikes, um jornalista local, começou a se sensibilizar com a condição de crianças e adolescentes pobres e abandonados da cidade que trabalhavam seis dias por semana nas fábricas e não frequentavam a escola. Era então o auge da Revolução Industrial, e Raikes resolveu começar uma escola que funcionava apenas aos domingos (por isso o nome escola dominical) e que usava a Bíblia como livro de estudo.[1]

Embora as primeiras escolas dominicais voltadas para crianças e adolescentes tenham cumprido seu papel social, o trabalho com a nova geração na igreja local contemporânea não pode ser fundamentado tão somente nas necessidades sociológicas e culturais das famílias e das novas gerações. A Bíblia instrui as gerações mais velhas a cuidar dos mais novos em muitas passagens que serão objetos de nosso estudo neste artigo. O salmista pede a Deus que não o abandone antes que ele possa falar da força de Deus e de seu poder para futuras gerações (Sl 71.18). Esse salmo é a oração de um homem idoso que pede a ajuda de Deus para enfrentar seus inimigos. Ele é atribuído ao rei Davi, o que torna essas declarações ainda mais impressionantes: passar a fé para as próximas gerações é tão importante que o rei declara que ele precisa fazer isso antes de morrer.

A evasão dos adolescentes e jovens da igreja é um problema global e não apenas da igreja brasileira. A crise do ministério com adolescentes no Brasil e no mundo ocorre porque esse ministério está indevidamente relacionado primordialmente com entretenimento e eventos. A igreja brasileira precisa se engajar no cumprimento do mandato divino de "proclamar tua força a esta nova geração" (Sl 71.18), seja trabalhando

[1]Mark W. Cannister, "Youth Ministry's Historical Context: The Education and Evangelism of Young People", in: Kenda Creasy Dean, Chap Clark e Dave Rahn (orgs.), *Starting Right: Thinking Theologically About Youth Ministry* (Grand Rapids: Zondervan, 2001), p. 78-80.

diretamente com as novas gerações, seja apoiando famílias na educação bíblica e na transmissão da fé aos seus filhos. Assim, o objetivo deste ensaio é demonstrar como o trabalho fundamentado em bases bíblicas e teológicas pode se alinhar com os planos de Deus para as novas gerações.

Da aliança à desobediência

A relação da nova geração com a comunidade da fé começa na aliança de Deus com Israel. O discurso de Moisés em Deuteronômio 6.4-9 é conhecido como o Credo de Israel, ou *Shemá* (palavra hebraica que significa "ouça"), e é endereçado a Israel, o povo da aliança. Essa aliança de Deus com Israel foi feita com a nação como um todo e é por isso que que essas instruções são para todos os israelitas.[2]

O texto começa com o imperativo "ouça", e é ao ouvir que o povo da aliança é convocado, consagrado e garantido pelo Deus único que toma a iniciativa desse pacto. É ouvindo que o povo de Israel é chamado a amar a Deus, um amor que está totalmente relacionado à obediência. Na aliança, o povo de Israel deve viver completamente dentro da vontade e do propósito divinos.

Israel é convocado para amar e obedecer a Deus e para ensinar as novas gerações a fazer o mesmo.[3] Essa preocupação já fica evidente nos primeiros versículos dessas ordenanças: "Vocês, seus filhos e netos temerão o SENHOR, seu Deus, enquanto viverem" (Dt 6.2). A aliança de Deus com o povo de

[2] Eugene H. Merrill, *Deuteronomy*, The New American Commentary, vol. 4 (Nashville: B&H Publishing Group, 1994), p. 166.

[3] Walter Brueggemann, "Passion and Perspective: Two Dimensions of Education in the Bible", *Theology Today*, vol. 42, nº 2, julho de 1985, p. 172-5.

Israel deveria ser perpetuada para a geração seguinte (filhos) e para aquelas que ainda viriam (netos).[4] Portanto, a igreja hoje — o novo Israel de Deus — precisa ensinar as novas gerações a amar e a obedecer a Deus. Essa é uma ordenança do próprio Deus, e quando não a obedecemos deixamos de ser a igreja que ele planejou. Deus ordenou ao povo de Israel que conservasse o que estava ouvindo em seu coração. Assim, podemos entender que quando os mandamentos de Deus são guardados no coração, o centro das emoções e da razão no pensamento hebraico, eles serão transmitidos mais eficazmente para as gerações mais novas, não como regras apenas, mas, sim, como um modo de viver enraizado profundamente nas emoções e nos pensamentos.

É interessante notar que a igreja de hoje frequentemente culpa as novas gerações por se afastarem da comunidade da fé e de Deus. Esse importante texto de Deuteronômio pode ajudar a igreja a refletir sobre sua contribuição para que esse afastamento esteja ocorrendo. Não estamos retirando a responsabilidade dos pais sobre seus filhos, mas estamos ressaltando a responsabilidade da comunidade da fé sobre as novas gerações — o trabalho com crianças e adolescentes não pode se limitar apenas à diversão e ao entretenimento.

O Antigo Testamento narra ocasiões em que tanto as gerações mais velhas quanto as mais novas deixaram de obedecer ao *Shemá*. A história de Davi e de seu filho Absalão é um exemplo disso. O relato de 2Samuel 13—18 mostra os erros de Davi como pai e de Absalão como filho. Essa trágica saga familiar resultou na morte de Absalão e em profunda dor e

[4]Walter Brueggemann, *Deuteronomy*, Abingdon Old Testament Commentaries (Nashville: Abingdon Press, 2000), p. 69.

tristeza para Davi.[5] O livro de Juízes também mostra as sérias consequências da desobediência. Lemos que Josué e sua geração tomaram posse da Terra Prometida e serviram a Deus por toda a vida (Jz 2.6-9). Mesmo após a morte de Josué, os anciãos, que haviam visto e vivido tudo o que Deus fizera pelo povo, continuaram servindo a Deus. Entretanto, a narrativa de Juízes prossegue e nos dá um vislumbre do que estava por vir: "Depois que aquela geração morreu e se reuniu a seus antepassados, surgiu uma nova geração que não conhecia o Senhor nem tinha visto as grandes coisas que ele havia feito por Israel" (Jz 2.10).

O texto nos diz que a nova geração não conhecia o Senhor e o que ele havia feito. Será que há algum culpado por isso? Parece que uma comunidade inteira precisava falar sobre Deus, suas obras, leis e promessas para as gerações mais novas e havia falhado nisso. Alguns comentaristas dizem que a geração de Josué ensinou os mais novos sobre o Senhor, mas essa nova geração não aceitou as obrigações implícitas estabelecidas na aliança. Barry G. Webb argumenta que o verbo hebraico *yâda'*, traduzido por "conhecer" nessa passagem, é o mesmo verbo usado em Êxodo 5.2 quando o faraó alega que não conhecia a Deus e que, por isso, não o obedeceria: "'Quem é o Senhor?', retrucou o faraó. 'Por que devo dar ouvidos a ele e deixar Israel sair? Não conheço o Senhor e não deixarei Israel sair'".[6] Outros comentaristas argumentam que as gerações que vieram depois de Josué não viveram o êxodo, a travessia do

[5] As histórias de Sansão (Jz 14—16) e de Hofni e Fineias (1Sm 2.12-35), filhos do sacerdote Eli, também mostram as consequências sofridas por famílias por não obedeceram às instruções do *Shemá*.

[6] Barry G. Webb, *The Book of Judges*, New International Commentary on the Old Testament (Grand Rapids: Eerdmans, 2012), p. 138.

Jordão nem a conquista da Terra Prometida. A única maneira de eles conhecerem esses fatos era através da transmissão desse conhecimento pelas gerações mais velhas, algo que é determinado em Deuteronômio 6.20-25.

A verdade é que não é possível afirmar com toda a certeza que a geração de Josué foi negligente em transmitir esses fatos para as gerações mais novas, entretanto não podemos nos esquecer de que o povo de Israel não obedeceu a tudo o que Deus havia ordenado a eles que fizessem quando entrassem na Terra Prometida (Dt 7.1-5). Eles não destruíram completamente o povo que habitava naquela terra, nem os altares de seus deuses. Além disso, casaram-se e fizeram alianças com aqueles povos (Jz 1.16,19,21,25,27-35). O comportamento do povo de Israel desde a morte de Josué não era condizente com a aliança. Por isso, não falar de Deus para as gerações mais novas pode ter sido mais um ato de desobediência entre tantos outros. O livro de Juízes nos mostra que as consequências dessa falha foram desastrosas para a nação de Israel e para as gerações futuras, que fizeram o que Deus reprovava (Jz 2.11-13).

Os israelitas passaram a viver com os povos que deveriam ter destruído (Jz 3.5), promoveram casamentos de seus filhos e filhas com descendentes desses povos (Jz 3.6) e começaram a adorar deuses pagãos (Jz 3.7), quebrando assim a aliança de Deus com Israel. Por isso, Deus os entregava, vez após vez, a povos opressores. Mesmo assim, Deus continuava fiel à aliança, e quando o povo clamava por socorro, ele enviava um juiz para libertá-los, um ciclo que se repetiu muitas vezes durante cerca de trezentos anos. Não sabemos exatamente o motivo pelo qual as gerações seguintes não conheciam a Deus e tudo o que ele havia feito, mas sabemos das consequências disso.

Embora possa haver diferentes pensamentos entre os estudiosos sobre a responsabilidade da geração mais velha sobre a nova geração em Juízes, é preciso considerar a intencionalidade em ensinar sobre Deus às novas gerações. Até mesmo hoje em dia, nossa falta de intencionalidade em ensinar a Palavra aos mais novos pode interferir na maneira como eles enxergam e se relacionam com Deus. À luz do relato de Juízes, a igreja deve refletir sobre sua responsabilidade de ser intencional ao ensinar, amar e cuidar das novas gerações. Os textos e histórias do Antigo Testamento examinados brevemente neste ensaio fornecem bases bíblicas e teológicas para que a comunidade da fé entenda a importância do trabalho com adolescentes e com as novas gerações em geral. A partir principalmente do *Shemá*, podemos perceber a preocupação e o cuidado de Deus com as gerações mais novas — assim como também ficam evidentes as consequências trágicas da desobediência.

Família e corpo na nova aliança

O trabalho com as novas gerações na comunidade da fé também deve ser visto pelas lentes da teologia bíblica do Novo Testamento. Na verdade, o Novo Testamento é rico em textos sobre gerações mais novas e comunidade. Em Mateus 18.1-10, os discípulos perguntam para Jesus sobre quem era o maior no reino dos céus. Antes de responder, Jesus chama uma criança e a coloca no meio deles. Os discípulos devem ter ficado muito surpresos quando viram a criança, porque, no mundo antigo, as crianças nem sequer eram consideradas como seres humanos. N. T. Wright comenta que em alguns idiomas, como o grego (idioma original do Novo Testamento), as palavras para "criança" não são nem masculinas nem femininas, mas neutras, como se fossem utilizadas para se referir a algo, não a alguém.[7] E os discípulos ficam ainda mais surpresos quando Jesus lhes diz: "Quem se torna humilde como esta criança é o maior no reino dos céus" (Mt 18.4). Talvez os discípulos tenham se perguntado: Como alguém poderia ser tão humilde como o mais fraco, mais vulnerável e mais insignificante dos seres humanos?

Jesus vai ainda mais longe ao dizer que quem recebe uma criança, o recebe. Ao valorizar as crianças, ele mostrou que a ordem de importância do mundo é totalmente diferente da ordem do seu reino. Para reforçar essa mensagem, ele prossegue e diz que seria melhor morrer de uma forma terrível e violenta do que fazer uma criança pecar (Mt 18.6). A mensagem sobre a importância do cuidado com as crianças pelos cristãos é muito clara.

O encontro de Jesus com as crianças (Mt 19.13-15; Mc 10.13-16; Lc 18.15-17) mostra que as crianças eram tão desvalorizadas que os discípulos presumiram que elas não eram suficientemente importantes para encontrar Jesus.[8] Infelizmente, muitas comunidades de fé no Brasil ainda se comportam como os discípulos de Jesus no que se refere às novas gerações, supondo que crianças e adolescentes não são importantes e que somente os adultos são considerados como parte da igreja local. Contrariando a percepção dos discípulos, Jesus manda que eles deixem as crianças se aproximar e, então, as abraça em uma grande demonstração pública de como se importava e valorizava as crianças. Para nós cabe a reflexão: Como as novas gerações são valorizadas no mundo de hoje? Como são (ou não são) valorizadas em nossas comunidades da fé?

[7] N. T. Wright, *Matthew for Everyone: Part 2, Chapters 16—28* (Londres: SPCK, 2014), p. 26.

[8] Craig E. Evans, *Mark 8:27-16:20*, vol. 34b, Word Biblical Commentary (Nashville: Thomas Nelson Publishers, 2001), p. 93.

Em suas cartas, Paulo nos traz duas importantes analogias para uma visão bíblica dos ministérios com as novas gerações. A primeira analogia é a da família de Deus e como todos podem fazer parte dela como filhos. A ideia paulina de família de Deus (Rm 8.14-15, Gl 3.26-29; 4.4-5; Ef 1.5; 2.19-21) é similar à apresentada pelo apóstolo João, no prólogo do seu Evangelho: "Mas, a todos que creram nele e o aceitaram, ele deu o direito de se tornarem filhos de Deus" (Jo 1.12). João diz que precisamos conhecer, receber e crer no *Logos* que veio habitar entre nós para termos o direito de nos tornarmos filhos de Deus — o Criador de tudo o que existe é também o Pai de todos que recebem e creem em Jesus. E é somente por meio de Jesus que podemos nascer de novo como membros da família de Deus.[9] João diz que aqueles que creram não nascem na família de Deus como resultado de relacionamento humano, nem por vontade humana. Por isso a igreja pode ser considerada a família das famílias, na qual todos são irmãos e irmãs de Jesus e isso também se aplica a crianças e adolescentes que conhecem, aceitam e creem em Jesus como Salvador: eles também podem fazer parte da família de Deus.

Em Romanos 8.14-15, Paulo confirma esse conceito de família de Deus. Ele começa desfazendo a ideia errônea de que todos são filhos de Deus, uma identidade compartilhada apenas por aqueles que são guiados pelo Espírito. No versículo 15, o apóstolo nos lembra que fomos libertos da escravidão, uma vez que fomos adotados por Deus. É importante ressaltar que adoção no contexto da cultura greco-romana dos tempos de Paulo não tem o mesmo significado de hoje. A adoção era

[9] N. T. Wright, *John for Everyone: Part 1, Chapters 1—10* (Londres: SPCK, 2002), p. 9.

mais comum naquela cultura do que na nossa, e o filho adotado era escolhido pelo pai para perpetuar seu nome e herdar seus bens e propriedades. O filho adotivo tinha o mesmo status de um filho natural.[10]

Consequentemente também nos tornamos irmãos e irmãs entre nós e podemos dizer que a igreja pode ser chamada de família de Deus. Através da aliança que Deus estabeleceu conosco pelo sangue de Jesus derramado na cruz, temos acesso a essa nova condição de filhos e não apenas de criaturas de Deus. A igreja é chamada a viver como uma família com muitos irmãos e apenas um Pai.[11] Esse é, sem dúvida, um forte argumento bíblico-teológico para que consideremos as novas gerações como parte da família de Deus e da comunidade da fé. Paulo usa a metáfora da adoção para explicar a nova condição obtida pelos crentes após terem sidos justificados por Deus.

Em Gálatas 4.4-6, Paulo descreve o processo de adoção para aqueles que foram justificados. Pela ação de Deus por meio de Jesus Cristo, aqueles que o receberam se tornaram filhos de Deus, irmãos de Jesus e coerdeiros com Cristo. Eles foram reconciliados com Deus e com os outros, foram adotados e agora podem viver como irmãos na família divina. Esse é um conceito muito importante quando falamos em adoção no

[10] John Stott, *A mensagem de Romanos* (São Paulo: ABU Editora, 2000), p. 179-80. O texto de João 1.12-13 não apresenta a palavra "adoção" como Romanos 8.14-15 o faz, mas esse conceito está presente ali. Os cristãos são nascidos de novo espiritualmente pela graça e pelo amor de Deus por meio de Jesus Cristo. E através desse novo nascimento eles se tornam irmãos e irmãs de Jesus ao serem adotados na família de Deus. Ver Ray S. Anderson e Dennis B. Guernsey, *On Being Family: A Social Theology of the Family* (Grand Rapids: Eerdmans, 1985), p. 147.

[11] Chap Clark, "The Adoption View of Youth Ministry", in: *Youth Ministry in the 21st Century: Five Views* (Grand Rapids: Baker Academic, 2015), p. 81.

contexto da igreja para que não tenhamos a noção equivocada de que somos nós que adotamos as novas gerações na família de Deus — é o Pai quem adota os novos filhos. Nossa tarefa no contexto da comunidade da fé é acolher e viver em comunhão com nossos jovens irmãos e irmãs.[12]

Aos gálatas, o apóstolo Paulo também detalha os privilégios inerentes a essa adoção: "E, porque nós somos seus filhos, Deus enviou ao nosso coração o Espírito de seu Filho, e por meio dele clamamos: *Aba*, Pai" (Gl 4.6). Todos os que são adotados no aconchego e na segurança da família de Deus podem chamá-lo de Pai. Não há hierarquia entre os irmãos no contexto da igreja, o que pode ser um ensino difícil para as nossas comunidades da fé que ainda vivem a dinâmica da "assimilação" das novas gerações e de outros grupos na igreja. Adoção e assimilação não são conceitos sinônimos no Novo Testamento; na verdade, são praticamente opostos. A assimilação está condicionada ao fato de que, para ser assimilado, alguém precisa se tornar igual aos membros da comunidade que o está recebendo.[13] Cabe a igreja e aos ministérios de novas gerações receber crianças e adolescentes adotados por Deus em sua família, acolhendo-os na comunidade da fé como irmãos.

A segunda analogia do Novo Testamento para uma visão bíblica do ministério com novas gerações está relacionada ao corpo de Cristo, como descrito por Paulo em 1Coríntios 12.12-27. Muitos leem essa passagem e, erroneamente, entendem que

[12] Chap Clark, "Adoptive Youth Ministry: A new Typology for the Theological Grounding of Youth Ministry Practice", *The Journal of Youth Ministry*, vol. 14, nº 2, 2016, p. 21-2.

[13] Ibid., p. 22.

Paulo está apenas falando dos dons espirituais que cada cristão recebe. Cada um desses dons coopera para o benefício de toda a igreja e não há dom superior ou inferior. Entretanto, essa leitura está muito mais próxima de uma visão cristã contemporânea do que do entendimento de Paulo como um pensador judeu do primeiro século. Certamente Paulo está tratando dos dons espirituais, mas ele também está falando da unidade dos cristãos por meio dos dons. Ele escreve de uma perspectiva judaica, que tinha como pano de fundo a Criação descrita em Gênesis 1—2, e, portanto, usa a imagem do corpo humano para falar dessa nova criação de Deus através de Jesus Cristo, a verdadeira comunidade da fé. A imagem do corpo humano expressa o que aqueles que creram no Messias se tornaram e como devem viver, isto é, em profunda comunhão. A igreja é o local onde juntos, como corpo, aprendemos como ser a genuína criação de Deus a fim de adorá-lo e de servi-lo ao refletirmos sua imagem no mundo.

Paulo ressalta a unidade entre aqueles que creram em Jesus explicando que, nessa unidade, todos são iguais diante de Deus: "Alguns de nós são judeus, alguns são gentios, alguns são escravos e alguns são livres, mas todos nós fomos batizados em um só corpo pelo único Espírito" (1Co 12.13).[14] E como Clark sugere, poderíamos acrescentar que "não há adulto nem adolescente" ao considerarmos a nova geração da comunidade da fé.[15] Esse é outro forte argumento bíblico e teológico para que possamos ver os ministérios de novas gerações como

[14] Esse mesmo conceito aparece também na carta aos Gálatas: "Não há mais judeu nem gentio, escravo nem livre, homem nem mulher, pois todos vocês são um em Cristo Jesus" (Gl 3.28).

[15] Clark, "The Adoption View of Youth Ministry", p. 80.

parte interdependente da igreja, assim como as diversas partes do corpo humano dependem umas das outras.

Essa analogia paulina da igreja com o corpo humano é fantástica. No corpo humano, criado por Deus, todas as partes foram planejadas para funcionar juntas de forma interdependente.[16] Quando uma parte do corpo não está saudável o corpo inteiro sofre e acaba deixando de ser saudável também. Todos os cristãos são partes interdependentes do Corpo de Cristo e, por isso, devem se preocupar em cuidar uns dos outros. Paulo também escreveu especificamente sobre isso aos cristãos em Roma (Rm 12.15-18), textos que os cristãos de hoje precisam ler cuidadosamente a fim de viver esse ensinamento dado às igrejas de Corinto e da capital do império e que é tão importante para a igreja de hoje. Esse ensinamento não se refere apenas aos ministérios da nova geração, mas diz respeito a todos os ministérios, independentemente de idade, gênero, etnia e status na igreja local e na Igreja de Cristo espalhada pelo mundo.

Conclusão

Os ministérios de novas gerações no Brasil e no mundo, principalmente na faixa etária dos adolescentes, têm se tornado apenas mais uma programação semanal da igreja, o que tem contribuído para uma grande evasão de adolescentes e jovens. Frequentemente, o comportamento e a falta de comprometimento das novas gerações têm sido apontados como as principais causas dessa grande evasão. Entretanto, um exame dos textos e conceitos bíblicos e teológicos discutidos neste ensaio nos leva a concluir que, provavelmente, o grande problema

[16] F. F. Bruce, *1 and 2 Corinthians*, The New Century Bible Commentary (Grand Rapids: Eerdmans, 1980), p. 121-2.

dos ministérios de novas gerações da igreja contemporânea é o fato de eles não seguirem os padrões bíblicos e teológicos para sua existência e funcionamento.

Ao contrário do que os mais conservadores possam pensar, os ministérios de novas gerações não são invenções da pós-modernidade, mas fazem parte do plano divino desde o discurso de Moisés em Deuteronômio 6.1-9. Devemos nos lembrar que esse cuidado de Deus com os descendentes de Israel existia mesmo em uma época em que as gerações mais jovens não eram consideradas importantes nas culturas locais. Podemos ver a pouca importância ou até o desprezo por Davi, por ele ser o filho mais jovem de Jessé (1Sm 16—17), assim como a insegurança de Salomão (1Rs 3.7) e de Jeremias (Jr 1.6-7) por serem jovens.

A igreja do nosso tempo precisa urgentemente recuperar a visão bíblica e teológica do cuidado com as novas gerações, para que ela seja a igreja que Jesus planejou: uma comunidade que busca a inclusão de todos os seus membros, sendo realmente a "família de Deus" e o "corpo de Cristo" aqui na terra. Os adultos precisam olhar para sua própria responsabilidade com as novas gerações, porque elas são responsabilidade de toda a geração mais velha, e não apenas dos pais. Os pais são responsáveis por seus filhos, mas os desafios para instruir os filhos no caminho de Deus são cada vez maiores num mundo em constante mudança, e a igreja, como a "família das famílias", precisa ser um suporte para os pais. Assim, as novas gerações poderão receber o cuidado de uma comunidade da fé acolhedora e amorosa para se desenvolverem como agentes do reino de Deus.

15

Crianças aprendem: Necessidades e desafios de fazer teologia para crianças

---

· RACHEL SOUSA ·

Nascida em Brasília, mas paulistana de coração, é casada com Gilber Fillip e mãe do Benjamin e do Daniel. Morou no sertão nordestino (Acauã/PI), onde serviu como missionária de tempo integral em projetos de plantação de igreja. Atualmente, é membro da Igreja Presbiteriana do Caminho, em São Paulo, onde atua como obreira e responsável pela Educação Infantil. É aluna do MDiv (Estudos Bíblicos e Pastorais) no Seminário Teológico Servo de Cristo.

Recentemente me tornei mãe e decidi revisitar as músicas da minha infância para apresentá-las ao meu filho. Foi quando deparei com o problema não tão novo de nossa estrutura de ensino bíblico: a falta de boa teologia naquilo que produzimos para nossas crianças.

Apenas um exemplo para ajudar o leitor a se situar. Uma canção narrava a história de Jonas, o profeta fujão que acabou engolido por um grande peixe. A música, a certa altura, dizia:

Que castigo é esse de entrar assim,
na barriga de um peixe?

Que coisa ruim [...]
Pois é, eu não quero não,
castigo grande desse não!
Quando Deus falar o que devo fazer,
vou tratar de obedecer.

Na tentativa de ensinar a obediência, a música acaba por transmitir a ideia de que o grande peixe, enviado por Deus, foi colocado ali como um castigo pela desobediência do profeta. Contudo, ao confrontar o ensino da canção com o texto bíblico, fica claro que não é bem assim.

Na verdade, o peixe enviado por Deus não é castigo, mas salvação. É a pura graça divina encontrando o profeta relutante em obedecer. A fuga de Jonas, descendo cada vez mais fundo para se esconder de Deus, termina com um encontro divino nas profundezas do mar, justamente porque Deus envia o grande animal como demonstração de sua misericórdia. Mas, para a criança que aprendeu a história do profeta ao som da divertida canção, Deus passará a ser visto como aquele que não mede esforços para castigar, enviando até mesmo um peixe para engolir o desobediente.

Trabalhando com o ministério infantil em uma igreja em plantação nos últimos cinco anos, fui surpreendida com a dificuldade de encontrar bons materiais para o ensino bíblico, desafio também identificado como mãe — a verdade é que não faltam exemplos de conteúdos distanciados da boa hermenêutica do texto bíblico.[1] Por que, então, o ensino

[1] O clássico *Teologia da educação cristã*, de Lawrence O. Richards, publicado pela primeira vez em 1980, já apontava para os problemas presentes no ensino bíblico para crianças. Infelizmente, ainda não resolvemos adequadamente essa lacuna. *Teologia da educação cristã* (São Paulo: Vida Nova, 1996).

teológico de nossas crianças é tão raso e por vezes, até mesmo contrário às verdades das Escrituras? Por que temos tanta dificuldade de transmitir verdades bíblicas de forma assertiva aos nossos filhos? Por que tendemos a modelar comportamentos através do medo e da imposição em vez de dirigir o coração deles pelo amor a Deus e ao próximo? Pelo menos parte inicial da resposta reside no fato de que, seja no papel de educadores enquanto pais, seja enquanto professores e líderes eclesiásticos, não pensamos em nossas crianças como alvo do labor teológico, o que nos põe na contramão da pedagogia divina.

Crianças aprendem. Um claro exemplo dessa verdade nas Escrituras é o jovem Timóteo. O apóstolo Paulo, ao escrever-lhe, lembra-o por duas vezes de que sua fé remonta à infância, quando aprendeu as verdades bíblicas por meio de sua avó e de sua mãe (2Tm 1.5; 3.14-15). É por isso que a simples frase "crianças aprendem" deveria nos causar um profundo senso de responsabilidade. Crianças aprendem o que ensinamos e, portanto, esta pergunta jamais deveria sair do nosso horizonte: O que estamos ensinando às crianças?

Infelizmente, crianças em mais de uma geração têm aprendido distorções acerca do caráter de Deus e de seu propósito redentivo na história, justamente porque lhes temos ensinado meros fragmentos dessa história, recortes que geralmente envolvem animais, crianças ou milagres, dando foco demasiado a elementos passíveis de ser comparados com poderes mágicos ou habilidades de super-heróis. Ou, pior, resumimos personagens e histórias a condutas moralmente aceitáveis em lugar de apontarmos para o caráter de Deus e sua obra redentora em Cristo Jesus. Vemos nossas crianças muitas vezes mais como o "bom selvagem"[2] do que como discípulos de Cristo. Caímos assim, outra vez, na adultização da teologia.[3] Quão facilmente esquecemos que crianças aprendem e devem ser ensinadas a amar a Deus de todo o coração ao conhecê-lo por meio de uma teologia bíblica aprumada, desde o lar até as salas de escola bíblica dominical — e, por que não, em sua rotina escolar diária.[4]

Deus é o pedagogo por excelência. Toda ação divina é perfeitamente orquestrada para o ensino e a instrução de seu povo. Essa conclusão é expressa com clareza no texto de 2Timóteo 3.16-17: "Toda a Escritura é inspirada por Deus e útil para o ensino, para a repreensão, para a correção e para a instrução na justiça, para que o homem de Deus seja apto e plenamente preparado para toda boa obra".[5] Muitas vezes, contudo, deixamos de lado o fato de que Deus também pressupõe a criança como alvo de seu processo pedagógico. Alguns textos-chave nos ajudarão a perceber a preocupação de Deus com a criança, a fim de inclui-la no processo de aprendizado acerca de seu caráter, seus feitos e o estilo de vida que ele espera de seu povo.

[2] Referência ao mito criado por Jean-Jacques Rousseau em sua obra clássica *Do contrato social* (1762).

[3] Valdir Steuernagel, ex-diretor da Visão Mundial, usa a expressão "teologia adultocêntrica", da qual tomei emprestado o termo. Embora a obra *Fazendo teologia de olho na criança* (São Paulo: Mundo Cristão, 2023) trate do tema da criança no centro como sinônimo do "como" (fazer teologia com um coração "como de uma criança"), devo vários insights do "para quem" a esse livro do Valdir.

[4] Para o tema da relevância e influência direta da fé cristã sobre a pedagogia de sala de aula, ver David I. Smith, *Pedagogia cristã: Como praticar a fé em sala de aula* (Rio de Janeiro: Thomas Nelson Brasil, 2022).

[5] Todas as citações bíblicas deste artigo foram extraídas da Nova Versão Internacional.

A criança como alvo da pedagogia divina

Quando o tema é educação cristã, Deuteronômio 6 é, sem sombra de dúvida, um dos textos mais importantes — muito embora, como veremos, não seja o único. Nele, Moisés conclama a nova geração de israelitas a um compromisso pessoal com Yahweh:

> Esta é a lei, isto é, os decretos e as ordenanças, que o SENHOR, o seu Deus ordenou que eu lhes ensinasse, para que vocês os cumpram na terra para a qual estão indo para dela tomar posse. Desse modo vocês, *seus filhos e seus netos* temerão ao SENHOR, o seu Deus, e obedecerão a todos os seus decretos e mandamentos, que eu lhes ordeno, todos os dias da sua vida, para que tenham vida longa. Ouça e obedeça, ó Israel! Assim tudo lhe irá bem e você será muito numeroso numa terra onde manam leite e mel, como lhe prometeu o SENHOR, o Deus dos seus antepassados.
>
> Ouça, ó Israel: O SENHOR, o nosso Deus, é o único SENHOR. Ame o SENHOR, o seu Deus, de todo o seu coração, de toda a sua alma e de todas as suas forças. Que todas estas palavras que hoje lhe ordeno estejam em seu coração. *Ensine-as com persistência a seus filhos.* Converse sobre elas quando estiver sentado em casa, quando estiver andando pelo caminho, quando se deitar e quando se levantar. Amarre-as como um sinal nos braços e prenda-as na testa. Escreva-as nos batentes das portas de sua casa e em seus portões. [...]
>
> *No futuro, quando o seu filho lhes perguntar*: "O que significam estes preceitos, decretos e ordenanças que o SENHOR , o nosso Deus, ordenou a vocês?", vocês lhe responderão: "Fomos escravos do faraó no Egito, mas o SENHOR nos tirou do Egito com mão poderosa. O SENHOR realizou, diante dos nossos olhos, sinais e maravilhas grandiosas e terríveis contra o Egito e contra o faraó e toda a sua família. Mas ele nos tirou de lá para nos trazer para cá e nos dar a terra que, sob juramento, prometeu a nossos antepassados".
>
> Deuteronômio 6.1-9,20-23 (grifos meus)

A partir dessa passagem, muito se fala sobre prioridades (amar a Deus acima de todas as coisas) e objetivos da educação (ensinar, temer, obedecer), ou ainda, acerca da responsabilidade, principalmente dos pais, de inculcar os mandamentos na mente e no coração das crianças (forma e conteúdo), traduzindo para a lida diária o amor a Deus e a devoção que se espera do povo de Deus (práxis da educação). Mas há um aspecto pouco mencionado que pretendo explorar neste ensaio: a criança é alvo proposital de Deus no fazer e no viver teológico. Quando Deus pensa o processo pedagógico de seu povo, ele inclui conscientemente nesse aprendizado a nova geração em seus tenros e primeiros anos de vida. A criança é vista como ser humano digno[6] e capaz de aprender sobre Deus, seu caráter e seus poderosos feitos e, com isso, responder adequadamente em adoração, amor e temor.

Para Deus, a criança não é um "semi-ser humano" ou um indivíduo incapaz de aprender as "coisas divinas". Pelo contrário, crianças aprendem desde cedo e, por isso, a responsabilidade de tornar as verdades teológicas compreensíveis recai sobre toda a congregação, especialmente os pais.[7]

[6] O pastor e professor Igor Miguel nos lembra que nossa educação sempre "exigirá um paradigma de humanidade, uma antropologia (em sentido filosófico), ou seja, um modelo de ser humano" — em outras palavras, ensinamos de acordo com o que acreditamos que o ser humano é e foi criado para ser. Para mais sobre o tema, ver Igor Miguel, *A escola do Messias: Fundamentos bíblico-canônicos para a vida intelectual cristã* (Rio de Janeiro: Thomas Nelson Brasil, 2021).

[7] Algumas teorias do conhecimento formuladas nas últimas décadas passaram a considerar a criança como incapaz de conhecer e compreender os conceitos teológicos e morais, uma vez que se trataria de abstrações desconectadas da capacidade cognitiva da pessoa em desenvolvimento. Até mesmo pensadores cristãos chegaram a concordar com essa visão, afirmando que as crianças seriam incapazes de compreender valores e verdades como

Deus inclui a criança, ainda em desenvolvimento, no poder-dever de aprender sobre quem Deus é e sobre como viver de modo digno de seu chamado e sua aliança. Não se pressupõe alcançar determinada idade ou maturidade para que a criança seja exposta à revelação do caráter de Deus; pelo contrário, desde a tenra idade "os filhos e os filhos de seus filhos" deveriam conhecer e caminhar no caminho do conhecimento de Deus.

E essa ideia é ainda mais bem percebida quando examinamos outros textos. O primeiro diz respeito à instituição da Páscoa. Ainda como escravos no Egito, os hebreus são ensinados quanto à celebração do rito de passagem que serviria como memorial perpétuo de quando Deus os livrou da morte e revelou seu poder destruindo os deuses egípcios:

> Obedeçam a estas instruções como decreto perpétuo para vocês e para os seus descendentes. Quando entrarem na terra que o SENHOR prometeu lhes dar, celebrem essa cerimônia. *Quando os seus filhos lhes perguntarem: "O que significa esta cerimônia?"*, respondam-lhes: É o sacrifício da Páscoa ao SENHOR, que passou sobre as casas dos israelitas no Egito e poupou nossas casas quando matou os egípcios". Então o povo curvou-se em adoração.
>
> Êxodo 12.24-27 (grifos meus)

Ao celebrar a Páscoa, cumprindo com precisão todo o ritual prescrito, inevitavelmente o povo também estaria desempenhando um papel pedagógico para com suas crianças, instruindo-as acerca da história de Deus e de seu povo, apresentando

pecado, misericórdia ou justiça. Contudo, diferentemente de tais teorias, acredito que o fato de as crianças não compreenderem algo em completude não significa que não sejam capazes de aprender conceitos e princípios de forma aplicável às suas realidades. Para mais sobre o assunto, ver Richards, *Teologia da educação cristã*, caps. 15—16.

de forma didática e palpável a graça e a misericórdia de Deus. O mesmo princípio é visto no episódio da travessia do Jordão:

> Quando toda a nação terminou de atravessar o Jordão, o SENHOR disse a Josué: "Escolha doze homens dentre o povo, um de cada tribo, e mande que apanhem doze pedras do meio do Jordão, do lugar onde os sacerdotes ficaram parados. Levem-nas com vocês para o local onde forem passar a noite. [...]
>
> *"No futuro, quando os seus filhos lhes perguntarem: 'Que significam essas pedras?'*, respondam que as águas do Jordão foram interrompidas diante da arca da aliança do SENHOR. Quando a arca atravessou o Jordão, as águas foram interrompidas. Essas pedras serão um memorial perpétuo para o povo de Israel".
>
> Josué 4.1-3,6-7 (grifos meus)

De novo, Deus coloca a criança como alvo do aprendizado teológico. Na travessia do Jordão rumo à Terra Prometida, Deus ordena que se faça um memorial com pedras retiradas do fundo do rio, um lembrete da ação poderosa de Deus em favor de seu povo que inspiraria contínua confiança no Senhor, movendo o povo ao temor e à adoração, inclusive os filhos pequenos. Ao pensar explicitamente nas crianças como pessoas em processo de aprendizado teológico, Deus usa uma linguagem e uma didática suficientemente claras e simples para que até os mais pequenos sejam despertados a questionar e a conhecer (um excelente método, diga-se!).

Outros dois rápidos exemplos. Deuteronômio 31.9-13 prescreve o papel dos sacerdotes na instrução da comunidade do povo de Deus quanto aos termos da Lei. A cada sete anos, o sacerdote deveria convocar todo o povo, incluindo mulheres e crianças, para que ouvissem a leitura da Lei e assim aprendessem a temer ao Senhor.[8] Mais uma vez, Deus inclui as crianças num processo bastante didático, sinalizado pelo poder da repetição (conforme o ditado latim, *Repetitio est mater studiorum* — a repetição é a mãe do aprendizado).

Já o salmo 78 é um cântico que convoca o povo ao compromisso e à fidelidade ao Senhor. E o que chama a atenção é a consciência do salmista quanto à responsabilidade para com as crianças, em dirigi-las e instruí-las acerca do caráter de Deus e de seus maravilhosos feitos, ressoando a pedagogia divina que traz os pequenos da comunidade de Israel para o centro do aprendizado teológico:

> Povo meu, escute o meu ensino;
> incline os ouvidos para o que eu tenho a dizer.
> Em parábolas abrirei a minha boca,
> proferirei enigmas do passado;
> o que ouvimos e aprendemos,
> *o que nossos pais nos contaram.*
> *Não os esconderemos dos nossos filhos;*
> *contaremos à próxima geração*
> os louváveis feitos do Senhor,
> o seu poder e as maravilhas que fez.
> Ele decretou estatutos para Jacó,
> e em Israel estabeleceu a lei,
> *e ordenou aos nossos antepassados que a ensinassem aos seus filhos,*
> *de modo que a geração seguinte a conhecesse,*

[8] É interessante notar que o papel do sacerdote na educação era visto a cada sete anos, enquanto o papel dos pais era diário e contínuo. Isso nos lembra de que os principais responsáveis pela educação bíblica das crianças não são os professores de EBD ou os pastores, mas os pais e as mães. A igreja deve atuar como cooperadora do processo de discipulado e formação cristã de nossos filhos.

e também os filhos que ainda nasceriam,
e eles, por sua vez, contassem aos seus próprios filhos.
Então eles porão a confiança em Deus;
não esquecerão os seus feitos e obedecerão aos seus mandamentos.

Salmos 78.1-7 (grifos meus)

A declaração do salmista não deixa dúvida de que a fé e o compromisso de uma geração dependiam do esforço teo-pedagógico da geração anterior. O momento certo para o conhecimento teológico não era a idade adulta, isto é, a fase de plenas faculdades cognitivas ou sociais. As crianças, pensadas desde antes de seu nascimento, deveriam ser exaustivamente instruídas no conteúdo teológico em meio à vida cotidiana, para que crescessem respondendo aos feitos e ao caráter de Deus. Embora não houvesse dúvida quanto à importância e centralidade da criança como alvo do processo pedagógico de ensino teológico, uma imagem distinta nos é apresentada quando Jesus inicia seu ministério.

A exclusão social da criança e a reinclusão na pedagogia de Jesus

Os Evangelhos sinóticos narram a ocasião em que os discípulos tentam impedir que crianças se aproximem de Jesus, ao que Jesus responde repreendendo os discípulos, abençoando as crianças e advertindo àqueles que o seguem de que é preciso tornar-se como um desses pequeninos para receber o reino de Deus (Mt 19.13-15; Mc 10.13-16; Lc 18.15-17). O episódio é emblemático. Claramente havia uma ordem social que excluía a criança do centro do aprendizado teológico. Por razões que careceríamos de tempo e espaço para elaborar aqui, na sociedade judaica do primeiro século a criança passou a ser vista como um ser menos digno de pertencer ao círculo de aprendizado. Em que pese a presença de crianças na família ser tida como bênção de Deus e estas serem expostas à Torá em seu processo de "alfabetização", as crianças propriamente ditas "não tinham nenhuma voz no contexto social mais amplo",[9] sendo que apenas alguns poucos meninos escolhidos por seu talento seguiriam nos ensinos rabínicos.

Embora Jesus já tivesse colocado propositalmente uma criança no centro de seu ensino ao falar sobre o reino de Deus, os discípulos eram tardios para compreender, assim como nós também somos — eles (e nós) se esqueceram rapidamente de que a pedagogia divina também tem a criança como alvo e destinatário. "Os discípulos de Jesus refletem a visão comum sobre as crianças na Antiguidade ao tratar com desprezo aquelas que pediam a benção de Jesus."[10]

Os discípulos, confiados a uma percepção adultocêntrica, deixam de ver na criança alguém pronto para o aprendizado teológico. Na realidade, desde o princípio, a criança deveria estar nesse centro do aprender. Ora, se a criança é alvo do fazer teológico, não há nada mais lógico do que crianças junto ao Mestre. Porém, não é assim que os discípulos pensaram (e, mais uma vez, nós também não costumamos pensar dessa forma).

Por sua vez, Jesus, como verdadeiro Mestre — de adultos e crianças — não ignora o episódio. Ele repreende seus discípulos, deixando claro quem está no lugar errado na história, e reafirma as crianças como alvo do processo de aprendizado

[9] Craig L. Blomberg, *Introdução aos Evangelhos: Uma pesquisa abrangente sobre os 4 Evangelhos* (São Paulo: Vida Nova, 2009), p. 89.

[10] Ibid., p. 403.

teológico. Crianças aprendem, e quem não aprender como elas não poderá entrar no reino dos céus. Jesus retoma a proposta pedagógica abandonada por Israel. Os ensinos e os sinais miraculosos precisavam desembocar na educação dos pequeninos (que são compreendidos não apenas como as crianças propriamente ditas, mas como todos aqueles excluídos do processo formal de aprendizado, como mulheres, pobres e estrangeiros). Jesus não deixa de nos alertar: nosso esforço em conhecê-lo deve culminar no esforço de fazê-lo conhecido, inclusive pelas crianças.

Obviamente, não estou falando que todo esforço teológico deveria ser pensado unicamente em termos infanto-juvenis. Claramente, não é esse o caso. Crianças de quatro anos não leem grego e hebraico e não fazem crítica textual. Mas nossa leitura do grego e do hebraico, por exemplo, tão importantes para uma compreensão fidedigna do texto, precisa ressoar no ensino e aprendizado dos nossos filhos. Precisamos de um esforço teológico e pedagógico para traduzir adequadamente para nossas crianças as verdades bíblicas sobre o caráter de Deus e seus feitos na história, de modo a formar sua compreensão de Deus e do mundo à sua volta à luz das Escrituras. Em outras palavras, carecemos de um esforço pedagógico e hermenêutico para "traduzir" as verdades bíblicas, os conceitos e valores do evangelho, para a linguagem compreensível de nossas crianças, de modo a inclui-las deliberadamente no processo de aprendizado e formação de caráter como discípulos de Cristo.

Entretanto, como os discípulos que tentaram afastar as crianças do encontro com Jesus, ao diluirmos o conteúdo teológico agimos muitas vezes como quem permite o conhecimento de Deus apenas aos que completaram a maioridade civil e nos esquecemos de que crianças aprendem. Muitos ainda acreditam que a Bíblia é um livro exclusivo para adultos. Como consequência, ao afastar as crianças do aprendizado teológico sadio, abrimos espaço para que outros paradigmas aportem na visão de mundo de nossos filhos. Eles não permanecerão como terra neutra até que completem idade suficiente, para que então lancemos ali sementes da Verdade de Deus. Se fizermos isso, descobriremos que baobás gigantescos das ideologias deste século já tomaram conta de suas mentes e corações.

Quando reduzimos o conhecimento de Deus excluindo o exercício teológico a partir do texto bíblico, transmitindo apenas histórias e personagens com o objetivo de incitar comportamentos morais, impedimos que nossas crianças cresçam e se desenvolvam como discípulos. Não é à toa que temos uma geração de jovens adultos cuja vida reflete uma teologia infantilizada, rasa e distanciada das verdades bíblicas.

No que diz respeito às crianças, temos falhado miseravelmente em responder à Grande Comissão. Muitos pais se espantam e se desesperam ao perceber que seus filhos, jovens adultos, estão abandonando a fé ensinada. Não é incomum ouvirmos frases como "mas meus filhos foram criados na igreja" ao se referirem ao conflito da fé vivida pelos filhos na fase adulta. Porém, o que deveríamos considerar é que, muito provavelmente, esses jovens adultos foram impedidos de se aproximar verdadeiramente do Cristo, afastados de uma teologia madura e saudável, enquanto ainda eram crianças e adolescentes. Jovens que foram apresentados a uma narrativa bíblica esvaziada, a uma teologia moralista e distanciada da revelação de Deus e seu caráter que não se mantém de pé em meio aos ataques ideológicos que nos acometem todos os dias.

Assim, quando crescem, entre escolher manter-se apegados a uma teologia infantilizada, desprovida de contato com a vida do dia a dia, que não expressa o verdadeiro caráter de Deus e não o encontra em todas as áreas do viver, e abraçar uma nova visão de mundo que inclui uma teoria cientificamente defendida, aceita pelos pares da cultura e da sociedade, infelizmente a maioria dos nossos jovens, outrora crianças, deixarão de lado a "teologia infantilizada" para adotar uma ideologia adultizada, mas perdidamente distante da vida de Deus. Essas crianças foram, de fato, impedidas de se aproximarem de Jesus.

Ponderações para uma teologia bíblica para crianças

Se por um lado fica claro que Deus pensa a criança como sujeito do ensino teológico, por outro lado, surge a pergunta sobre como responder a essa realidade de forma fidedigna. É inegável o desafio que a igreja de nossos dias enfrenta. Por décadas fomos instruídos com teologia rasa e métodos didáticos originados de pensamentos seculares cujos pressupostos humanistas distanciaram a prática da educação cristã do que ela deveria ser.

Longe de tocar a superfície da resposta, quero propor três ponderações que devem estar no horizonte dos educadores, sejam eles pais, professores ou pastores, de modo a cooperar com o crescimento de nossos filhos enquanto verdadeiros discípulos de Cristo.

Apresentar a história da redenção

Ainda me recordo de uma das primeiras perguntas a que precisei responder como professora de crianças na igreja. Acredito que ensinava algo sobre os profetas, quando a pergunta surgiu sem pedir licença: "O que eu, uma cristã brasileira no século

21, tenho a ver com a história do povo de Israel?". A pergunta, extremamente legítima, aponta para a imprescindível tarefa do educador cristão de transmitir um adequado senso de pertencimento às crianças. Afinal, somos parte de uma grande família, nascida em uma grande história, a verdadeira História.

Lesslie Newbigin afirmou com maestria que "o modo como entendemos a vida humana depende da concepção que temos da história humana. Qual é a verdadeira história da qual minha história de vida faz parte".[11] Obviamente, conceitos complexos e proposições teórico-filosóficas sobre cosmovisão podem ser deixadas de lado. Mas o que não podemos ignorar é a necessidade de introduzir nossas crianças na grande história da redenção.

É frustrante perceber a ausência de uma narrativa bíblica coerente, que aponte para o enredo da salvação, nos materiais publicados para crianças, seja para leitura em casa, seja para uso na educação bíblica em igrejas. Sob títulos como "Bíblia para bebês" ou "Bíblia para crianças", o que muitas vezes encontramos é um apanhado desconexo de histórias, com saltos cronológicos inexplicáveis, geralmente envolvendo animais ou milagres, que não contam a Grande História e muito menos chegam a algum lugar sólido.

A partir da leitura contínua desse tipo de material, a criança passa a pensar o texto bíblico apenas como livro de "historinhas" para dormir ou para a hora da oração, conhecendo alguns poucos personagens e seus momentos áureos, sem qualquer consciência de que essas pessoas fazem parte de um povo, e esse povo faz parte de uma história, dos quais nós também fazemos parte. Nos textos bíblicos que citamos no

[11] Lesslie Newbigin, *O evangelho em uma sociedade pluralista* (Viçosa: Ultimato, 2016), p. 31.

início deste ensaio, fica claro que Deus não ignora o aprendizado por meio do ensino e da recordação de seus feitos e de sua intenção para o futuro, gerando um profundo senso de pertencimento e responsabilidade em responder fielmente.

A pedagogia divina afirma a importância de conhecer quem Deus é por meio de suas ações, passadas e presentes, e seus propósitos redentivos na história. "Tanto as comunidades do Antigo quanto do Novo Testamento têm memória ou história compartilhada. Ao relembrar as atividades de Deus na história antiga bem como na mais recente, o significado e propósito da vida em Deus são compartilhados."[12]

Deixar de transmitir essas verdades às crianças é privá-las do conhecimento de Deus que nos ensina sobre identidade e propósito. Portanto, o ensino teológico dirigido às crianças deve estar fundamentado na perspectiva da metanarrativa bíblica. Deus é coerente e lógico, e a história do povo de Deus aponta, em última instância, para a única e verdadeira História que está sendo escrita pelo Autor da existência.

Nossas crianças precisam conhecer a história do povo de Deus (e não de personagens apenas) a fim de que se reconheçam como parte desse povo e dessa história. Precisamos insistir em ancorar nossos currículos na teologia bíblica, que extrai da narrativa e do texto sua base, e que aponta para a grande história da glória de Deus.

Fazer conhecido o caráter de Deus

A preocupação com a narrativa do enredo bíblico desembocará, inevitavelmente, no zelo pelo ensino acerca do caráter

[12] Robert W. Pazmiño, *Temas fundamentais da educação cristã* (São Paulo: Cultura Cristã, 2008), p. 29.

de Deus revelado nas Escrituras. É só voltarmos à canção de Jonas e seremos relembrados de que, sem nos darmos conta, estamos transmitindo às nossas crianças imagens totalmente distorcidas e distanciadas da verdade de quem Deus é.

Não bastasse os materiais para crianças com uma narrativa desconectada da grande história da salvação, muitas vezes esses mesmos textos preocupam-se apenas em informar e apresentar detalhes de personagens e situações, sem nunca apontar para o caráter de Deus e a multiplicidade de facetas que podemos conhecer acerca de quem ele é. Atributos como graça, misericórdia, bondade e fidelidade são frequentemente ignorados. A narrativa bíblica é reduzida a episódios isolados e sua moral, sem jamais apontar para o cerne da revelação de quem Deus é.

Ensinamos nossos filhos informações interessantes, mas que, diante das adversidades da vida cotidiana, não são capazes de sustentar a fé e alicerçar a confiança em Deus. O Deus que apresentamos aos nossos filhos muitas vezes não passa de uma versão moralista, dedicado tão somente a nos castigar caso o deixemos triste ou irritado, um Deus impessoal e tedioso com suas inúmeras proibições. Falta uma visão da grandeza do caráter de Deus, sua imensa bondade, seu amor leal, sua fidelidade insistente, sua misericórdia renovada, sua justiça certeira, sua santidade intocável, sua presença real. Não deveria nos espantar, portanto, a falta de uma resposta adequada da nova geração.

Como educadores cristãos, a fim de cumprir fielmente a missão de formar discípulos de Cristo, precisamos ensinar o maravilhamento diante do caráter santo e amoroso do Deus Criador que é nosso Pai que está nos céus. "O aprendizado mais importante que uma criança pode ter é a existência, o caráter e o plano de Deus. Se você tem ciência desse fato, ele mudará a forma como compreende e interpreta todos os outros fatos de sua vida."[13]

Conduzir o coração, não o comportamento

Paul Tripp, em sua obra *Desafio aos pais*, lança mão da ideia de que devemos trabalhar para orientar o coração de nossos filhos e não apenas seu comportamento. Esse problema estrutural não está apenas em nossos lares, mas também no ensino bíblico coletivo em nossas igrejas. Esforçamo-nos, como pais e educadores, para modelar as crianças dentro das perspectivas sociais de educação e bom comportamento. Nesse processo, não raras vezes ignoramos por completo o cerne do problema de nossas crianças: elas são pecadoras que precisam, desesperadamente, da graça de Deus.

Precisamos conduzir nossas crianças às verdades centrais do evangelho, que orientam e reorientam nosso viver cotidiano à luz do caráter de Deus. A pedagogia divina diz respeito, em primeiro lugar, a amar a Deus de todo o coração e ao modo como essa verdade se reflete em todos os aspectos da vida. Em outras palavras, o cultivo de uma vida interior de arrependimento, devoção e piedade deve transbordar em ações que apontem para um coração transformado, e não o contrário.

Quantas vezes ensinamos às nossas crianças que não devem mentir porque "Papai do céu não gosta", quando na verdade deveríamos ensiná-las sobre o caráter absolutamente fidedigno de Deus, seu amor pela verdade, sobre ser Cristo a própria Verdade e, por isso, como discípulos que desejam viver fielmente, nossa vida deve ser pautada na verdade, sendo o nosso sim, sim, nosso não, não, tornando desnecessário

[13] Paul Tripp, *Desafio aos pais* (São Paulo: Cultura Cristã, 2018), edição Kindle.

jurar pelo céu ou pela terra porque nossa palavra é verdadeira e não falseada.

Se queremos uma geração comprometida com o evangelho, precisamos ensinar as Escrituras com fidelidade, intencionando a obediência de corações transformados pelo discipulado e que amam a Deus acima de todas as coisas. Porém, vale lembrar que "a condição para ensinar algo é, antes, tê-lo aprendido".[14] Muitas vezes, como educadores, nos colocamos à margem do que ensinamos, e cabe lembrar que nossas crianças aprendem muito mais pelo que fazemos do que pelo que falamos.

Conclusão

Não há dúvida quanto à dimensão do desafio à nossa frente. A igreja tem falhado em conduzir a nova geração como discípulos de Cristo. Sim, nós nos preocupamos com a qualidade do ensino secular e profissionalizante que podemos oferecer para nossos filhos e desejamos que eles saibam responder "qual a questão fundamental da vida, do universo e de tudo o mais"[15] a partir do conteúdo didático que aprendem nas muitas séries que vão desde a primeira infância até a universidade. Mas quando o tema é o conhecimento de Deus, que é a vida eterna (Jo 17.3), negligenciamos a importância da formação teológica de nossas crianças.

Para responder com fidelidade ao chamado divino da educação e formação de nossas crianças como discípulos de Cristo, precisamos nos comprometer com o processo de aprendizado

[14] Filipe Costa Fontes, *Você educa de acordo com o que adora: Educação tem tudo a ver com religião!* (São José dos Campos: Fiel, 2017), p. 32.

[15] A referência é extraída da obra *O guia do mochileiro das galáxias*, mencionada pelo professor Kirschner em uma de suas aulas no Seminário Teológico Servo de Cristo, que resultou na coleção em minha estante.

tal como Deus o propôs, a partir das Escrituras, um processo contínuo e diário que permeia e modela coração e mente, ensinando-os a amar, temer e obedecer, e que tem não apenas adultos como alvo, mas também jovens e crianças. Crianças aprendem e, por isso, precisamos ensiná-las sobre o verdadeiro conhecimento.

16

Líderes sempre modelam: A importância do exemplo em tempos de conflito

• ZIEL MACHADO •

Graduado em História pela Universidade Federal do Rio de Janeiro e em Teologia pela Faculdade Teológica Sul Americana, pós-graduado em Cristianismo Contemporâneo no London Institute for Contemporary Christianity, mestre em Ciências da Religião pela Pontifícia Universidade Católica de São Paulo e DMin pela Faculdade de Teologia Metodista Livre. É professor de Teologia Pastoral e História, no Seminário Teológico Servo de Cristo, pastor da Igreja Metodista Livre — Nikkei, em São Paulo, e presidente de honra da International Fellowship of Evangelical Students. Casado com Solange Simões Machado, tem três filhos.

O crescimento da presença evangélica no Brasil tem sido motivo de celebração e gratidão a Deus, mas também de preocupação — afinal, a velocidade do crescimento traz consigo alguns desafios. Alguns desses desafios são a superficialidade e a fragilidade do discipulado praticado na comunidade cristã, um problema que, para minha grande surpresa, também acomete a liderança evangélica no Brasil. Isso fica muito evidente na forma como essa liderança lida com os desafios internos e externos da comunidade cristã. De maneira especial, as formas como os conflitos são manejados nos permitem visualizar deficiências importantes, seja pela forma como a fé cristã é compreendida, seja pelas condutas adotadas que não estão em conformidade com a fé confessada. O manejo dos conflitos tem evidenciado um abismo entre o discurso e a prática na vida cristã. São vários os sinais que indicam a existência de múltiplas possíveis causas para essa situação, que resultam na quebra de unidade e em relações contaminadas por abusos e profundos ressentimentos.

O líder sempre modela, tanto com aquilo que faz como com aquilo que deixa de fazer. Por meio de seu exemplo, ele tem o potencial de arrastar consigo todo um grupo. O líder modela quando promove uma divisão ou quando atua na resolução de um conflito. Modela na experiência da concessão do perdão, do acolhimento, e na forma como caminha em direção à reconciliação. As variadas formas do pensamento egocêntrico — caso não sejam revistas — podem mudar o eixo central em uma situação de conflito, levando ao favorecimento de um tipo especial de relações pessoais (aqueles que me agradam ou quem desejo agradar), em detrimento do evangelho. Em tais situações, ruma-se para uma realidade comunitária na qual o ressentimento se torna inevitável e passa a ser o eixo de referência para as relações pessoais. Isso compromete profundamente o testemunho daqueles que são chamados a serem embaixadores do evangelho da reconciliação (2Co 5.20).

Nossas formas de resolução de conflitos, muitas vezes, revelam uma eclesiologia deficiente, em que o compromisso com a unidade se reduz a um jargão recitado de forma conveniente, mas que não resulta em um compromisso de vida com o ensino bíblico sobre a qualidade das relações dentro do Corpo de Cristo. Em meio aos conflitos, a fraqueza do meu irmão deixa de ser um desafio para o meu cuidado reverente, e se torna um *playground* para a maledicência, ou um degrau para que eu possa subir em direção ao "meu ideal" autorreferente. A realidade das redes sociais intensifica e amplifica esse processo, gerando consequências inimagináveis para aqueles envolvidos nessas experiências. Líderes sempre modelam!

Em Gálatas 2.11-14, encontramos o relato de um conflito entre "gigantes" da fé: de um lado o novato Paulo, de outro o decano Pedro. O texto nos permite ver como o experiente Barnabé — também um líder reconhecido na igreja — foi afetado por esse conflito: ele acabou aderindo ao exemplo de Pedro, contrariando assim seu companheiro de ministério e viagens, Paulo. O mal exemplo de um líder (nesse caso, Pedro) arrastou outros para uma situação de hipocrisia. A história, como uma realidade moral, é marcada por escolhas, e cada escolha tem suas consequências. É assim que as Escrituras nos apresentam esse entrevero entre os dois apóstolos:

> Mas, quando Pedro veio a Antioquia, tive de opor-me a ele abertamente, pois o que ele fez foi muito errado. No começo, quando chegou, ele comia com os gentios. Mais tarde, porém, quando vieram alguns amigos de Tiago, começou a se afastar, com medo daqueles que insistiam na necessidade de circuncisão. Como resultado, outros judeus imitaram a hipocrisia de Pedro, e até mesmo Barnabé se deixou levar por ela. Quando vi que não estavam seguindo a verdade das boas-novas, disse a Pedro diante de todos: "Se você, que é judeu de nascimento, vive como gentio, e não como judeu, por que agora obriga esses gentios a viverem como judeus?".

Antes de entrar nos detalhes desse conflito, é bom saber que ele não destruiu a relação entre Pedro e Paulo. Mais tarde, referindo-se a Paulo, Pedro afirmou:

> E lembrem-se de que a paciência de nosso Senhor permite que as pessoas sejam salvas. Foi isso que nosso amado irmão Paulo lhes escreveu, com a sabedoria que lhe foi concedida. Ele trata dessas questões em todas as suas cartas. Alguns de seus comentários são difíceis de entender, e os ignorantes e instáveis distorceram suas cartas, como fazem com outras partes das Escrituras. Como resultado, eles próprios serão destruídos.
>
> 2Pedro 3.15-16

O conflito relatado por Paulo foi sério e envolveu líderes proeminentes da igreja primitiva, um período de definição dos fundamentos da fé cristã e da conduta adequada a essa confissão de fé. Apesar de sério, esse desentendimento não resultou em divisão — ao contrário, corrigiu o rumo, fortaleceu a unidade e modelou positivamente a resolução de conflitos entre os líderes da igreja. Fé e conduta encontraram uma forma de expressão que, sem diminuir o potencial de tensão, encontrou um caminho de resolução, correção e promoção da unidade.

A carta paulina aos gálatas lida todo o tempo com a tensão. No início da epístola, vemos que líderes descritos como "falsos irmãos que se infiltraram em nosso meio" pretendiam anular a liberdade conquistada por Jesus Cristo (Gl 2.4), o que provocou uma mudança de rumo na experiência cristã da igreja na Galácia, a ponto de o apóstolo Paulo lhes perguntar, espantado: "Ó gálatas insensatos! Quem os enfeitiçou?" (Gl 3.1). Aqueles cristãos rapidamente estavam mudando sua forma de entender e de viver o evangelho, afastando-se da graça, aderindo a um falso evangelho e se colocando sob uma condição descrita por Paulo como anátema. Essa situação provocou um intercâmbio de visitas pastorais. Paulo, acompanhado de Barnabé e Tito, vai a Jerusalém para encontrar-se com os apóstolos, as "colunas da igreja" (Gl 2.1-10), e, posteriormente, Pedro vai até a Antioquia para visitar Paulo (Gl 2.11-16).

Ao visitar a igreja em Antioquia, Pedro depara com circunstâncias peculiares que favoreceram seu embate com Paulo, que já havia precisado lidar com o grupo infiltrado de falsos mestres (Gl 2.4) e, agora, precisava confrontar Pedro. Contudo temos algo em comum nesses dois relatos: "não estavam seguindo a verdade das boas-novas" (Gl 2.14). Trata-se de uma situação na qual pessoas com uma compreensão equivocada do evangelho estavam criando tensões no meio da igreja. Mas também lemos sobre Pedro, alguém que havia compreendido adequadamente o evangelho, mas que não estava vivendo de forma condizente com a fé que professava.

Ao longo da carta, Paulo descreve Pedro respeitosamente, destacando vários aspectos da vida e do ministério de Pedro que reafirmam o respeito que Paulo nutria por Pedro. Paulo reconhece que Pedro é um apóstolo mais antigo em termos de liderança espiritual (1.17), afirma sua reputação como líder da igreja (2.6,9) e tem a convicção de que Deus atuava por meio de seu ministério (2.8). Ou seja, estamos diante de dois líderes que foram perdoados, transformados, chamados por Jesus Cristo e cheios do Espírito Santo — dois homens que foram enviados como apóstolos de Cristo e que eram respeitados pela igreja. Contudo, não foi com base em antiguidade, posição de autoridade, reputação ou popularidade que esse conflito foi resolvido. O núcleo do problema estava na relação entre fé e conduta. No caso de Pedro, o peso da tradição comprometeu sua experiência com a liberdade resultante do evangelho. Esses apóstolos sabiam que Deus não faz acepção de pessoas (Dt 10.7), mas, mesmo assim, Pedro deixou de comer com os gentios (2.12), afastou-se e passou a ser conduzido pelo medo dos circuncisos, adotando uma conduta hipócrita, completamente incompatível com a fé de quem foi alcançado por Jesus. Ele se deixou levar pelo medo de pessoas assim descritas no livro de Atos: "Chegaram a Antioquia alguns homens da Judeia e começaram a ensinar aos irmãos: 'A menos que sejam circuncidados, conforme exige a lei de Moisés, vocês não poderão ser salvos'" (At 15.1).

O medo que Pedro sentiu desse grupo afetou sua conduta, mas o impacto não se limitou a Pedro. Afinal, líderes sempre modelam! A conduta de Pedro, por sua vez, influenciou Barnabé e os demais judeus que estavam com eles em Antioquia. Eles passaram a imitar a hipocrisia de Pedro. Pedro fez em Antioquia o que Paulo se recusou a fazer em Jerusalém, quando foi recebido pelo próprio Pedro! É por isso que Paulo afirmou: "Acaso estou tentando conquistar a aprovação das pessoas? Ou será que procuro a aprovação de Deus? Se meu objetivo fosse agradar as pessoas, não seria servo de Cristo" (Gl 1.10). Líderes sempre modelam!

Pedro era um apóstolo mais antigo, com autoridade e forte reputação, um homem usado por Deus. Entretanto, sua conduta era incompatível com o evangelho. Paulo, preocupado com a relação entre fé e conduta, toma a iniciativa para corrigir a situação e o faz por meio de uma confrontação, estabelecendo um conflito: "Se você [Pedro], que é judeu de nascimento, vive como gentio, e não como judeu, por que agora obriga esses gentios a viverem como judeus?" (Gl 2.14).

Quando Paulo visitou Pedro em Jerusalém ele se reuniu "em particular com os líderes" (Gl 2.2), mas em Antioquia foi necessária uma nova conduta: ele enfrentou Pedro abertamente — "diante de todos". A ação hipócrita de Pedro havia sido pública e conduziu Barnabé e outros ao erro. Por isso, a decisão de Paulo foi corrigir, de forma pública, o que estava acontecendo publicamente.

A hipocrisia de um líder contaminou todo o grupo, e os judeus — incluindo um cristão maduro e experiente como Barnabé — passaram a imitar Pedro (Gl 2.13). Condutas com esse poder de impacto devem ser contidas por uma ação proporcional ao seu potencial de estrago, e Paulo já havia afirmado que não estava disposto a conquistar a aprovação das pessoas (1.10): seu compromisso era assegurar a aprovação de Deus. Será que havia um princípio teológico por trás da forma como Paulo agiu? John Stott, citando Martinho Lutero afirmou:

> Ele não estava lidando com um assunto superficial, mas com o artigo principal de toda doutrina cristã [...]. Pois quem é Pedro? Quem é Paulo? Quem é um anjo do céu? O que são todas as outras criaturas para com o artigo da justificação? O que somos nós, se é o que sabemos, estamos à luz clara do dia; mas se somos ignorantes nesse ponto, então estamos na mais miserável escuridão.[1]

O princípio teológico que norteou a ação pastoral de Paulo impediu o progresso de um dano à vida da igreja, preservou a verdade do evangelho (Gl 2.5) e expressou um firme compromisso com a decisão de seguir a verdade das boas-novas (2.14). Esse conflito deixou claro que existe uma forma correta de viver como cristãos (2.14) e uma forma fingida de viver a fé (2.13).

Essa passagem deveria nos fazer rever nossa conduta pastoral em nossos dias. Como líderes, se nossa autoridade está desprovida do exemplo, estamos desprovidos de autoridade. Nenhum de nós está imune ao erro. Não importa há quanto

[1]John Stott, *A mensagem de Gálatas: Somente um caminho* (São Paulo: ABU, 2012), p. 52.

tempo estamos na caminhada cristã, nossa posição de liderança, o prestígio ou reconhecimento obtido na comunidade cristã ou até mesmo o resultado de nossos anos de serviço: sempre que a conduta estiver em oposição ao evangelho, pelo bem do testemunho cristão um conflito deve ser estabelecido. Para além da pressão de agradar uns ou outros, somos chamados a ser leais a Deus, pois de outra forma não seríamos servos de Cristo.

Diferentes ambientes demandarão diferentes ações pastorais, visando o mesmo objetivo: uma vida comprometida com a integridade do evangelho. Em Jerusalém o problema se limitava às dúvidas de Paulo quanto a consistência de seu ensino; em Antioquia o desafio ganhou uma característica e amplitude diferentes. A dimensão pública, o medo e a preocupação em agradar colocaram em risco a integridade do testemunho cristão, conduzindo outras pessoas ao erro, a uma fé fingida e completamente oposta à liberdade do evangelho. Como líderes sempre modelamos! Modelamos com aquilo que fazemos e com aquilo que deixamos de fazer. Quando tememos mais a opinião pública do que a Deus, comprometemos o testemunho cristão.

Vivemos em um mundo onde o conflito interpessoal é inevitável e, em algum momento, nos veremos numa situação na qual podemos ser instrumentos de Deus para a necessária correção de uma conduta que não esteja em sintonia com as boas-novas. Nesse momento, somos chamados a rever nossa responsabilidade como líderes, a ter clareza quanto aos critérios que vão fundamentar nossa conduta e a prestar muita atenção nas consequências de nossos atos e em seu impacto sobre a vida da comunidade cristã. Quando perdemos de perspectiva que agimos como servos de Cristo, nossa ação pastoral se torna apenas um jogo de poder, uma busca para alimentar nosso ego narcisista que busca validação na igreja. Aos poucos, vamos percebendo que a verdadeira alegria e liberdade cristã está se esvaindo pelos dedos de nossas "fortes e capazes mãos".

Compartilho o que aprendi com o dr. Jorge Atiencia — um amigo e mestre querido com quem pude caminhar por muitos anos — sobre como devemos nos preparar para os momentos em que será necessária a correção, por meio da confrontação particular ou pública. Esses foram os passos que aprendi e que tenho procurado praticar, seguindo o desafio de viver guiado pelo Espírito (Gl 5.16):

1. *Não improvise; esteja sempre preparado.* Isso implica fazer primeiro um exame do meu próprio coração, reconhecer as ambiguidades internas, a luta entre o espírito e a carne, cada um com seus diferentes interesses.

2. *Não espere; tome a inciativa.* Guiado pelo Espírito, sou levado pelo amor a tomar a iniciativa na resolução dos conflitos. Deixar uma situação como está para "ver como fica" não é uma opção que contribui para a resolução de conflitos.

3. *Não reclame; assuma a iniciativa de se expressar.* Assumo a responsabilidades por meus sentimentos e procuro expressá-los de forma responsável e madura. Não responsabilizo outros pelo que sinto; meus sentimentos são de minha inteira responsabilidade e devem ser expressos de forma clara.

4. *Não acuse; envolva-se no processo.* Esse processo tem a ver com tornar-me corresponsável pelas iniciativas que contribuem para solução dos problemas.

5. *Não se precipite; escute de forma atenta.* A ideia não é ganhar o debate, mas sim ter clareza sobre o que estamos conversando e o que esperamos no final do processo.

6. *Tenha esperança.* A esperança é um elemento fundamental na vida do cristão; não posso deixá-la de lado em processos de conflito.

7. *Não vá prevenido; esteja aberto*. Estou consciente da presença de Deus nos vales pelos quais passo? Devo estar, portanto, atento às muitas formas como Deus se manifesta em meus caminhos, a fim de alcançar a saúde necessária (Pv 3.5-8).

8. *Busque ser integro; não complacente*. Não prometo o que não posso cumprir, sou consciente dos meus limites, da realidade da natureza humana que habita em mim e que deseja fazer exatamente o oposto do que o Espírito quer (Gl 5.16).

9. *Não seja um otimista idealista; mas um realista*. Reconheço as ambiguidades do conflito, mas reconheço também as ambiguidades do meu coração. Sei que minha liberdade cristã não é para satisfazer os desejos de minha natureza humana (Gl 5.13); ao contrário, essa liberdade se expressa, de maneira plena, no serviço e amor ao próximo.[2]

Sabemos que o conflito é uma dimensão inevitável de nossa vida, mas também sabemos que podemos contar com o fruto do Espírito para a resolução desses conflitos. Esse fruto do Espírito é o que torna possível sermos uma comunidade que se distingue das demais, justamente, pela realidade da presença do Espírito como a influência maior que nos capacita — mesmo em uma situação de conflito — a agir de acordo com o evangelho. Os líderes sempre modelam, especialmente em situações adversas. Por isso, a saúde de nossas igrejas passa, entre outras coisas, pelo resgate da dimensão espiritual dos conflitos que, como líderes, somos chamados a provocar, ou mediar. Que Deus nos abençoe!

[2]Anotações pessoais de aulas ministradas em 1998. Tive o privilégio de trabalhar com Jorge Atiencia no ministério estudantil IFES (International Fellowship of Evangelical Students) organização à qual a Aliança Bíblica Universitária do Brasil está filiada.

Leia também:

Missão urbana, organizado por Estevan Kirschner e Bernardo Cho, encapsula a razão de ser do Seminário Teológico Servo de Cristo, localizado na cidade de São Paulo. Seus autores, professores do seminário, dialogam com o leitor transitando pelas principais questões que desafiam a igreja em sua atuação nos grandes centros. Longe de ser uma tarefa recente, a "missão urbana" nasce nos primórdios do cristianismo com o propósito de alcançar cidades como Jerusalém, Antioquia, Tessalônica e Corinto. O tempo passou, mas a missão continua, ainda mais intrigante e urgente.

Leia também:

Paixão pela Palavra é uma característica que destaca o autor desta obra. É difícil ouvir ou ler Estevan Kirschner e não se contagiar por seu conhecimento dos textos originais que compõem a Bíblia Sagrada. Além de conhecer a fundo as Escrituras, nosso professor enfatiza sua validade perene, razão pela qual defende seu protagonismo hoje. A Bíblia apresenta um enredo de redenção para o ser humano e toda criatura, a mensagem de que nosso Deus não apenas se importa como também nos oferece o caminho. Conforme aponta Kirschner, as Escrituras impulsionam o cristão a interagir pacificamente com a sociedade, em um diálogo afirmativo e respeitoso.

Compartilhe suas impressões de leitura,
mencionando o título da obra, pelo e-mail
opiniao-do-leitor@mundocristao.com.br
ou por nossas redes sociais

Esta obra foi composta com tipografia Palatino e Europa
e impressa em papel Pólen Natural 70 g/m² na gráfica Imprensa da Fé